hänssler

BEATE UND WINRICH SCHEFFBUCH

Dennoch fröhlich singen

So entstanden bekannte Lieder

Band 2

Winrich Scheffbuch, seit fast 30 Jahren Pfarrer an der Ludwig-Hofacker-Kirche in Stuttgart. Ab Sommer 2000 freigestellt als Geschäftsführer des weltweiten Hilfswerks HILFE FÜR BRÜDER und des Entwicklungsdienstes Christliche Fachkräfte International.
Beate Scheffbuch-Eichele, engagiert in den Diensten ihres Mannes, viele Jahre auch als Kantorin und Leiterin mehrerer Chöre.

hänssler-Hardcover
Bestell-Nr. 393.545
ISBN 3-7751-3545-6

Titelfoto: MEV-Fotoarchiv
Umschlaggestaltung: Stefanie Bunner
Innenillustrationen: Elisabeth Neun
Satz: AbSatz, Klein Nordende
Druck und Bindung: Ebner Ulm
Printed in Germany

Inhalt

Vorwort

Zu den schönsten und größten Werken, die Christen je hervorgebracht haben, gehören Choräle. Jede Generation muss immer neu diesen Schatz entdecken.

Meist fing das Singen ganz unten an, mitten in schwerem Leid, belastender Schuld und unheilvoller Zukunftsangst.

Nicht wegen der schönen musikalischen Kunst der Klänge sangen sie, sondern weil sie den Glauben an Jesus Christus als den Sieg entdeckten, der Zweifel und Todesangst überwindet. Und mit diesen Liedern haben sie sich die Freude des Evangeliums ins Herz gesungen.

Darum sprechen uns diese Lieder auch heute unmittelbar an. Uns hat das große Echo auf das Buch *Den Kummer sich vom Herzen singen* überrascht. Viele haben uns gedrängt, diesen zweiten Band folgen zu lassen.

Neujahr 2000
Beate und Winrich Scheffbuch

Nachdem man sie hart geschlagen hatte, warf man sie ins innerste Gefängnis und legte ihre Füße in den Block. Um die Mitternacht aber beteten sie und lobten Gott.

Apostelgeschichte 16,23 ff.

Sei Lob und Ehr dem höchsten Gut,
dem Vater aller Güte,
dem Gott, der alle Wunder tut,
dem Gott, der mein Gemüte
mit seinem reichen Trost erfüllt,
dem Gott, der allen Jammer stillt.
Gebt unserm Gott die Ehre!

Johann Jakob Schütz

Hans Graf von Lehndorff im zerschossenen Königsberg

Zeichen der Treue Gottes mitten im Untergang

Mitten im völligen Zusammenbruch 1945, in den letzten grauenvollen Tagen des Zweiten Weltkriegs, arbeitete der junge Hans Graf von Lehndorff als Chirurg am Krankenhaus im ostpreußischen Insterburg.

Mit dem Vorrücken der russischen Truppen mussten alle Patienten von dort nach Königsberg, der zur Festung erklärten Stadt, verlegt werden. Hier herrschten unbeschreibliche Zustände. Die Stadt war zerstört und von Flüchtlingen überfüllt. Seuchen breiteten sich aus. Es gab kaum etwas zu essen. Tausende von Verwundeten lagen in erbärmlichen Notunterkünften.

Zu den wenigen Ärzten, die dort unter grauenhaften Umständen ausharrten und mit letzter Kraft halfen, gehörte auch Hans Graf von Lehndorff. Mehrfach wurde er von Russen und Polen verhaftet. Nur durch Flucht konnte er schließlich der Hinrichtung entgehen.

Später als Arzt in Bad Godesberg hat Hans Graf von Lehndorff sein erschütterndes Ostpreußisches Tagebuch unter dem Motto niedergeschrieben: *Wir sahen seine Herrlichkeit.* In diesen Tagebuchaufzeichnungen berichtet er von dem grauenhaften Geschehen, aber auch von der Kraft des Wortes Gottes mitten in allem sinnlosen Geschehen, das vor dem Trümmermeer eine unglaubliche Aktualität gewinnt.

Er schreibt am Ende seines Buches: *Ich wusste, nun gilt es, die ersten Schritte zu tun auf dem Wege, den ein neues Dasein mir anbietet. Und ich stand vor der Frage: Wie wird dies neue Dasein aussehen und wer wird darüber bestimmen? Wird es ein gleichgültiges sein, eins von Tausenden, das gar nicht gelebt zu werden brauchte? Oder wird Gott in seiner Barmherzigkeit es fügen, dass mir und allen denen, die das Gleiche erfahren haben, die Gnade zuteil wird, durch unser Leben etwas aussagen zu dürfen von dem, was wir gesehen und gehört haben?*

Mit 62 Jahren übernahm Hans Graf von Lehndorff noch das Amt der Krankenhausseelsorge in Bonn, wo er 1987 verstarb. Es war ihm wichtig, dass sich mitten in unserer reichen und übersatten Welt Jesu Herrlichkeit offenbare.

Er hat dies entdeckt im unveränderlichen Wort Gottes, dem es nach wie vor gefällt, schwache, zerrissene und anfechtbare Menschen aus ihrer Isolierung herauszuholen und ihrem Leben einen neuen Sinn zu geben.

Darum bittet Hans Graf von Lehndorff in seinem Lied, das während seiner Tätigkeit als Chirurg im Rheinland entstand:

Komm in unsre stolze Welt,
Herr, mit deiner Liebe Werben.
Überwinde Macht und Geld,
lass die Völker nicht verderben.
Wende Hass und Feindessinn
auf den Weg des Friedens hin.

Komm in unser reiches Land,
der du Arme liebst und Schwache,
dass von Geiz und Unverstand
unser Menschenherz erwache.
Schaff aus unserm Überfluss
Rettung dem, der hungern muss.

Komm in unsre laute Stadt,
Herr, mit deines Schweigens Mitte,
dass, wer keinen Mut mehr hat,
sich von dir die Kraft erbitte
für den Weg durch Lärm und Streit
hin zu deiner Ewigkeit.

Komm in unser festes Haus,
der du nackt und ungeborgen.
Mach ein leichtes Zelt daraus,
das uns deckt kaum bis zum Morgen;
denn wer sicher wohnt, vergisst,
dass er auf dem Weg noch ist.

Komm in unser dunkles Herz,
Herr, mit deines Lichtes Fülle;
dass nicht Neid, Angst, Not und Schmerz
deine Wahrheit uns verhülle,
die auch noch in tiefer Nacht
Menschenleben herrlich macht.

Richard Lörcher und die mächtigen Klänge der Posaunen

Wir wollen Königsboten sein des Herrn Jesus Christus!

Es war im Jahr 1937. Seit Jahren schon lagen weite Teile der evangelischen Jugendarbeit darnieder. Die Nationalsozialisten forderten mit ihrer Hitler-Jugend die totale Herrschaft über alle Jugendverbände.

Richard Lörcher, damals Diakon in Steinhagen bei Bielefeld und Posaunenwart im Kreis Gütersloh, radelte übers Land. Er sammelte hier und da junge Menschen um die Bibel. Für ihn gab es keine faulen Kompromisse. Er wollte ein Bote des auferstandenen Jesus Christus sein. So rief er auch die jungen Menschen, die hier und dort noch in den Orten zusammenkamen, in eine klare, eindeutige Nachfolge Jesu.

Die Nationalsozialisten erlaubten in den CVJM neben den Posaunenchören nur noch Bibelarbeit. Aber gerade diese Konzentration auf das Wesentliche tat den Vereinen gut. In diesen turbulenten Tagen sprach das Wort Gottes klar und deutlich. Richard Lörcher war rastlos unterwegs, um andere zu stärken und zu ermutigen.

Aus diesen Bibelarbeiten entstanden kurze, einprägsame Texte, die Richard Lörcher oft auch noch unterwegs beim Radeln in Reime fasste. So entstand 1937 auch jenes Lied, das überall in den bekennenden Kreisen gesungen wurde, als alle Welt nur noch von einem Namen, dem des Führers Adolf Hitler, sprach:

Jesus Christus, König und Herr,
sein ist das Reich, die Kraft, die Ehr.
Gilt kein andrer Namen
heut und ewig. Amen.

In des Jüngsten Tages Licht,
wenn alle Welt zusammenbricht,
wird zu Christi Füßen
jeder bekennen müssen:

Jesus Christus, König und Herr,
sein ist das Reich, die Kraft, die Ehr.
Gilt kein andrer Namen
heut und ewig. Amen.[1]

Richard Lörcher war 1907 in einer württembergischen Pfarrfamilie in Cleebronn geboren. Er war gelernter Maschinenschlosser und wollte eigentlich Ingenieur werden.

Vom ersten selbst verdienten Geld kaufte er sich ein Flügelhorn. Als in Oberboihingen, wo sein Vater inzwischen Pfarrer geworden war, ein Posaunenchor gegründet wurde, war Richard Lörcher verantwortlich dabei. Dass es beim Blasen der Posaunen um die Einladung zu Jesus und um die Ausbreitung seines Reiches geht, das begriff Richard Lörcher bei einer Evangelisation.

Jetzt sah Lörcher trotz Zeichenbüro und Praktikum in einer Gießerei ein anderes Ziel vor sich: Gott hatte ihn in seinen vollzeitlichen Dienst gerufen. Um sich als Diakon ausbilden zu lassen, führte sein Weg nun in das Brüderhaus Nazareth in Bethel, das ihm bald zur zweiten Heimat wurde.

In Bethel fand Richard Lörcher nämlich seine Frau Anni, eine Tochter des Brüderhausvorstehers Dr. Paul Tegtmeyer. Sein Schwiegervater hat die Ziele der Posaunenarbeit einmal so umrissen: *Wir wollen keine Posaunenchöre, die kirchliche Musik nur zum Deckmantel einer fadenscheinigen, inhaltslosen Vereinsmeierei verwenden. Wir wollen aus unseren Posaunenchören Instrumente der Gemeinde Jesu schmieden, die glaubensmäßig und musikalisch bereit und fähig sind, das Evangelium von Jesus Christus der Welt zu bezeugen.*

In Bethel lernte er aber auch den originellen *Posaunengeneral* Johannes Kuhlo kennen, der Lörcher schon bald in sein ausgewähltes Horn-Sextett berief. Kuhlo hat ihn nicht nur musikalisch sehr gefördert, sondern ihn auch mit seinem unerschütterlichen Vertrauen in die Bibel und mit der missionarischen Zielsetzung aller Posaunenarbeit tief geprägt. Richard Lörcher wurde im besten Sinn des Wortes lebenslang Kuhlos Schüler.

Als am Ende des Zweiten Weltkriegs der Leiter der Betheler Anstalten, Pastor Fritz von Bodelschwingh, in seiner Karfreitagspredigt 1945 erstmals sein selbst gedichtetes Lied *Nun gehören unsre Herzen* vorstellte, da hatte ein Jahr später schon Richard Lörcher die eindrückliche Melodie dazu geschaffen, nach der es heute meist gesungen wird:

Nun gehören unsre Herzen
ganz dem Mann von Golgatha,
der in bittern Todesschmerzen
das Geheimnis Gottes sah,
das Geheimnis des Gerichtes
über aller Menschen Schuld,
das Geheimnis neuen Lichtes
aus des Vaters ewger Huld.

Doch ob tausend Todesnächte
liegen über Golgatha,
ob der Hölle Lügenmächte
triumphieren fern und nah,
dennoch dringt als Überwinder
Christus durch des Sterbens Tor;
und die sonst des Todes Kinder,
führt zum Leben er empor.[2]

Nach Kriegsende, im Jahr 1947, berief der Westdeutsche Jungmännerbund des CVJM Richard Lörcher zu seinem Bundesposaunenwart. Er wurde beim Neuaufbau nicht müde zu betonen, dass die Posaunenchöre vollzählig in der aktiven Jugendarbeit der CVJM unter dem Wort Gottes und dem Gebet eingebettet sind.

In seiner weit gespannten Arbeit stellte er bei unzähligen Reisen und Besuchen im In- und Ausland überall gutes Musizieren als einen wichtigen Dienst des Evangeliums heraus. *Das wäre eine lahme Jugend, die nicht auch Neues erklingen ließe!*, konnte er sagen. Neben alten Sätzen und den Liedern der Erweckungsbewegung sollten auch neue Kompositionen geblasen werden.

Lörcher schrieb im Vorwort eines Notenbuchs für Posaunen: *Bei den Chorälen ist der Text hinzugeschrieben. In einer dem Wort Gottes so entfremdeten Zeit gilt es für uns doppelt, am Wort festzuhalten. Das Wort Gottes hat die Lieder ausgelöst. Es ist das Ursprüngliche, das Erste und Wichtigste, der Kern unserer Lieder. Wir Bläser sind immer versucht, uns mit der Tongestalt der Lieder, mit ihrem Kleid zu begnügen. Aber nicht Musik, sondern nur Gottes Wort hat in den Kämpfen des Volkes Gottes die Verheißung des Sieges. Darum sei allen, die dieses Buch benutzen, zugerufen: Tut keinen Bläserdienst ohne das Zeugnis des Wortes Gottes. Gestaltet eure Stunden unter Wort Gottes und Gebet. Ruft und breitet das Wort aus überall, wo ihr mit euren Klängen Menschenherzen bewegt und erreicht.*

Unvergesslich bleiben die großen Bundesposaunenfeste, ob in Bochum in einer demontierten Werkhalle eines Stahlwerks oder in der Dortmunder Westfalenhalle. Richard Lörcher berichtete von einem dieser Feste:

Das Lied der Böhmischen Brüder, Luthers Choral, Calvins Psalm, Paul Gerhardts Trostlied, das Siegeslied des Pietismus, das Missionslied des letzten Jahrhunderts, alles wurde feierlich in unsere Mitte gebracht und als Gabe Gottes von uns aufgenommen. Und dann wandelte es sich zum tönenden Zeugnis der Herrlichkeit Gottes. Als dann der Rufer vom Kreuz her sein »Gehet hin!« rief, da klang unser Fest aus in der Antwort: »Wir wollen Königsboten sein des Herren Jesu Christ!«

Aus gesundheitlichen Gründen musste Richard Lörcher schon mit 60 Jahren in den Ruhestand treten. Drei Jahre später, im Jahr 1970, starb er ganz unerwartet auf einer Reise. Unweit des Grabes von Johannes Kuhlo, mit dem er immer eng verbunden war, wurde er auf dem Friedhof in Bethel beerdigt.

Als Seelsorger blickte Arno Pötzsch in unheimliche Abgründe

Aus Grübeln und Zweifeln zum lebendigen Glauben

Arno Pötzsch, 1900 in Leipzig geboren, sprach selbst von einem *seltsamen und schweren Lebensweg.* Er war in armen Verhältnissen des damaligen Kleinbürgertums aufgewachsen. Sein Vater verdiente als Verkäufer gerade so viel, wie man zum Überleben brauchte. Als der Vater mitten im Ersten Weltkrieg starb, war Arno Pötzsch erst 16 Jahre alt. Es gab keinerlei Versorgung oder Rente für die zurückgebliebene Familie. Die Mutter versuchte mit letzter Kraft, als Krankenschwester im Lazarett oder bei Nachtwachen etwas Geld zu verdienen.

Wo vorher Mangel war, herrschte jetzt auf einmal Not, erzählte Arno Pötzsch später. Wie gerne wäre er, der nur die Volksschule besuchen konnte, auf eine höhere Schule gegangen. Er wollte Zeichenlehrer werden, musste aber das Lehrerseminar abbrechen, weil er, bedingt durch die schlechte Ernährung in den Kriegsjahren, viel krank war. Um für sich und die verwitwete Mutter zu sorgen, musste Arno Pötzsch Geld verdienen. In einer Granatenfabrik stand er an der Drehbank, um Geschosse zur massenhaften Tötung herzustellen. Das belastete den empfindsamen jungen Mann schwer.

Wollte er dieser Arbeit entgehen oder war es Flucht aus der Armut und dem Hunger, dass er sich als 17-Jähriger als Kriegsfreiwilliger zur Marine meldete?

Dieser Weg aber, den er voller Hoffnung eingeschlagen hatte, endete nach seiner Entlassung aus der Marine im Jahr 1919 wieder am Nullpunkt. Revolution, kein Geld, dazu Inflation! Wie sollte es weitergehen? Der alte Wunsch, Lehrer zu werden, wachte wieder auf. Er begann die Ausbildung im Seminar in Leipzig. Schon ein Jahr später aber steckte er in einer Lebenskrise, bedingt durch weltanschauliche und religiöse Konflikte. Der sensible und grüblerisch veranlagte Arno Pötzsch fiel in tiefe Schwermut und befasste sich mit Selbstmordgedanken.

Doch gerade in dieser kritischen Zeit kam Arno Pötzsch in Berührung mit der Herrnhuter Brüdergemeine, jener Gemeinschaft bekennender Christen, die vor 200 Jahren in der Lausitz gegründet worden war. Hier fand er für einige Jahre Heimat. Später sagte er darüber, dass er *mit Staunen und Dank vor den wunderlichen Führungen und Fügungen stehe, die sich unbegreiflich in seinem Leben begeben haben.*

Zunächst hatte Pötzsch die soziale und fürsorgerische Arbeit im Blick, als er nach dem Ablegen der so genannten Mittleren Reife, einer Prüfung im 10. Schuljahr, in das Missionsseminar in Herrnhut eintrat. Pötzsch fühlte sich fremd in dieser kirchlichen Umgebung. Es war ein langer Weg des Suchens und Fragens, des Wachsens und Reifens, bis Pötzsch im Alter von 30 Jahren dann aus lauter Zweifeln, Schwermut und tiefem Grübeln zum gewissen Glauben an Jesus Christus fand. Er erkannte, *dass man auch heute im 20. Jahrhundert, als ganz moderner, weltoffener Mensch in Wahrheit ein Christ sein und mit gutem Gewissen auf dem Boden der Kirche stehen kann.*

Er hat dies später in einem Lied so ausgedrückt:

Du kannst nicht tiefer fallen
als nur in Gottes Hand,
die er zum Heil uns allen
barmherzig ausgespannt.

Es münden alle Pfade
durch Schicksal, Schuld und Tod
doch ein in Gottes Gnade
trotz aller unsrer Not.

Wir sind von Gott umgeben
auch hier in Raum und Zeit
und werden in ihm leben
und sein in Ewigkeit.[3]

Jetzt erst entschloss sich Pötzsch zum Studium der Theologie. *In der Religion – konkret: im Christentum – erkannte ich den Anspruch und die Kraft, das Lebensproblem, die Sinnfrage des Daseins und damit auch die sozialen Probleme zu meistern, und in der Kirche konnte ich die Größe erkennen, die die Verantwortung dafür trägt, dass auf der Erde der Wille Gottes erfüllt werde. Da ich den Pfarrer der Gemeinde vor anderen gerufen sah, das zu verwirklichen, was ich an Aufgaben und Möglichkeiten erkannt hatte, musste ich Theologie studieren.*

Das war ein großer Schritt. Er hatte ja nur die Volksschule besucht. Die Hochschulreife musste er sich erst mühsam erarbeiten, auch drei alte Sprachen waren zu lernen.

Seine Frau, die auch Fürsorgerin war, lernte er in Zittau in der Arbeit unter Straffälligen kennen. Nachdem sie 1930 geheiratet hatten, verdiente sie zunächst das nötige Geld, um ihm das weitere Studium zu ermöglichen. Vier Töchter wurden den Eheleuten Pötzsch geschenkt.

In dieser Zeit des Übergangs in die neue Aufgabe als Pfarrer schrieb er seine ersten Lieder. Er berichtet später darüber: *Ich musste schreiben von Gott und von Menschen, von Not und Verheißung, von Gottes Kampf um die Welt. Es waren aus der Zeit geborene Notlieder der Kirche.*

Als 1935 Arno Pötzsch Pfarrer wurde, tobte der erbitterte Kirchenkampf zwischen der Bekennenden Kirche und der von den Nationalsozialisten ideologisch geprägten Gruppe der Deutschen Christen. Plötzlich war allein das biblische Wort klärendes Bekenntnis. Arno Pötzsch dichtete:

Es ist ein Wort ergangen,
das geht nun fort und fort,
das stillt der Welt Verlangen
wie sonst kein ander Wort.

Das Wort hat Gott gesprochen
hinein in diese Zeit.
Es ist hereingebrochen
im Wort die Ewigkeit.

Du Wort ob allen Worten,
du Wort aus Gottes Mund,
lauf, und an allen Orten
mach Gottes Namen kund!

Künd auf der ganzen Erde,
dass Gott ihr Herre sei;
dass sie auch Gottes werde
und andrer Herren frei!

Lauf, Wort, mit allen Winden
durch jedes Volk und Land,
dass sich die Völker finden,
so wie das Wort sie fand!

Lauf, Wort, durch alle Straßen
in hoch und niedrig Haus,
und ruf in allen Gassen
ein hörend Volk heraus!

Triff Freunde und triff Feinde,
zwing, was dir widerstrebt,
und ruf uns zur Gemeinde,
die aus dem Worte lebt!

Erhalt das Wort in Gnaden,
gib, Gott, ihm freien Lauf!
Du Wort, von Gott beladen,
spreng Tür und Riegel auf![4]

Im Jahr 1938 wurde Arno Pötzsch als Marinepfarrer nach Cuxhaven gerufen. Nach Kriegsbeginn und der militärischen Besetzung Hollands durch die deutsche Wehrmacht wurde er 1940 dorthin abkommandiert. Er erzählte später: *Den Krieg erlebte ich vorwiegend von seiner dunklen Seite, auf den großen Friedhöfen, in Lazaretten, in Gefängnissen.*

Seine schwere Aufgabe war es, die zerstreuten Soldaten in Holland und Belgien zu besuchen und auch Verwundete in den Lazaretten zu betreuen. *Bis an die Grenzen der Kraft beansprucht* hat ihn daneben die seelsorgerliche Begleitung der standrechtlich zum Tode Verurteilten sowie ihrer Angehörigen. Dass oft nichtige und unbedeutende Gründe Anlass für die Hinrichtungen waren, bedrückte ihn besonders. So entstanden viele Verse von Pötzsch mitten im Krieg als Trost für die Familien der Gefallenen und Hingerichteten.

Durch diese schweren Erfahrungen mitten in einem einsamen und gefährdeten Leben am unheimlichen Abgrund konnte Pötzsch das Evangelium so weitersagen, dass Menschen im Licht der Ewigkeit ihren Weg weitergehen konnten. So schuf er das Abendmahlslied:

Du hast zu deinem Abendmahl
als Gäste uns geladen.
Nun stehn wir, Herr, in deinem Saal
mühselig und beladen.
Wir tragen unsrer Wege Leid,

viel Sorgen, Schuld und Schmerzen.
Ob reich, ob arm, dich irrt kein Kleid,
du weißt die Not der Herzen.[5]

Nach Kriegsende wurde Pötzsch von den alliierten Siegern als Seelsorger für die Internierungslager und die Besatzungen der Minenräumboote gerufen. Ab 1948 war Pötzsch dann Gemeindepfarrer in Cuxhaven.

Wer kennt nicht jenes einfache und doch so tiefe Kinderlied, in dem Pötzsch eindrücklich von der liebenden und bergenden Hand Gottes spricht:

Meinem Gott gehört die Welt,
meinem Gott das Himmelszelt,
ihm gehört der Raum, die Zeit,
sein ist auch die Ewigkeit.

Und sein eigen bin auch ich.
Gottes Hände halten mich
gleich dem Sternlein in der Bahn;
keins fällt je aus Gottes Plan.

Leb ich, Gott, bist du bei mir,
sterb ich, bleib ich auch bei dir,
und im Leben und im Tod
bin ich dein, du lieber Gott![6]

Diese Stunde des Sterbens kam für ihn völlig überraschend. Nach einer Blinddarmoperation im Jahr 1956 ging Arno Pötzsch heim. Schon viele Jahre hatte ihm ein schweres Herzleiden zu schaffen gemacht. Eines seiner letzten Lieder war dieses:

Bleib bei uns, wenn der Tag entweicht,
wenn uns die Finsternis beschleicht,
wenn wir voll Not ins Dunkle sehn,
wenn wir in Ängsten schier vergehn.

Bleib bei uns, Herr, halt du die Wacht,
gib deinen Frieden diese Nacht.

Bleib bei uns! Lass uns nicht allein!
Nur du kannst Halt und Helfer sein
in Schuld und Schicksal, Angst und Not,
in unserm Leben, unserm Tod.
Drum bleib bei uns in aller Zeit,
bleib bei uns, Herr, in Ewigkeit.[7]

Friedrich Spittas frischer Klang des mutigen Bekenntnisses

Lieder überwinden Zweifel und Unglauben

Als Friedrich Spitta 1852 im niedersächsischen Wittingen geboren wurde, war sein Vater Philipp Spitta dort lutherischer Superintendent. Dessen Glauben weckende Lieder gehören bis heute in den Gemeinden zu den oft und gern gesungenen Gesängen. Wer kennt nicht die Choräle *Ich steh in meines Herren Hand* und *Bei dir, Jesu, will ich bleiben*?

Die Freude am erwecklichen Lied hat Friedrich Spitta von seinem Vater geerbt. Im Elternhaus lernte er auch die Lieder des Gesangbuchs lieben und schätzen. Morgens vor dem Frühstück begann der Tag mit der Hausandacht, in der Lieder des Gesangbuchs und Luthers Morgensegen ein fester Bestandteil waren. Das hat die Kinder in der Familie von Philipp Spitta für ihr Leben geprägt.

Später urteilte Friedrich Spitta darüber: *Stärker als der kirchliche Gottesdienst hat der häusliche auf mich eingewirkt und Keime in mich gelegt, die später aufgegangen sind und Frucht getragen haben. Die Gebete und die Lieder sind mir in Fleisch und Blut übergegangen. Ich habe auf diese Weise ganz ohne eigenes Verdienst in mich einen hymnologischen Schatz aufgenommen, um dessen Umfang mich schon manche beneidet haben.*

Nach seinem theologischen Studium betreute er zunächst als Konviktsinspektor in Halle andere Theologiestudenten. Er wurde Pfarrer in Oberkassel bei Bonn und gleichzeitig Privatdozent an der Universität in Bonn.

Es war der junge Friedrich Spitta, der zusammen mit dem Komponisten Arnold Mendelssohn die musikalischen Kunstwerke von Heinrich Schütz wieder zum Leben gebracht hat. Seine Werke waren über Jahrhunderte fast vergessen, bis sie von Spitta in 19 Bänden wieder neu herausgegeben und auch aufgeführt wurden.

Zu einer Psalmenmelodie von Heinrich Schütz schuf er das Mut machende Bekennerlied:

Kommt her, des Königs Aufgebot,
die seine Fahne fassen,
dass freudig wir in Drang und Not
sein Lob erschallen lassen.
Er hat uns seiner Wahrheit Schatz
zu wahren anvertrauet.
Für ihn wir treten auf den Platz,
und wo's den Herzen grauet,
zum König aufgeschauet!

Ob auch der Feind mit großem Trutz
und mancher List will stürmen,
wir haben Ruh und sichern Schutz
durch seines Armes Schirmen.

Wie Gott zu unsern Vätern trat
auf ihr Gebet und Klagen,
wird er, zu Spott dem feigen Rat,
uns durch die Fluten tragen.
Mit ihm wir wollen's wagen.

Er mache uns im Glauben kühn
und in der Liebe reine.
Er lasse Herz und Zunge glühn,
zu wecken die Gemeine.
Und ob auch unser Auge nicht
in seinen Plan mag dringen:
er führt durch Dunkel uns zum Licht,
lässt Schloss und Riegel springen.
Des wolln wir fröhlich singen!

Friedrich Spitta wusste, dass es gerade im Leben der tüchtigen und hingebungsvollen Mitarbeiter einer Gemeinde oft Stunden der Verzagtheit gibt, wo man kein Hilfsmittel mehr weiß und nichts mehr fertig bringt. *Dann mag man seinem Gott wohl danken, dass die Gemeinde neben der eigenen, oft so verteidigenden und mutlosen Predigt den frischen Klang unserer Bekenntnislieder hört: Ich weiß, woran ich glaube.*

Spitta war fest davon überzeugt, dass man eine tote und verschlafene Gemeinde nicht durch kirchliche Symbole oder theologische Auseinandersetzung erwecken kann, sondern durch den großen Schatz der Lieder des Gesangbuchs. *Da stehen die rechten Helden Gottes, die Unglauben und Zweifel überwinden und zu Boden schlagen.*

Er konnte sagen, *ein Pfarrer, der sein Gesangbuch nicht kennt, dem fehlt der beste Freund und Helfer für seinen Beruf nach allen Seiten hin! Und was fehlt erst den Gemeinden, denen ihr Gesangbuch durch den Pfarrer nicht erschlossen wird!*

1887 wurde Spitta Professor für Neues Testament und Praktische Theologie an der Universität in Straßburg. Mit seinem akademischen Kirchenchor führte er viele bedeutende kirchenmusikalische

Werke auf. Große Verdienste hat er sich dort als Bearbeiter des bahnbrechenden elsässischen Gesangbuchs von 1899 erworben. Die Erneuerung des Gottesdienstes lag ihm ganz besonders am Herzen.

Er hat immer wieder darauf hingewiesen, dass man das geistliche Leben als Christ nicht durch theologische oder kirchenpolitische Meinungen empfängt und weiterträgt, sondern nur durch eine unmittelbare Berührung mit Jesus Christus, der selbst das Leben ist.

Darum hatte für ihn das geistliche Lied im Gottesdienst solch eine herausragende Bedeutung: *Hoch über allen kirchlichen Symbolen und theologischen Auseinandersetzungen sind unsere Lieder das Mittel, wodurch je und je von neuem die Gemeinde der Gläubigen erzeugt wird.*

Als sein geliebtes Elsass nach dem Ersten Weltkrieg wieder französisch wurde, traf es ihn schwer. Er wurde 1919 Professor in Göttingen und starb dort im Jahr 1924.

Einst war er im Elsass auf den reformatorischen Zeugen Johann Englisch gestoßen und hat sein Lied, das nach dem biblischen Lobgesang des Simeon in Lukas 2 um 1530 gedichtet war, so bearbeitet, dass es zu einem geschätzten Abendmahlslied wurde:

Im Frieden dein, o Herre mein,
lass ziehn mich meine Straßen.
Wie mir dein Mund gegeben kund,
schenkst Gnad du ohne Maßen,
hast mein Gesicht das selge Licht,
den Heiland, schauen lassen.

Mir armem Gast bereitet hast
das reiche Mahl der Gnaden.
Das Lebensbrot stillt Hungers Not,
heilt meiner Seele Schaden.
Ob solchem Gut jauchzt Sinn und Mut
mit alln, die du geladen.

O Herr, verleih, dass Lieb und Treu
in dir uns all verbinden,
dass Hand und Mund zu jeder Stund
dein Freundlichkeit verkünden,
bis nach der Zeit den Platz bereit
an deinem Tisch wir finden.

Fanny Crosby als Kleinkind durch einen Pfuscher erblindet

Das verlorene Augenlicht nie als Verlust empfunden

In armen ländlichen Verhältnissen in Southeast im Staat New York wurde 1820 ein Mädchen in der Familie Crosby geboren. Es bekam den Namen Frances Jane, wollte aber später nur Fanny genannt werden.

Dort in der Landschaft Putnam gab es nur ein paar zerstreute Höfe, eine Kirche, eine Schule und ein Postamt. Mehr nicht. Die meisten der etwa 1900 Bewohner waren einfache Tagelöhner, die irgendwo in der Landwirtschaft aushalfen, um sich das Nötige zum Lebensunterhalt zu verdienen.

Etwa fünf Wochen nach der Geburt waren die Eltern Crosby beunruhigt: *Mit den Augen des Babys stimmte etwas nicht!* Da ihr Arzt nicht erreichbar war, wandten sie sich in ihrer Not an einen Mann, der sich auch als Arzt ausgab. Er legte heiße Kompressen auf die entzündeten Augen des Kindes. Den besorgten Eltern versicherte er, dass die Hitze den Augen nicht schaden würde, sondern die ganze Infektion herausziehen werde.

Tatsächlich ging die Entzündung nach wenigen Tagen zurück. Doch auf den Augen des Kindes bildeten sich hässliche weiße Flecken. Im Lauf der nächsten Monate mussten die Eltern mit Bestürzung erkennen, dass ihr Kind überhaupt nicht auf Dinge reagierte, die man vor sein Gesicht hielt.

Die Klage gegen den Pfuscher half dem Kind nicht mehr: Es blieb blind.

Und noch etwas Furchtbares hat sich im gleichen Jahr 1820 in der Familie Crosby zugetragen. Der Vater Sylvanus Crosby arbeitete an einem kalten und regnerischen Novembertag draußen auf den Feldern. Am Abend kam er mit einer schlimmen Erkältung heim und legte sich gleich ins Bett. Am nächsten Tag war das Fieber erschreckend hoch. Nichts brachte Linderung. Er starb wenige Tage später.

Mutter Crosby musste jetzt als Witwe Geld für die sechsköpfige Familie verdienen. Schon bald nach der Beerdigung ihres Mannes war sie froh, eine Anstellung als Kindermädchen in einer reichen Familie in der Nähe zu finden.

Die kleine erblindete Fanny war in der Zeit, wenn die Mutter außer Haus war, in der Obhut ihrer Großmutter. Diese kümmerte sich liebevoll um ihr Enkelkind und erzählte und erklärte ihm viel von der Welt, die das Mädchen ja nicht selbst sehen konnte. Bis ins hohe Alter vergaß Fanny nicht, was ihre Großmutter ihr einst beschrieben hatte. Etwa, wie herrlich die Sonne strahlt und wie wunderbar beim Sonnenuntergang die Wolken aufleuchten.

Auch prägte es Fanny tief, wie die Großmutter so natürlich und selbstverständlich in der Gegenwart Gottes lebte. Die Familie Crosby stammte von den Puritanern ab, jenen unbeugsam bekennenden und an der Bibel festhaltenden Christen.

Als alle um Rat befragten Augenärzte keinerlei Hoffnung für ihre Augen mehr sahen, fand Fanny zu einer großen inneren Gelassenheit. Schon im Alter von acht Jahren dichtete sie Verse. Einer fing so an: *O, was bin ich doch für ein glückliches Kind!*

In früher Kindheit begann sie damit, ganze Kapitel der Bibel auswendig zu lernen. Das behielt sie bis ins hohe Alter bei.

Ganz unerwartet erhielt die 15-jährige Fanny Crosby noch eine besondere Förderung. In breiter Öffentlichkeit wuchs damals das Interesse am Schicksal der Blinden. Viele wollten als Zeichen ihrer sozialen Verantwortung Blinde fördern und unterstützen. Dadurch konnte auch Fanny Crosby das neu gegründete Blindeninstitut in New York besuchen. In den acht Jahren, in denen sie dort als Schülerin war, musste sie immer wieder in der Öffentlichkeit zeigen, was Blinde alles leisten können. So demonstrierte sie an vielen Orten das Lesen mit Hilfe der Braille-Blindenschrift. Nach ihrer Schulzeit wirkte sie noch fünfzehn Jahre als blinde Lehrerin für die Blinden dort am Institut.

Schon während ihrer Schulzeit wurde die erstaunliche Dichtergabe des blinden Mädchens anerkennend gerühmt, auch durch von weither angereiste Fachleute. Sie gab mehrere Bücher heraus. Ihre Gedichte wurden bald in bekannten Tageszeitungen gedruckt. Fanny Crosby war bekannt, ja berühmt; der Erfolg aber stieg ihr nicht in den Kopf. Dazu half auch ihre bewusste Bekehrung im Jahr 1850. Damals wurden in einer Methodistenkirche ganz in ihrer Nähe evangelistische Versammlungen gehalten. Mehrmals ging Fanny Crosby hin. Sie hatte in der letzten Zeit häufig mit Zweifeln zu kämpfen. Zweimal betete man dort mit ihr, davon wurde sie aber nicht tiefer berührt. Bis man eines Abends das Lied von Dr. Isaac Watts sang: *Sagt an, vergoss der Herr sein Blut …*

Sie erzählt später von diesem Abend: *Als die dritte Zeile des letzten Verses erreicht war, übergab ich mich selbst dem Herrn. Meine Seele war vom Himmelslicht durchflutet.* In dieser letzten Strophe heißt es:

Heilen kannst nur du mein Herz,
darum bring ich's dir auch dar.

Jesus starb für mich,
ja, für uns alle starb der Herr,
gottlob, er starb für mich!

Mit 38 Jahren heiratete Fanny Crosby den blinden 27-jährigen Alexander van Alstyne, der ein begabter Blindenlehrer und Musiker war. Sie hatte ihn, der neben Orgel und Klavier auch andere Instrumente beherrschte, in der Blindenschule kennen gelernt.

Ein Kind hat Fanny Crosby geboren, das schon ganz früh starb. Darüber hat sie aber nie viel gesprochen.

Tiefe Spuren hat die blinde Fanny Crosby besonders durch die Erweckungsbewegung hinterlassen, die etwa um 1857 in vielen amerikanischen Städten aufbrach. Viele bislang Ungläubige wurden mit persönlichem Einladen von Tür zu Tür erreicht. Auch durch die Bibelkurse der neu eingeführten Sonntagsschule für Erwachsene – vergleichbar etwa einer Abendbibelschule in Kleingruppen – kamen viele zum Glauben an Jesus.

Es war die Zeit der großen Evangelisationen, die Dwight Moody plante und durchführte. Er erreichte wirklich die ungläubigen Massen Amerikas. Und Fanny Crosby dichtete dazu unzählige Evangeliumslieder, die gerade suchende und fern stehende Besucher ungemein ansprachen. Der bekannte Sänger Ira D. Sankey sang sie vor vielen Tausenden.

Bis heute gehören die Lieder von Fanny Crosby zu den beliebtesten christlichen Liedern, die in aller Welt gesungen werden: Ob in chinesischen Hausversammlungen, in den Buschkirchen Afrikas, unter den Indios in Südamerika oder in weiten Teilen Europas. In Deutschland aber werden sie meist nur noch in Gemeinschaften und Freikirchen angestimmt, leider kaum mehr in den Gottesdiensten der Landeskirchen.

Während von unseren deutschen Chorälen und Liedern nur wenige auch in Kirchen anderer Kulturen Eingang fanden, wurde es der blinden Sängerin Fanny Crosby geschenkt, Christen in den verschiedensten Kirchen und Denominationen in unzähligen Ländern der Erde im Lob Gottes und im evangelistischen Zeugnis zusammen zu führen.

Gleichzeitig hat sie mit ihren frischen Liedern einen ganz neuen Musikstil in die christlichen Versammlungen hineingebracht. An die Stelle der steifen und nüchternen Kirchenlieder schuf sie zusammen mit anderen Liedermachern populäre Formen, in denen auch Gefühle und Emotionen Raum bekamen.

Wo in aller Welt ist das Lied des großen fröhlichen Gotteslobs nicht bekannt, das von der blinden Dichterin stammt:

O Gott, dir sei Ehre, der Großes getan!
Du liebtest die Welt, nahmst der Sünder dich an!
Dein Sohn hat sein Leben zum Opfer geweiht.
Der Himmel steht offen zur ewigen Freud.
Preist den Herrn! Erde, hör diesen Schall!
Preist den Herrn! Völker, freuet euch all!
O kommt zu dem Vater! In Jesus wir nahn,
und gebt ihm die Ehre, der Großes getan!

O große Erlösung, erkauft durch sein Blut!
Dem Sünder, der glaubt, kommt sie heute zugut!
Die volle Vergebung wird jedem zuteil,
der Jesus erfasset, das göttliche Heil!
Preist den Herrn! ...

Wie groß ist sein Lieben! Wie groß ist sein Tun!
Wie groß unsre Freude, in Jesus zu ruhn!
Doch größer und reiner und höher wird's sein,
wenn jubelnd und schauend wir droben ziehn ein.
Preist den Herrn! ...

Neben 1000 weltlichen Gedichten hat Fanny Crosby annähernd 9000 geistliche Lieder verfasst. Wohl niemand sonst in der Christenheit hat diese große Zahl erreicht.

Oft dichtete sie ein Lied zu einer Melodie, die sie gerade gehört hatte. Sie sprach von einer göttlichen Inspiration, die ihr spontan in einem Zug ein ganzes Lied schenkte. Sie haderte nicht mit ihrem Schicksal, sondern konnte im Rückblick auf ihr Leben sagen: *Ich habe nicht einen Augenblick in mehr als 85 Jahren einen Funken von Groll dagegen gefühlt; denn ich habe allezeit geglaubt, dass der gütige Herr in seiner unendlichen Gnade durch diese Wege mich zubereitete, das Werk zu tun, das er mir anvertraut hat. Wenn ich überlege, wie ich gesegnet wurde, wie kann ich unzufrieden sein?*

Unzählige wurden getröstet durch ihr Lied des Vertrauens:

Gott wird dich tragen, drum sei nicht verzagt,
treu ist der Hüter, der über dich wacht.
Stark ist der Arm, der dein Leben gelenkt,
Gott ist ein Gott, der der Seinen gedenkt.
Gott wird dich tragen mit Händen so lind.
Er hat dich lieb wie ein Vater sein Kind.
Das steht dem Glauben wie Felsen so fest:
Gott ist ein Gott, der uns nimmer verlässt.

Gott wird dich tragen, wenn einsam du gehst;
Gott wird dich hören, wenn weinend du flehst.
Glaub es, wie bang dir der Morgen auch graut,
Gott ist ein Gott, dem man kühnlich vertraut.
Gott wird dich tragen …

Gott wird dich tragen durch Tage der Not;
Gott wird dir beistehn in Alter und Tod.
Fest steht das Wort, ob auch alles zerstäubt,
Gott ist ein Gott, der in Ewigkeit bleibt.
Gott wird dich tragen …

Bis ins hohe Alter von 95 Jahren konnte sie noch tätig sein. Dann rief sie der Herr 1915 heim.

Auf ihr Grab setzte man einen Stein mit der Inschrift *Tante Fanny* und dem Wort: *Sie hat getan, was sie konnte.*

1955 wurde ein größerer Stein aufgestellt, auf dem die erste Strophe ihres Liedes *Blessed assurance* eingegraben ist, das Fanny Crosby im Jahr 1873 dichtete. Es wurde von dem Hamburger Lehrer Heinrich Rickers ins Deutsche übersetzt:

Seligstes Wissen: Jesus ist mein!
Köstlichen Frieden bringt es mir ein.
Leben von oben, ewiges Heil,
völlige Sühnung ward mir zuteil.
Lasst mich's erzählen, Jesus zur Ehr;
wo ist ein Heiland, größer als er?
Wer kann so segnen, wer so erfreun?
Keiner als Jesus! Preis ihm allein!

Ihm will ich leben – o welche Freud!
Herrliche Gaben Jesus mir beut:
Göttliche Leitung, Schutz in Gefahr,
Sieg über Sünde reicht er mir dar.
Lasst mich's erzählen, Jesus zur Ehr...

Völlig sein Eigen! Nichts such ich mehr;
Jesus, er stillet all mein Begehr.
Treu will ich dienen ihm immerdar,
bis ich gelang zur oberen Schar.
Lasst mich's erzählen, Jesus zur Ehr ...

Das kurze Leben des Missionars Friedrich Traub in China

Jesus lebt und Jesus siegt!

Die Unterdrückung der Bevölkerung durch die Kolonialmächte und das Durchsetzen ihrer Wirtschaftsinteressen lösten zu Beginn des 20. Jahrhunderts in China bürgerkriegsähnliche Unruhen aus. Die Boxer – so nannten sich die zu allem entschlossenen Kämpfer – erhoben sich gegen die fremden Einflüsse der ausländischen Mächte in China, so auch gegen das Christentum.

Der aufgehetzte Mob der Straße randalierte in Städten und Dörfern und war zum Umsturz entschlossen. Es kam zu blutigen Verfolgungen und zur Ermordung vieler Missionare und ihrer

Familien. Auch chinesische Christen wurden gefoltert und hingerichtet.

In Zhangshu spitzte sich die Lage gefährlich zu. Erst vor zwei Jahren war die Missionsstation in der Stadt völlig zerstört worden. Im Missionshaus saßen hier der 27-jährige deutsche Missionar Friedrich Traub und sein amerikanischer Kollege Saure und rechneten jede Stunde mit dem Schlimmsten. Draußen hatte sich eine Meute wild schreiender Leute zusammengerottet, die das Haus abbrennen wollten. Da erschienen mitten in der Nacht plötzlich Soldaten des Mandarins und brachten die beiden Missionare in Sicherheit.

Friedrich Traub schrieb in diesen unruhigen Wochen an seine Eltern: *Der Herr ist bei uns alle Tage; ihr braucht gar keine Sorge um uns zu haben. Wir sind sicher in Jesu Armen Tag und Nacht. Es wäre traurig, wenn wir Angst hätten an eines so treuen Freundes Hand. Ihm wollen wir vertrauen ohne Sorgen.*

Von Friedrich Traub stammt das wunderbare Lied des sorglosen Vertrauens:

Und dennoch, wenn's auch tobt und stürmt
und Dunkel mich umhüllt,
wenn Woge sich auf Woge türmt
und fast mein Schifflein füllt:

Ja, dennoch will ich stille sein,
nicht zagen in Gefahr,
will flüchten mich in Gott hinein
und ruhn da immerdar.

Gleich wie ein neugebornes Kind
liegt still im Mutterschoß
und trotz dem allerstärksten Wind
ist froh und sorgenlos:

So will ich auch, mein treuer Hort,
mich dir fest anvertraun
und stille auf dein göttlich Wort
in Nacht und Stürmen baun.

So wüte nun, du wildes Meer,
und droh nur, Felsenriff,
es ist der allgewaltge Herr
in meinem kleinen Schiff.

Er ist der Mann, er führt's hinaus,
obwohl ich Staub nur bin;
er bringt mich durch des Meers Gebraus
zum Friedenshafen hin.

Drum dennoch, wenn's auch tobt und stürmt
und Dunkel mich umhüllt,
vertrau ich froh, dass Gott mich schirmt
und Sturm und Wetter stillt.

1873 war Friedrich Traub in Korntal bei Stuttgart als Kind einer Bauernfamilie geboren. Dort in der Brüdergemeinde, die 1819 von erweckten und bekennenden Christen als Modell gegründet worden war, hatte er seine geistliche Heimat.

Wegen seiner angeschlagenen Gesundheit brach er die Lateinschule ab und gab seinen ursprünglichen Plan auf, Theologie zu studieren. Nach dem Abschluss einer kaufmännischen Lehre wurde er im Alter von 20 Jahren in die Bibelschule St. Chrischona bei Basel aufgenommen.

Schon während seiner Studien dort wurde ihm klar, dass Gott ihn in die Mission rief. 1898 im Probedienst in Neuchâtel in der französischen Schweiz erfuhr Traub, dass er als Missionar für China bestimmt war.

Die Gemeinden, die ihn entsenden wollten, waren landeskirchliche Gemeinschaften in Westpreußen. Traub erzählt, wie hart der Boden dort für den Bau lebendiger Gemeinden war:

Hier in der Nähe von Danzig habe ich täglich Versammlungen, Hausbesuche usw. Es geht hier sehr schwer in Westpreußen. Besonders in solchen Städten wie Stargard und Konitz ist schreckliche Gleichgültigkeit und irdischer Sinn zu finden, und nur wenige wollen etwas vom Evangelium wissen. Die Pastoren sind besonders dagegen und tun alles, um das erwachte Leben gleich wieder totzuschlagen. Man könnte hundertmal verzagen, wenn man es immer mit so steinkalten Herzen zu tun hat, die Jesus und die Seinen aus tiefster Seele hassen. Aber Jesus ist auf dem Plan.

1899 reiste Friedrich Traub auf einer sechs Wochen dauernden Schiffsreise nach China aus. Die Not der Millionen, die noch nie von Jesus und seiner Liebe hörten, lastete schwer auf ihm. Seinen letzten Gruß an die Heimatgemeinden fasste er in das Wort des Paulus in Philipper 1, 20: *Betet für mich, dass Christus verherrlicht werde an meinem Leibe, es sei durch Leben oder Tod!*

Schwer krank, mit hohem Fieber, lag Traub 1901 in dem chinesischen Guling. Von dort schrieb er an die entsendenden Heimatkreise in Deutschland: *Ihrem Wunsch gemäß suchte ich einige Verse zu machen, aber mein elender Zustand hinderte mich.* Dem Brief beigelegt war das Lied, das sicher das bekannteste von Traub ist:

Jesus lebet, Jesus siegt!
Halleluja! – Amen.
Satan wütend stets bekriegt
Gottes heilgen Samen.
Volk des Herrn, o sei getrost,
wenn der Feind auch sehr erbost:
Jesus lebet, Jesus siegt!
Halleluja! – Amen.

Streiter Christi, frisch voran
ohne Furcht und Zagen!
Längst gebrochen ist die Bahn,
drum darfst du es wagen.
Gottes Gnade reicht für dich,
und du siehst ganz sicherlich:
Jesus lebet, Jesus siegt!
Halleluja! – Amen.

Harre aus! Das End ist nah!
Bald erscheint die Stunde,
wo ein froh »Viktoria!«
geht von Mund zu Munde.
Ewig enden Kampf und Schmerz,
selig jauchzt ein jedes Herz:
Jesus lebet, Jesus siegt!
Halleluja! – Amen.

Auf seinen strapaziösen Reisen war Missionar Traub viele Tage zu Fuß unterwegs in der chinesischen Hunan-Provinz, oft bis zu 40 oder 50 Kilometer täglich. Ungesunde Ernährung, aufreibender Dienst und extremes Klima setzten seiner Gesundheit zu. Friedrich Traub erkrankte schwer. Er schrieb in einem Brief:

Nur Geduld! Bald schmachten und frieren, hungern und dürsten wir nicht mehr! Beigelegt war sein Gedicht *Ergebung:*

Soll ich den Kelch nicht trinken,
den mir mein Vater gab?
Soll ich nach eignem Dünken
umgehen Kreuz und Grab?

Mein Vater ist doch Liebe
und kennt mein armes Herz;
ist's möglich, dass er triebe
mit mir nur blinden Scherz?

Nein! Weicht, ihr Nachtgedanken,
und kehrt nie mehr zurück!
Mein Glaube darf nicht wanken,
sonst wankt und fällt mein Glück!

So darf ich ohne Zagen
mich überlassen dir,
darf freudig alles tragen,
was je du auflegst mir.

Ob Leben oder Sterben
dein Kelch für mich enthält,
du lässt mich nicht verderben;
drum gib, was dir gefällt.

Gequält von Fieberschüben schrieb Traub an die Freunde daheim: *Wenn wir unsere schwierige Lage beschauen, möchte uns Hören und Sehen vergehen. Aber »dennoch Gott zum Trost!« Zur rechten Zeit erinnert uns allemal der Heilige Geist an den ewigen Felsen, der Zuversicht und Burg ist für die Armen und Elenden. Dann blickt das Auge wieder freudig nach oben, dann lernt man sprechen: »Ja, Vater, dennoch!«*

Durch die eigene Krankheitsnot erkannte Traub, wie wichtig der Dienst der ärztlichen Mission ist: *Wir müssen helfen, diesen Unglücklichen ein besseres Dasein zu verschaffen! China ist für ausgebildete Krankenschwestern ein großartiges Arbeitsfeld! Wie dankbar sind die Ärmsten für jeden kleinsten Dienst!*

Immer deutlicher wurde es Traub bewusst, wie in der chinesischen Kultur verheiratete Missionare viel besser Zugang bekamen und arbeiten konnten, wenn ihre Frauen das Vertrauen der Chinesinnen fanden. Singles hatten hier ein entscheidendes Handicap. So entschloss er sich 1904 zur Heirat mit der schweizerischen Missionarin Emilie Brunnschweiler. Nur ein starkes Jahr konnten sie miteinander in der Arbeit stehen.

Friedrich Traub war vom aufreibenden Missionsdienst körperlich sehr geschwächt. Als ihn zu Beginn des Jahres 1906 wieder heftiges Fieber schüttelte, brach er völlig zusammen. Es war Typhus, dem er nach kurzer Krankheitszeit im Alter von 33 Jahren erlag.

Zwei Monate später brachte seine Frau einen Jungen zur Welt. Sie nannte ihr Kind zum Gedenken an seinen Vater *Friedrich.*

Der Schmerz von Eleonore Fürstin Reuß um die beste Freundin

Warum so viel Leiden und nur ganz kurzes Glück?

Es war in den Weihnachtstagen 1857. Im Schloss des Fürsten Reuß in Jänkendorf bei Niesky in der Oberlausitz traf eine Todesnachricht ein. Die Schriftstellerin Marie Nathusius, die liebe und vertraute Freundin seiner jungen Frau, war ganz plötzlich im Alter von 40 Jahren in Neinstedt gestorben. Schon am Heiligabend hatte man sie beerdigt.

Die Nachricht erschütterte Fürstin Eleonore ungeheuer. Wenige Wochen zuvor war ihre frühere Erzieherin verstorben, die sie vom fünften bis zum fünfzehnten Lebensjahr geduldig und voll herzlicher Liebe begleitet hatte. Sie war für sie fast wie eine Mutter gewesen.

Damals hatte ihr reicher Vater, der Erbgraf zu Stolberg-Wernigerode, es so gewollt, dass sie nicht im prächtigen, hochgelegenen Schloss in Ilsenburg wohnen sollten, sondern im alten Marienhof unten im Dorf.

Schon in Kindertagen hatte sie den geliebten Vater verloren. Auch ihr Bruder, mit dem sie besonders verbunden war, verstarb früh.

Im Alter von 20 Jahren hatte sie Fürst Heinrich LXXIV. Reuß geheiratet. Er war damals schon Großvater, 37 Jahre älter als sie.

In diesen letzten Tagen des Jahres 1857 ließ die junge, 22-jährige Fürstin Eleonore ihren Schlitten anspannen, um Trost in der Stille und Einsamkeit zu finden. Auf dieser winterlichen Fahrt entstanden in Trauer und tiefem Schmerz jene Strophen:

Das Jahr geht still zu Ende,
nun sei auch still, mein Herz.
In Gottes treue Hände
leg ich nun Freud und Schmerz
und was dies Jahr umschlossen,
was Gott der Herr nur weiß,
die Tränen, die geflossen,
die Wunden brennend heiß.

Warum es so viel Leiden,
so kurzes Glück nur gibt?
Warum denn immer scheiden,
wo wir so sehr geliebt?
So manches Aug gebrochen
und mancher Mund nun stumm,
der erst noch hold gesprochen;
du armes Herz, warum?

Dass nicht vergessen werde,
was man so gern vergisst:
dass diese arme Erde
nicht unsre Heimat ist.
Es hat der Herr uns allen,
die wir auf ihn getauft,
in Zions goldnen Hallen
ein Heimatrecht erkauft.

O das ist sichres Gehen
durch diese Erdenzeit:
nur immer vorwärts sehen
mit selger Freudigkeit;
wird uns durch Grabeshügel
der klare Blick verbaut,
Herr, gib der Seele Flügel,
dass sie hinüberschaut.

Hilf du uns durch die Zeiten
und mache fest das Herz,
geh selber uns zur Seiten
und führ uns heimatwärts.
Und ist es uns hienieden
so öde, so allein,
o lass in deinem Frieden
uns hier schon selig sein.

Was Eleonore Fürstin Reuß hier entdeckte, musste sich auch bewähren, als sie eins ihrer fünf Kinder schon im Alter von zwölf Jahren verlor, und auch später, als ihr Mann nach fast 30-jähriger glücklicher Ehe starb.

Als Witwe kehrte Eleonore Fürstin Reuß wieder zu ihrer Mutter auf den Marienhof von Ilsenburg zurück. *Durch helle und trübe Jahre hat uns Gottes Gnade geführt*, schrieb sie später. An der Seite ihres Mannes hatte sie wichtige und große Aufgaben in der Welt. Darüber hat sie nie vergessen, dass wir Wanderer nach der Ewigkeit sind und unsere Heimat im Himmel ist.

So dichtete sie auch das weit bekannte geistliche Volkslied, zu dem Pastor Karl Kuhlo eine ganz volkstümliche Melodie geschaffen hat. Sie veröffentlichte es erstmals 1867 im ersten Bändchen ihrer anonym herausgegebenen Gedichte unter dem Titel *Gesammelte Blätter von El:*

Ich bin durch die Welt gegangen,
und die Welt ist schön und groß,
und doch ziehet mein Verlangen
mich weit von der Erde los.

Ich habe die Menschen gesehen,
und die suchen spät und früh;
sie schaffen, sie kommen und gehen,
und ihr Leben ist Arbeit und Müh.

Sie suchen, was sie nicht finden,
in Liebe und Ehre und Glück,
und kommen belastet mit Sünden
und unbefriedigt zurück.

Es ist eine Ruh gefunden
für alle fern und nah:
in des Gotteslammes Wunden
am Kreuze auf Golgatha.

1903 starb Eleonore Fürstin Reuß im Alter von 68 Jahren auf Schloss Ilsenburg im Harz. Ihr Lebensmotto war die Strophe von Paul Gerhardt gewesen:

Die Sonne, die mir lachet,
ist mein Herr Jesus Christ,
das, was mich singen machet,
ist, was im Himmel ist.

Als viele Gemeinden durch Gustav Knak neu belebt wurden

Unter Sonnenschein und Stürmen getrost und fröhlich

Das verschlafene Hinterpommern wurde durch den jungen 28-jährigen Pfarrer Gustav Knak aufgestört. Als er 1834 die Pfarrstelle Wusterwitz bei Dramburg bezog, hatten er und seine Frau sich fest vorgenommen: *Keinen Menschen, der in unser Haus hineinkommt, wollen wir gehen lassen, ohne ihm gesagt zu haben, wie er selig werden könne.*

Zunächst aber war es für die Pfarrleute ein Schock, als sie das heruntergekommene Pfarrhaus betraten. Die junge Pfarrfrau brach in Tränen aus: Hier sollte sie hausen müssen? Der Vorgänger hatte hier 40 Jahre gewohnt und unter der Wirkung des Alkohols alles verkommen lassen.

Du weinst?!, fragte Gustav Knak seine Frau. *Das ist ja die Stätte, wo uns der Herr hingesandt hat. Lasst uns lieber freuen im Danken.*

Tatsächlich war es der richtige Platz für Gustav Knak. Das Gemeindeleben war zwar in traditionellen Formen erstarrt. Wie aber der junge Pfarrer von Jesus redete, zog es die Leute plötzlich in Scharen an. Bibelstunden wurden eingerichtet für suchende Menschen zur Festigung im Glauben. Zunächst trieb viele nur die Neugierde. Das gepredigte Wort des Evangeliums traf sie aber im Gewissen. Es kam zu klaren Bekehrungen.

Wo sich Türen für das Evangelium öffneten, waren plötzlich auch viele Widersacher da. Die Polizei erschien in den Gottesdiensten und schrieb die Namen von Teilnehmern auf, die aus anderen Pfarreien kamen. Die nur auf Ruhe bedachten Kirchenfunktionäre fürchteten um den Frieden. Einer sprach angesichts der Erweckung sogar von einer *geistlichen Cholera.*

Von weither strömten Hunderte zu den Missionsfesten. In Wusterwitz fanden sie im herrschaftlichen Park statt. Diese Jahresfeste waren gleichzeitig große, zu Jesus einladende Evangelisationen. Da wurde nicht nur von der Dunkelheit des Geisterglaubens in Übersee erzählt, sondern gleichzeitig die Not eines Lebens ohne Jesus hier in der Heimat erschütternd deutlich. Man erkannte, dass man im Gericht Gottes verloren ist, wenn man seine Gnade ausschlägt. Vier Stunden und länger lauschten die Menschen den Predigten und Ansprachen. Viele fanden hier zum lebendigen Glauben.

Gustav Knak beschrieb solche Tage der Erweckung:

> Wenn Gottes Winde wehen
> vom Thron der Herrlichkeit
> und durch die Lande gehen,
> dann ist es selge Zeit.
> Wenn Scharen armer Sünder
> entfliehn der ewgen Glut,

dann jauchzen Gottes Kinder
hoch auf vor gutem Mut.

Gustav Knak selbst war erst nach Schluss seines Theologiestudiums durch die damals in Pommern sich ausbreitende Erweckung zum persönlichen Glauben an Jesus gekommen. Das merkten zuerst die Leute von Königs Wusterhausen, die den 26-jährigen Kandidaten als Lehrer an ihre Schule berufen hatten.

Sie sprachen viel von Vernunft und guten Taten, hielten aber Glauben und Bibel für längst überholte altmodische Überbleibsel. Man müsse den Menschen nur zum Guten anhalten, war auch die Meinung der damaligen aufgeklärten Theologen, dann sei die Welt rasch voller Harmonie und Hilfsbereitschaft.

Wie entsetzt waren sie, als ihr neuer Lehrer Knak nicht nur mit den Kindern in der Bibel las und vom Erretter Jesus sprach, sondern auch im Ort einen Bibelkreis einrichtete. Sie straften den rückständigen Lehrer mit Verachtung und Spott.

Da brach nach drei Jahren die Cholera aus. Auch in Königs Wusterhausen wurde ein Lazarett eingerichtet. Der Bürgermeister suchte Pflegekräfte. Trotz angebotener guter Bezahlung wollte sich keiner melden.

Da standen Gustav Knak und sein Freund Ferdinand Jäger auf und erklärten: *Wir sind mit Gottes Hilfe bereit. Und auf Lohn von Menschen verzichten wir.* Schon bald trugen sie den ersten Kranken auf ihren Schultern in das Lazarett und pflegten ihn aufopfernd bis zu seinem Tod.

Das war eine Überraschung für die immer viel vom sozialen Engagement redenden Bürger von Königs Wusterhausen, dass ausgerechnet die verspotteten Frommen praktisch Hand anlegten. Die Einsicht hielt leider nicht lange an. Bald drehte sich alles Reden wieder um die Vernunft der guten Werke.

Das war auch der Grund, warum Gustav Knak froh war, als er dem Ort Adieu sagen konnte. Mehrmals war er von Königs Wusterhausen, wo er Lehrer war, in das Städtchen Pyritz bei Stettin gewandert. Dort hatte auch sein Freund und Schwager Moritz Goerke, einst ein kalter und freisinniger Theologe, zum lebendigen Glauben an Jesus Christus gefunden. Er sammelte jetzt als Pfarrer die gläubig gewordenen Leute um sich und baute Bibelgruppen auf. Goerke dichtete das Lied *Auf, Christen, stimmt ein Loblied an.*

Knak schuf später mehrere Missionslieder. Dazu gehört auch das Lied zum Abschied der Missionare, die über die Meere hin in die unbekannte Ferne ziehen. Er hatte es zunächst seinem Vetter Straube gewidmet:

Zieht in Frieden eure Pfade.
Mit euch des großen Gottes Gnade
und seiner heilgen Engel Wacht!
Wenn euch Jesu Hände schirmen,
geht's unter Sonnenschein und Stürmen
getrost und froh bei Tag und Nacht.
Lebt wohl! Lebt wohl im Herrn!
Er sei euch nimmer fern spät und frühe.
Vergesst uns nicht in seinem Licht
und wenn ihr sucht sein Angesicht.

Friedrich von Bodelschwingh, der Gründer der Anstalten von Bethel, erzählt, wie er im Sommer 1853 als junger Gutsverwalter beim Missionsfest in dem kleinen Städtchen Bublitz eine große Lebenswende erlebte. Schon mit Tagesanbruch hatte er sein Pferd gesattelt, um in den Nachbardörfern Arbeiter für die Ernte anzuwerben. Als er damit fertig war, ritt er nach Bublitz hinüber, band sein Pferd an und trat in die Kirche, wo das Missionsfest stattfand.

Dort wurde eben über das Wort Jesu gepredigt: *Die Ernte ist groß, aber wenige sind der Arbeiter. Bittet den Herrn der Ernte, dass er Arbeiter in seine Ernte sende!* Bodelschwingh war gepackt, wie der Pfarrer die *Not hinsiechender, sterbender, verderbender Menschen und des Herrn Jammer über sie* schilderte.

Zuletzt fragte der Prediger mit großem Ernst, ob unter der ganzen Gemeinde nicht auch einer wäre, der sich selbst für diesen Dienst zur Verfügung stellen wolle? Da sagte Bodelschwingh: *Ja, ja, ich will kommen. Fröhlich, ja frohlockend jagte ich heimwärts,* auch wenn später Gottes Weg ihn in die Diakonie führen sollte.

Von der Hingabe in der Nachfolge Jesu spricht auch das Lied von Gustav Knak, der ein gern gehörter Prediger beim Missionsfest in Bublitz war:

Jesu, Gnadensonne,
süße Seelenzier,
Brunnquell aller Wonne,
neige dich zu mir!
Blicke voll Erbarmen
auf dein Kind herab,
tröste selbst mich Armen,
sei mein Schild und Stab!

Dir nur will ich leben
und für dich nur sein,
dir mich ganz ergeben
und zum Opfer weihn.
Sprich dazu dein Amen,
o mein Fels und Hort!
Preis sei deinem Namen,
Preis dir hier und dort!

Einige Jahre bevor Bodelschwingh dort in Bublitz seine Lebenswende erfuhr, war Gustav Knak unterwegs auf der Reise. Er kehrte in das Haus eines befreundeten Pfarrers ein und bat ihn, die Melodie des Volkslieds *Morgenrot* zu spielen, die auf dem Weg ein Hornist geblasen hatte. Zu dieser bekannten Weise dichtete er das Lied *Lasst mich gehen,* das aber später mit einer anderen Melodie seine weite Verbreitung fand. In Bublitz wurde dieses Lied zum zweiten Mal angestimmt, das später in mehr als 30 Sprachen übersetzt wurde:

Lasst mich gehn, lasst mich gehn,
dass ich Jesus möge sehn;
meine Seel ist voll Verlangen,
ihn auf ewig zu umfangen
und vor seinem Thron zu stehn.

Wie wird's sein, wie wird's sein,
wenn ich zieh in Salem ein,
in die Stadt der goldnen Gassen!
Herr, mein Gott, ich kann's nicht fassen,
was das wird für Wonne sein.

1850 wurde Gustav Knak als Pfarrer und Nachfolger des bekannten Missionsmannes Johannes Goßner an die Bethlehemskirche in Berlin gerufen. Nun war Knak auf ein weites Arbeitsfeld gestellt.

Hier in Berlin war er 1806 geboren. Seine Kindheit war überschattet von der Trennung seiner Eltern. Der junge Gustav hatte sehr darunter gelitten.

Als im Jahr 1860 seinem Freund, Pfarrer Karl Straube, die Ehefrau starb, hat es ihn tief getroffen. In der nachfolgenden Zeit schwerer Anfechtung und großer Krankheitsnöte dichtete Knak das Lied:

Keiner wird zuschanden,
welcher Gottes harrt;
sollt ich sein der Erste,
der zuschanden ward?
Nein, das ist unmöglich,
du getreuer Hort!
Eher fällt der Himmel,
eh mich täuscht dein Wort!

Du hast zugesaget:
Wer da bittet, nimmt,
wer da sucht, soll finden,
was ihm Gott bestimmt;
wer im festen Glauben
mutig klopfet an,
dem wird ohne Zweifel
endlich aufgetan.

Nun, so will ich's wagen,
Herr, auf dein Gebot,
alle meine Sorgen,
eign' und fremde Not,
all mein heimlich Grämen,
alles, was mich quält,
dir ans Herz zu legen,
der die Tränen zählt.

Du bist mein Erbarmer
und mein bester Freund,
meines Lebens Sonne,
die mir lacht und scheint
auch in finstern Nächten
und durchs Todestal
mir hinüberleuchtet
zu des Lammes Mahl.

Dieser sehnliche Blick auf die Ewigkeit war kennzeichnend für Gustav Knak. 1878 durfte Gustav Knak vom Glauben zum Schauen hinübergehen, als er eben seine Kinder im pommerschen Dünnow besuchte.

Der Freund der Kinder – Hofprediger Wilhelm Hey

Weil Gott gerade Kinder lieb hat!

Scheu und etwas zurückgezogen lebte Johann Wilhelm Hey gerne. Man erzählt, er sei immer etwas unbeholfen und eckig aufgetreten und auch seine äußere Erscheinung sei recht unscheinbar gewesen.

Unter Kindern aber fühlte sich Wilhelm Hey wohl. Seine gutmütige und fröhliche Lebensart zog Kinder an. Wie wenig andere konnte er mit ihnen wunderbar spielen und lachen. Er konnte auch ihren ungekünstelten Glauben nachfühlen und kindgemäß reimen. Von ihm stammt der bekannte Gebetsvers:

Wie fröhlich bin ich aufgewacht,
wie hab ich geschlafen so sanft die Nacht.
Hab Dank, du Vater im Himmel mein,
dass du hast wollen bei mir sein.
Behüte mich auch diesen Tag,
dass mir kein Leid geschehen mag.

Der früher in Hamburg wirkende bekannte Buchhändler Wilhelm Perthes hatte nach seinem Umzug ins thüringische Gotha ein neues Verlagsgeschäft eröffnet. Dort hörte er erstmals von seiner Enkelin Fanny einige Kinderverse von Wilhelm Hey.

Weil er keine eigene Dienstwohnung hatte, wohnte Wilhelm Hey damals im Haus von Perthes' Schwiegersohn in Gotha. Der erfahrene Verleger Perthes sah mit seinem Scharfblick rasch, dass auf dem Büchermarkt noch eine Lücke für solche christlichen Kinderverse sei.

Deshalb drängte er Wilhelm Hey, seine Gedichte für Kinder auch als Buch aufzulegen: *Wenn Sie solche niedlichen Kindergedichte machen können, so schaffen Sie doch mehr von der Art! Die Kinderwelt hat nicht allzu viel davon. Das wäre gerade etwas für sie, was sie brauchen können.*

Wilhelm Hey kam dies gerade recht. Mehrere Jahre lang wirkte er als Hofprediger an der Schlosskirche der Residenzstadt Gotha. Dabei war es zu Spannungen mit seinen Kollegen gekommen, weil Hey seine Bibelgruppen so gerne in Wohnungen abhielt, um auch die Kinder dabei zu haben und ihnen gerecht zu werden. Nun hatten diese schwierigen Kollegen mit einem hämischen Zeitschriftenartikel erreicht, dass Wilhelm Hey 1832 als Superintendent nach Ichtershausen in Thüringen zwischen Erfurt und Arnstadt versetzt wurde. Hier aber konnten sich Heys dichterische Gaben für Kinder voll entfalten.

1833 erschienen erstmals Wilhelm Heys *50 Fabeln für Kinder,* die als *Klassiker der Kinderstube* weite Verbreitung fanden. Sie wurden ins Französische, Englische, Holländische, Italienische und in weitere Sprachen übersetzt.

Noch mehr bekannt und besonders bei Kindern beliebt ist sein Lied:

Weißt du, wie viel Sternlein stehen
an dem blauen Himmelszelt?
Weißt du, wie viel Wolken gehen
weithin über alle Welt?
Gott, der Herr, hat sie gezählet,
dass ihm auch nicht eines fehlet
an der ganzen großen Zahl.

Weißt du, wie viel Mücklein spielen
in der heißen Sonnenglut,
wie viel Fischlein auch sich kühlen
in der hellen Wasserflut?
Gott, der Herr, rief sie mit Namen,
dass sie all ins Leben kamen,
dass sie nun so fröhlich sind.

Weißt du, wie viel Kinder frühe
stehn aus ihren Bettlein auf,
dass sie ohne Sorg und Mühe
fröhlich sind im Tageslauf?
Gott im Himmel hat an allen
seine Lust, sein Wohlgefallen,
kennt auch dich und hat dich lieb.

Johann Wilhelm Hey war 1789 als Pfarrerssohn in Laucha bei Gotha geboren. Weil er nach seinem Theologiestudium zunächst keine Pfarrstelle bekommen konnte, arbeitete er mehrere Jahre als Hauslehrer in Holland, bis er schließlich Pfarrer in Töttelstedt wurde.

Sonst hat ihn die weite Welt nie aus seiner Heimat Thüringen weglocken können. Sein Studienfreund Bunsen, der preußischer Gesandter beim Vatikan war, versuchte vergeblich, ihn als Botschaftsprediger nach Rom zu holen.

Kindern wollte Wilhelm Hey das Evangelium nahe bringen. Er schrieb einmal in einem Brief: *Ich glaube, den Eltern einmal recht nachdrücklich zeigen zu müssen, wer ihren Kindern der Gegenstand der treusten Liebe sein muss, in dem sie allein selig werden können.*

Unter anderen wurde auch dieses Weihnachtslied von Hey zum weit verbreiteten Volkslied:

Alle Jahre wieder
kommt das Christuskind
auf die Erde nieder,
wo wir Menschen sind.

Kehrt mit seinem Segen
ein in jedes Haus,
geht auf allen Wegen
mit uns ein und aus.

Ist auch mir zur Seite
still und unerkannt,
dass es treu mich leite
an der lieben Hand.

Für diese einfachen Kinderlieder waren leicht singbare Volksweisen nötig. Darum hat sich vor allem der schwäbische Universitäts-Musikdirektor Friedrich Silcher bemüht. Er stammte als ein Mann des Volkes aus Schnait im Remstal und wirkte zunächst als Volksschullehrer. Auf sein hohes Amt in Tübingen musste man den bescheidenen Silcher mit aller Macht drängen. In seiner 40-jährigen Amtszeit gelang es Silcher, das Volk der Deutschen zum Singen zu bringen. Er hatte rasch erkannt, *welch hohe Bedeutung die Musik für das gesamte Geistesleben des Volkes* hat.

So wurde auch das Lied von Wilhelm Hey durch die schöne Volksweise von Friedrich Silcher von den Kindern gleich gerne gesungen:

Aus dem Himmel ferne,
wo die Engel sind,
schaut doch Gott so gerne
her auf jedes Kind.

Höret seine Bitte
treu bei Tag und Nacht,
nimmt's bei jedem Schritte
väterlich in Acht.

Gibt mit Vaterhänden
ihm sein täglich Brot,
hilft an allen Enden
ihm aus Angst und Not.

Sagt's den Kindern allen,
dass ein Vater ist,
dem sie wohl gefallen,
der sie nie vergisst.

Wilhelm Hey war nicht nur in seiner Gemeinde ein geduldig zuhörender Seelsorger, sondern ging auch auf seine Pfarrkollegen zu, unter denen ganz entschiedene Rationalisten waren. Er gründete einen theologischen Verein, um ihnen bei der Festigung ihres wankenden Glaubens zu helfen. Er selbst hatte erst nach seinem Studium die Fesseln des Vernunftglaubens abgestreift und die Kraft des Kreuzes Jesu entdeckt. Das geschah auf seiner ersten Pfarrstelle, wo seine erste Frau nach längerer schwerer Krankheitszeit früh starb.

Der biblisch so eng gebundene Mann und Kinderfreund hatte einen weiten geistigen Horizont und verfolgte mit großem Interesse auch Literatur und Geisteswissenschaften.

Gleichzeitig kümmerte er sich in der Gemeinde mit Hingabe um Arme, Verzweifelte und Hilfsbedürftige. Als während seiner Abwesenheit eine Choleraepidemie ausbrach, kehrte er sofort heim und kümmerte sich aufopferungsvoll um die Kranken.

In seinem letzten Wirkungsort Ichtershausen verstarb Superintendent Wilhelm Hey 1854.

Henry Francis Lyte – Seelsorger von Matrosen und Fischern

Der Todesangst den Stachel genommen

Henry Francis Lyte wurde 1793 in Ednam nahe der schottischen Stadt Kelso geboren. Schon als kleines Kind hat er seine Eltern verloren. Sein Vater war als Kapitän zur See gefahren.

Für das Waisenkind wurde es schwierig, eine gute Ausbildung zu erhalten. Henry Francis war körperlich zart und wenig belastbar. Da öffnete sich für ihn die Tür zur königlichen Schule von Enniskillen und weiter zum Trinity-College von Dublin in Irland.

Es war sein Wunsch gewesen, Medizin zu studieren. Schließlich studierte er aber Theologie und wurde mit 23 Jahren als Pfarrer der Kirche von England ordiniert.

In seiner zweiten Pfarrstelle kam Lyte 1817 nach Marazion in Cornwall am äußersten südwestlichen Zipfel Englands. Dort wurde er eines Tages zu einem Kollegen im Nachbarort gerufen, der im Sterben lag und spürte, dass er ohne Gnade und Vergebung nicht sterben konnte. Lyte konnte dem Sterbenden das lösende Wort nicht sagen.

Mit seinem sterbenskranken Kollegen las er in der Bibel, besonders in den Paulusbriefen. Gemeinsam beteten sie, dass Gottes Geist sie leite und ihnen das Bibelwort verständlich mache.

Dieses Gebet wurde erhört. Dort am Sterbebett erkannten beide, der junge Seelsorger und der alte kranke Kollege, den Weg zur Rettung durch den Glauben an Jesus, der gekommen ist, um Sünder selig zu machen.

Lyte erzählt: *Mein Freund starb glücklich im Glauben. Obwohl er viele schlimme Sünden begangen hatte, wusste er gewiss, dass Jesus durch sein Leiden und Sterben für seine Verfehlungen gebüßt hat. Alles war vergeben. Er war von Jesus aus lauter Gnade angenommen worden.*

Henry Francis Lyte schuf das Lied *Praise my soul, the King of heaven*, das in unzähligen Sprachen in der ganzen Welt gesungen wird. In der deutschen Übersetzung *Meine Seele lobt den Herrn* heißt es:

Er sorgt für uns wie ein Vater,
rettet uns aus aller Not.
Selbst die Schwächen in uns kennt er,
starb für uns den Kreuzestod.
Lobt ihn, lobt ihn, lobt ihn,
diesen wunderbaren Gott!

Lyte war von da an ein veränderter Mensch. Er schrieb: *Ich begann meine Bibel zu studieren und in anderer Art zu predigen, als ich es vorher getan hatte.* Das stand jetzt in der Mitte seines Predigens: Nur Jesus allein besiegt mein Sterben. Unverdient werde ich von ihm begnadigt. Wer ihm vertraut, kann getröstet und im Frieden sterben.

Henry Francis Lyte verfasste auch das Lied *Jesus, dein Kreuz will ich tragen*, in dem eine Strophe lautet:

Alle Stürme dieses Lebens
führen näher uns zum Herrn.
Auf ihn hoff ich nicht vergebens,
denn er ist mein Fels, mein Stern.
Ich will folgen dir, mein Heiland,
du vergoss't dein Blut für mich.
Ob die Welt mich auch verachtet,
du verlässest mich doch nicht.

Ursprünglich hatte Henry Francis Lyte ehrgeizige schriftstellerische Pläne gehabt. Jetzt aber wollte er nur noch Jesus dienen und Menschen sein Evangelium nahe bringen.

Er ließ sich als Pfarrer in das abgelegene Fischerdorf Lower Brixham in Devonshire im Südwesten der britischen Insel senden. Hier an der englischen Küste unter rohen Matrosen und hart gesottenen Fischern arbeitete er fast ein Vierteljahrhundert. Dann war er am Ende. Die Tuberkulose raubte ihm die letzte Kraft.

Über 80 Lieder hat er gedichtet. Nicht nur in England, sondern rund um die Erde wird das Abendlied *Abide with me* von Henry Lyte gesungen.

Die Melodie schrieb der Londoner Organist William Henry Monk 1861. Insgesamt 50 Melodien hat dieser Dozent an verschiedenen Hochschulen geschaffen, so dass ihm ehrenhalber ein Doktor der Musik verliehen wurde. Diese Melodie aber ging um die ganze Welt.

Das Lied ist vom Text her kein Abendlied. Es wurde bei festlichen Anlässen wie der Hochzeit des englischen Königs Georg VI. sowie bei der Hochzeit seiner Tochter Elisabeth II. mächtig und ergreifend gesungen, wie das nur Engländer können, wenn sie sich zum Singen erheben.

Das Lied erinnert an die Erscheinung des auferstandenen Jesus in Emmaus, wo die beiden Jünger Jesus nötigten: *Herr, bleibe bei uns; denn es will Abend werden und der Tag hat sich geneigt.* Der englische Text wurde 1952 von Theodor Werner, der damals Landessuperintendent in Mecklenburg war, ins Deutsche übersetzt.

Henry Francis Lyte dichtete dieses Lied in jenen schweren Krankheitstagen, als er sein baldiges Lebensende nahen fühlte. Vergeblich hatte er in den letzten Jahren an der Riviera Heilung gesucht.

Nun hielt er seine Abschiedspredigt in der Kirche von Lower Brixham. Es war am Sonntag, 31. Oktober 1847, dem Reformationstag. Henry Lyte wusste nicht, ob seine Kraft zum Predigen ausreichen würde.

Er wandte sich an die Gemeinde: *Ich stehe jetzt unter euch wie einer, der von den Toten wieder lebendig geworden ist. Ich möchte es jedem von euch einprägen und das bewirken, dass ihr euch alle auf jene letzte Stunde vorbereitet, die über jeden kommen wird. Man muss sich zeitig vertraut machen mit dem Sterben Jesu, der in seinem Sieg den Tod verschlingt auf ewig.*

Dann trug er der Gemeinde sein Lied vor:

Bleib bei mir, Herr! Der Abend bricht herein.
Es kommt die Nacht, die Finsternis fällt ein.
Wo fänd ich Trost, wärst du, mein Gott, nicht hier?
Hilf dem, der hilflos ist: Herr, bleib bei mir!

Wie bald verebbt der Tag, das Leben weicht,
die Lust verglimmt, der Erdenruhm verbleicht;
umringt von Fall und Wandel leben wir.
Unwandelbar bist du: Herr, bleib bei mir!

Ich brauch zu jeder Stund dein Nahesein,
denn des Versuchers Macht brichst du allein.
Wer hilft mir sonst, wenn ich den Halt verlier?
In Licht und Dunkelheit, Herr, bleib bei mir!

Von deiner Hand geführt, fürcht ich kein Leid,
kein Unglück, keiner Trübsal Bitterkeit.
Was ist der Tod, bist du mir Schild und Zier?
Den Stachel nimmst du ihm: Herr, bleib bei mir!

Halt mir dein Kreuz vor, wenn mein Auge bricht;
im Todesdunkel bleibe du mein Licht.
Es tagt, die Schatten fliehn, ich geh zu dir.
Im Leben und im Tod, Herr, bleib bei mir!

Schon am nächsten Tag brach Henry Francis Lyte wieder an die französische Riviera bei Nizza auf, um Erleichterung seiner Beschwerden zu finden. Drei Wochen später, am 20. November 1847, starb dieser treue Mann, der sich ganz im Dienst aufgezehrt hatte. Auf dem englischen Friedhof in Nizza wurde er beerdigt.

Seine letzten Worte waren: *Friede, Freude!*

Der schwere Unfall der Agnes Franz und vier Waisenkinder

Ruhig schlafen in dunkler Nacht

Ihr größter Wunsch war es gewesen, einmal Mutter sein zu dürfen. Für sie war *Mutter ein himmlischer Name, könnte ich ihn jemals verdienen, welcher Preis wäre dafür zu hoch!*

Dieser Wunsch aber hat sich für Agnes Franz nie erfüllt. Ein schwerer Unfall veränderte ihr Leben völlig. Ein Reisewagen war umgekippt. Die kleine Agnes stürzte aus dem Wagen. Sie trug eine schwere Rückenverletzung davon, die das normale Wachstum beeinträchtigte. Durch die Rückgratverkrümmung konnte sich auch die Lunge nicht richtig entwickeln und blieb zeitlebens schwach.

Schon früh hatte Agnes Franz ihren Vater verloren. Er war Regierungsrat in Militsch in Schlesien gewesen, wo sie 1794 geboren war.

Da sie durch den Unfall lange nicht zur Schule gehen konnte, kümmerte sich ihre Mutter um die nötige Bildung. Man hat den Eindruck, dass sich unter ihren körperlichen Gebrechen umso mehr die geistigen Fähigkeiten entwickelten. Es machte Agnes Franz Freude, ihre Gedanken in alltägliche Gedichte, Erzählungen und Romane zu fassen. Sie liebte dabei einen gefühlsstarken, romantischen Stil, der sie aber auch nicht überdauern sollte.

Sie lebte damals in Dresden, als 1822 ganz unerwartet auch ihre Mutter starb, die so viel für sie getan hatte. Durch die bittere Trauer um die geliebte Mutter wuchs ihr Glaubensleben noch mehr in die Tiefe.

Sie schrieb über diese Zeit: *Seit Jesus mich überzeugt hat, dass es auch dem sehnsüchtigsten Streben nicht gelingen kann, durch das Verdienst eigner Werke sich der künftigen Gottseligkeit teilhaftig zu machen, sondern dass nur Gottes Gnade die Reinigung in uns zu wirken vermag, seitdem ist eine gar große Freude in meine Seele gekommen. Wohl war Jesus auch früher in meiner Seele, aber nur als der himmlische Führer, jetzt tritt er aber in einer Gestalt vor mich hin, in der ich mir ihn seltener gedacht, als Erlöser.*

Sie zog jetzt zu ihrer Schwester Claire, der sie in ihrem Haushalt zur Seite stand. Da starb nach langer, schwerer Krankheit der Mann ihrer Schwester. Am Sarg ihres Schwagers gelobte sie, sich ganz für die Seinen einsetzen zu wollen: *Gott erhalte uns die Liebe, immer, immer, das ist mein innigstes Gebet*, schrieb Agnes Franz. *Nur die Liebe überwindet, tröstet, erhebt, nur sie lehrt das Leid zu tragen. Ja, sie führt in den Himmel, wo wir den Urquell der Liebe finden und schauen werden.*

Ihre Lebensaufgabe war jetzt eine ganz andere. Sie fühlte sich für diese Kinder des verstorbenen Schwagers mitverantwortlich. *Was ich als Dichterin war, bin ich nicht mehr*, sagte sie jetzt. *Mich beschäftigt nicht mehr die Welt im Allgemeinen, mich beschäftigt die Welt in dem mir anvertrauten Kreise.* Und so sorgte sie mit großer Hingabe und Treue für diese Kinder ihrer Schwester.

Als die sich nach und nach verheirateten und ihre eigenen Wege gingen, kam eine neue und große Aufgabe auf Agnes Franz zu. Über die Familie ihrer Schwester Adelheid war großes Leid hereingebrochen. Ihr Mann, der Baron von Siegroth, war gestorben und hatte vier kleine Kinder zurückgelassen. Das Kleinste, ein Junge, war eben erst geboren. Zu dieser schwer geprüften Schwester zog Agnes Franz nun nach Breslau.

Sie schrieb angesichts der herausfordernden Aufgabe: *Wie bewunderungswürdig erscheint mir jetzt immer mehr der schwere und doch so schöne Beruf der Mutter!* Sie hatte eine ganz besondere Freude an den Kindern. *Ihre zärtliche Liebe ist mein Glück*, konnte sie sagen.

Da starb zwei Jahre später ihre Schwester, die Mutter der vier Kinder. *Nun stehe ich mit vier kleinen Waisen, die sie mir sterbend übergab, an ihrem Grab. Mir ist jetzt eine große Lebensaufgabe gestellt. O diese armen Waisen! Mein Leben gehört vom ersten Erwachen bis zum letzten Moment des Tages nur anderen.*

In diesen traurigen Tagen in Breslau ist das bekannte Lied entstanden:

Wie könnt ich ruhig schlafen
in dunkler Nacht,
wenn ich, o Gott und Vater,
nicht dein gedacht?
Es hat des Tages Treiben
mein Herz zerstreut;
bei dir, bei dir ist Frieden
und Seligkeit.

O decke meine Mängel
mit deiner Huld,
du bist ja, Gott, die Liebe
und die Geduld!
Gib mir, um was ich flehe:
Ein reines Herz,
das dir voll Freuden diene
in Glück und Schmerz.

Auch hilf, dass ich vergebe,
wie du vergibst,
und meinen Bruder liebe,
wie du mich liebst!
So schlaf ich ohne Bangen
in Frieden ein
und träume süß und stille
und denke dein.

Dieses Lied wurde erstmals 1838 in ihrem Buch *Gebete für Kinder* veröffentlicht.

Für Agnes Franz war es die höchste Erfüllung, als der kleine Fritz einmal zu ihr *Mutter* sagte. *Da weinte ich vor stiller Bewegung*, erzählte sie anderen. *Ach, ich glaube, es waren Freudentränen. Die Kinder sind mein Alles. Gern will ich von der Welt vergessen sein, wenn Gottes Gnade mir den Segen gibt, die Kinder zu seiner Ehre zu erziehen.*

Sie versorgte sie nicht nur mit allem, was sie brauchten, sondern förderte sie auch geistig. Sie schrieb kleine Theaterstücke, die dann von den Kindern aufgeführt wurden. Es waren nur noch drei Jahre, in denen die treue Tante für ihre drei Nichten und den Neffen da sein konnte. 1843 starb sie, die nach ihrem Unfall in der Jugend nie mehr richtig gesund geworden war. Dennoch hatte sie in Breslau neben ihrem Dienst als Tante und Ersatzmutter auch das Amt der Vorsteherin einer Armenschule ausgeübt.

Als Johann Gottfried Schoener immer kraftloser wurde

Wenn das Wort zuerst ins Gewissen des Predigers trifft

Es war eine merkwürdige Zeit damals, als der Rationalismus in der evangelischen Kirche Bayerns Eingang fand. Ein namhafter Regierungsvertreter spottete und höhnte gegen die Kirchenführer: *Wenn keine Pfaffen in der Welt wären, so würde alles Gute in der Welt möglich werden. Wenn nur die törichte Heiligkeit, apostolische Nachäffung und gräulicher Gewissenszwang aufhörten, würde die äußere Ordnung, die man jetzt aus Zwang hält, aus Freiheit mit Freuden und ungezwungen gehalten werden.*

Wen wundert's, wenn nun die Theologen die *gesunde Vernunft* zum Maßstab des christlichen Glaubens machten, um den übermütigen Rationalisten den Wind aus den Segeln zu nehmen. Die Theologie des neuen Geistes ließ das geistliche Leben in den Gemeinden erstarren. Die großen Taten Gottes standen nicht mehr in der Mitte der Verkündigung. Überall breitete sich ein kalter, kritischer Vernunftglauben aus.

Es ging so weit, dass an Ostern nicht über die Auferstehung Jesu gepredigt wurde, sondern über *Methoden zur Wiederbelebung Scheintoter.* Die Botschaft an Weihnachten war nicht das Evangelium, dass Gottes Sohn Mensch wurde. Stattdessen nahm man den Bericht der Hirten auf dem Feld von Bethlehem und predigte über den *Nutzen der Stallfütterung gegenüber der Tierhaltung im Freien.* Man wollte praktisch predigen wie jener Herausgeber des *Katechetischen Magazins* im Jahr 1791, der sich zum Thema setzte: *Die Pflicht des christlichen Menschenfreunds, andern einen vergnügten Tag zu machen.*

In der alten und traditionsreichen Reichsstadt Nürnberg wirkte Johann Gottfried Schoener an der Marienkirche, beliebt und allseits geehrt. 1776 war er schon im Alter von 27 Jahren als der so genannte *Vestenprediger* auf diese bedeutende Kanzel gerufen worden, obwohl er doch in der Stadt als Fremder galt. Schoener war 1749 in Rügheim in der Nähe Schweinfurts als Pfarrerssohn geboren und hatte sich in Nürnberg als Hauslehrer sein Auskommen verdient.

Die einflussreichen und gebildeten Bürger schätzten ihn und seine zeitgemäßen Predigten sehr. Er hatte eine gute Redegabe und zog die Hörer in seinen Bann. Mit manchen neuen Ideen imponierte er den Leuten. Seine Gottesdienste waren stark besucht. Schoener mühte sich auch redlich, seinem Namen Ehre einzulegen und noch schöner zu predigen.

Nicht dass er modischen Unglauben predigte. Nein, Pfarrer Schoener war rechtgläubig und religiös, aber es gab keine biblische Buße, keine Umkehr von der Sünde, kein Erwachen aus dem religiösen Schlaf, kein tätiges neues Leben, das nur aus einem echten Glauben kommt.

Da hatte er ein Erlebnis, das ihn tief erschütterte. Am zweiten Weihnachtsfeiertag wollte er über den Glauben an Jesus Christus predigen. Als Text hatte er das Zeugnis von Johannes dem Täufer gewählt, wo es am Ende heißt: *Wer dem Sohn nicht glaubt, der wird das Leben nicht sehen, sondern der Zorn Gottes bleibt über ihm.*

Am Schluss der Predigt, sozusagen als Knalleffekt, führte er besonders drastisch aus: *Wer diesen lebendigen Glauben nicht hat, der hat keinen Teil an Gott, denn er hat kein Teil an der durch Christus erworbenen Gnade. Er hat keinen Teil an den Gaben des Geistes noch an der Gemeinschaft der Heiligen, ihm bleibt in diesem Zustand der Himmel für immer verschlossen. Die ganze dunkle Nacht der Ewigkeit hindurch ruhen auf ihm die Wetterwolken des Zornes Gottes.*

Da überfiel ihn plötzlich ein Schrecken: *Du selbst hast ja diesen Glauben noch nicht!* Das Wort richtete sich ganz unerwartet gegen sein eigenes Gewissen.

Schoener wurde blass und zitterte am ganzen Körper. Man musste den schwankenden, verstörten Mann von der Kanzel herunterführen und nach Hause bringen.

In den nächsten neun Monaten wiederholte sich dieser psychische Zustand immer, wenn er die Kanzel besteigen wollte. Die körperliche Schwäche, jenes Zittern und Schwindelgefühl überfielen ihn dann erneut.

Die Ärzte waren ratlos. Ein gläubiges Gemeindeglied, ein Kaufmann mit Namen Tobias Kießling, erkannte, dass hinter der Krankheit eine tiefere Not stand. Dieser Mann nahm sich ein Herz, besuchte den Pfarrer und sprach ihn auf seine inneren Probleme hin an. Lange schon hatte er für Schoener gebetet.

Dieser Tobias Kießling ahnte, was dem Pfarrer fehlte. Schoener bekannte ihm gegenüber, dass er sich auf der Kanzel wie *zum Schaffott geführt* fühle. Bücher vom lebendigen Bibelglauben, die Kießling ihm schenkte, und die Seelsorge halfen Schoener aus der Krise. Er erlebte die Macht der vergebenden Gnade Gottes und entdeckte den lebendigen und befreienden Glauben an Jesus Christus.

Johann Gottfried Schoener konnte wieder predigen. Und wie er jetzt predigte! Modische Ausschmückungen waren ihm in seinen Ansprachen nicht mehr wichtig, sondern er bezeugte entschieden und zielgerichtet immer Jesus Christus, der sündige Menschen rettet.

Er wurde von einem Schönredner zu einem biblischen Buß- und Heilsprediger.

Das war ein Schock für die vornehmen Bürger der freien Reichsstadt! Die ehrwürdigen Bürger Nürnbergs rückten von Schoener ab. Manche meinten gar, er sei vielleicht nicht mehr ganz klar im Kopf.

Statt der vornehmen, weiß gepuderten Köpfe sah man nun ganz andere in der Kirche. Es war oft nur eine kleine Schar, meist einfache und belastete Leute. Die suchten keine großartigen, gelehrten Worte, sondern das Evangelium, das Frieden und Leben gibt.

Die Predigtgemeinde war kleiner, aber viel lebendiger geworden. In der Stille trieb Schoener viel Seelsorge. Die Nöte, die ihm anvertraut wurden, belasteten ihn aber oft sehr.

Das Trost- und Ewigkeitslied, das Pfarrer Schoener gedichtet hat, kennen viele als ihr Lieblingslied:

Himmelan, nur himmelan
soll der Wandel gehn!
Was die Frommen wünschen, kann
dort erst ganz geschehn,
auf Erden nicht:
Freude wechselt hier mit Leid;
richt hinauf zur Herrlichkeit
dein Angesicht.

Himmelan, schwing deinen Geist
jeden Morgen auf!
Kurz, ach kurz ist, wie du weißt,
unser Pilgerlauf.
Fleh täglich neu:
Gott, der mich zum Himmel schuf,
präg ins Herz mir den Beruf,
mach mich getreu!

Himmelan hat er dein Ziel
selbst hinaufgestellt.
Sorg nicht mutlos, nicht zu viel
um den Tand der Welt!
Flieh diesen Sinn!
Nur was du dem Himmel lebst,
dir von Schätzen dort erstrebst,
das ist Gewinn.

Durch den seelsorgerlichen Beistand des Kaufmanns Tobias Kießling hatte damals Johann Gottfried Schoener zum lebendigen Glauben gefunden. Man nannte diesen seelsorgerlich und evangelistisch denkenden Mann den *Bischof im Kaufmannsgewand.* Im Alter von 23 Jahren war er selbst durch eine Predigt, über die er sich zunächst furchtbar geärgert hatte, zum lebendigen Glauben gekommen. Er rieb sich damals an dem Textwort der Predigt aus Römer 4, Vers 5, wo Paulus über den Glauben spricht, durch den Gott Gottlose gerecht macht.

Durch diesen Tobias Kießling entdeckte Pfarrer Johann Gottfried Schoener nun auch das beglückende Geheimnis der Gemeinschaft. In Kießlings Haus sammelte sich ein erweckter Kreis missionarisch und diakonisch aktiver Leute. Als einer der Ersten schloss Schoener sich auch der neu gegründeten *Christentumsgesellschaft* an. Die war 1780 in Basel ins Leben gerufen worden, um Bibelverbreitung und Volksmission in den erstarrten und toten Gemeinden zu wecken. Schon ein Jahr nach der Basler Gründung wurde in Nürnberg eine Zweigabteilung gegründet.

Tobias Kießling suchte als ein Mann des festen Bibelglaubens, der zur praktischen Tat der Nächstenliebe drängt, immer Gemeinschaft mit Gleichgesinnten. Das hatte er sein Leben lang schon in einer großen Hilfsaktion für die verschleppten evangelischen Glaubensgenossen in Österreich so gehalten.

Eine enge Freundschaft verband diesen Tobias Kießling auch mit einer Reihe katholischer Pfarrer, die das Evangelium von Jesus ganz neu begriffen hatten. Zu diesem lebendigen Kreis wacher Christen und mutiger Zeugen des Evangeliums gehörten Pater Martin

Boos, Bischof Sailer, Kaplan Johannes Goßner. Als diese katholischen Pfarrer mit dem Gedanken spielten, zur evangelischen Kirche überzutreten, haben ihnen die Nürnberger Freunde heftig abgeraten: *der lutherische Teufel im rationalistischen Kirchenregiment sei genau so schwarz wie der katholische.* Welch große Wirkungen gingen von diesen Männern aus!

Ein anderer katholischer Priester beschrieb treffend, wie sie die Liebe zu Jesus verband: *Zwar bin ich Katholik, und zwar ein orthodoxer, der sich um seines Glaubens willen auch totschlagen ließe. Aber wo man Jesus anbetet und seine Seligkeit aus den durchbohrten Händen des Welterlösers sucht, ach da bin ich gern dabei. Wo man Jesus sucht, Jesus verkündigt, Jesus preist, da bin ich gern dabei. Da dränge ich mich hinzu, wenn es eben nicht bloß Katholiken sind.*

Wie damals in Nürnberg die stärkende Gemeinschaft auf dem Weg zum Himmel, auch mit Jesuszeugen aus anderen Kirchen, erlebt wurde, spricht der Vers Schoeners aus:

Himmelan wallt neben dir
alles Volk des Herrn,
trägt im Himmelsvorschmack hier
seine Lasten gern.
O schließ dich an!
Kämpfe drauf, wie sich's gebührt;
denke: auch durch Leiden führt
die Himmelsbahn.

1783 wurde Johann Gottfried Schoener an die Hauptkirche St. Lorenz berufen. In seinem Gemeindedienst wurde er wegen seines Bibelglaubens und seiner missionarischen Zielrichtung häufig bösartig angegriffen und beleidigt. *Was für peinliche Kränkungen musste ich ertragen lernen!*, erzählt Schoener.

Auch in seiner Familie belastete ihn manche tiefe Not. *Alle Jahre kam was Neues, was Schweres,* berichtet Schoener. Eines seiner fünf Stiefkinder hat sich das Leben genommen. Schwere epileptische Anfälle plagten eine seiner Töchter. Seine Frau war meist krank. Und er selbst wurde von einem heftigen Nervenzittern befallen, das ihm sehr zusetzte.

Dennoch gab Pfarrer Schoener in diesen Jahren manche Schrift heraus. Er verstand seine Leiden als Hilfe, um Christus besser zu erkennen, und als eine ihm bestimmte Wegführung Gottes.

So dichtete Schoener die Strophe:

Himmelan ging Jesus Christ
mitten durch die Schmach;
folg, weil du sein Jünger bist,
seinem Vorbild nach!
Er litt und schwieg.
Halt dich fest an Gott wie er;
statt zu klagen, bete mehr,
erkämpf den Sieg!

Johann Gottfried Schoener war um 1805 der Erste, der auf Anregung des Sekretärs der Britischen Bibelgesellschaft eine deutsch-schweizerische Bibelgesellschaft in Deutschland gründete, die dann nach Basel verlegt wurde. Sie stand in enger Verbindung mit der Londoner Bibelgesellschaft. Durch seine weitläufigen Kontakte brachte er dafür so viel Spenden zusammen, dass ein stehender Buchsatz für die Bibel geschaffen werden konnte. Das machte den preisgünstigen Druck möglich. 30 000 Neue Testamente konnten in Umlauf gebracht werden.

Als Schoener 1809 an der Lorenzkirche vom Diakonus zum Stadtpfarrer aufrückte, war er schon sehr von der Krankheit gezeichnet. Sein Zittern war so heftig, dass er einen Apparat brauchte, der ihm das Blatt Papier beim Schreiben festhielt.

In einer Schrift bekämpfte er sechs *Sprichwörter, womit sich laue Christen behelfen.* Er nannte sie *Ruhepolster, die einschläfern* und falsche Sicherheit vortäuschen:

Wir sind alle Sünder.
Wir sind alle schwache Menschen.
Da hätte Gott ja viel zu tun,
wenn er alles so genau nehmen wollte.
Ich verlasse mich eben auf Gottes Barmherzigkeit.

Wir tragen alle unseren Schatz in irdenen Gefäßen.
Wer kann alles halten, was in der Bibel steht?

Besonders belastete ihn, dass er mit seinen zitternden Händen das Abendmahl nicht mehr austeilen konnte. Alle Arzneien und ärztliche Anwendungen halfen nichts. Seinem Seelsorger gegenüber bekannte Schoener: *Ehe ich gezüchtigt wurde, kannte ich Jesus nicht. Je größer der Schmerz, desto inniger die Nähe seiner Liebe, die uns doch allein in den Himmel zieht und hebt.*

Durch die hart erlebten Leiden konnte Schoener um so besser Kranke und Schwermütige verstehen, aufrichten und trösten. Man sagte von ihm: *Je ohnmächtiger und kraftloser der alte Schoener wird, desto gewaltiger und mächtiger wird in ihm Christus.*

Acht Monate vor seinem Tod musste er seine Amtsgeschäfte wegen seiner Schwäche ganz niederlegen. Nachdem er schon lange kränklich war, ging es jetzt einfach nicht mehr.

Im Alter von 69 Jahren ging Pfarrer Schoener im Jahr 1818 heim. Schweres Leiden mit heftigen Schmerzen durchlitt er und musste am Ende wie ein Kind gepflegt werden. Eine Geschwulst in den Augen hatte ihn erblinden lassen. Von solchen Leiden hatte er schon in seinem Lied gesungen:

Himmelan führt dich zuletzt
selbst die Todesnacht.
Sei's, dass sie dir sterbend jetzt
kurze Schrecken macht,
harr aus, harr aus!
Auf die Nacht wird's ewig hell;
nach dem Tod erblickst du schnell
des Vaters Haus.

Halleluja singst auch du,
wenn du Jesus siehst,
unter Jubel ein zur Ruh
in den Himmel ziehst.
Gelobt sei er!

Der vom Kreuz zum Throne stieg,
hilft auch dir zu deinem Sieg;
gelobt sei er!

Als Text für die von ihm selbst verfasste und bei der Beerdigung vorgelesene Traueransprache hatte er das Wort aus Psalm 25,6 f. gewählt, das zeitlebens sein Bußgebet gewesen war: *Gedenke, Herr, an deine Barmherzigkeit und an deine Güte, die von Ewigkeit her gewesen sind. Gedenke nicht der Sünden meiner Jugend und meiner Übertretungen, gedenke aber meiner nach deiner Barmherzigkeit um deiner Güte willen!* Vergebung der Sünden galt für Schoener als *die erste und unentbehrlichste Trostquelle.*

Nach der Anweisung des Verstorbenen wurde *vor dem Trauersermon* das von ihm gedichtete Lied gesungen:

Wohl mir, ich geh zur Ruhe hin!
Mein Glaube hat gewonnen!
Durch dich, erhöhter Heiland, bin
ich allem Zorn entronnen!
Dir bring ich Lob und Dank dafür.
Wie groß, wie reich war auch an mir
dein göttliches Erbarmen!

Was der verspottete Bauernsohn Michael Hahn entdeckte

Dein Geist wirkt Heiligung allein!

Energisch einschreiten wollte der Dekan von Herrenberg gegen die Versammlungen, die der schwäbische Bauernsohn Johann Michael Hahn hier und dort in Bauernhäusern im Bezirk abhielt. Er gab deshalb den Pfarrern seines Dekanats Anweisung, das Auftreten von Michael Hahn in ihren Dörfern nicht zu dulden, sondern sofort die Polizei einzuschalten. Hahn sollte verhaftet und den Verantwortlichen des Oberamts vorgeführt werden.

Schon vor dem Eintreffen von Michael Hahn strömten jetzt neugierig die Menschen zusammen. Als die alarmierten Ortsvorsteher Hahn verhörten, waren sie ratlos. Er berichtete ihnen, dass er nur die Bibel auslege.

Das ist nichts Besonderes, meinten die Beamten. Darauf Hahn: *Am Zusammenströmen der Menschen sind die Herren selbst schuld. Man hält mich für einen Märtyrer. Dann will alles mich sehen und bewundern.* Er konnte ihnen nur raten, ihn in aller Stille seiner Wege gehen zu lassen.

Doch alltäglich und gewöhnlich war das nicht, was Michael Hahn in den Versammlungen ansprach. Unermüdlich mahnte er eine durchgreifende Heiligung des gesamten Lebens an. Sein Lied spricht davon:

Herr, lass mich deine Heiligung
durch deinen Geist erlangen!
Du hast die Sinnesänderung
selbst in mir angefangen;
dein Geist wirkt Heiligung allein,
dein Blut allein macht Herzen rein,
seit du zum Vater gangen.

Ich kann mich selber vor der Welt
nicht unbefleckt bewahren;
ich kann nicht tun, was dir gefällt,
das hab ich schon erfahren.
Ich will mich übergeben dir;
mach, was du willst, o Herr, aus mir
in meinen Lebensjahren.

Ich stehe immer in Gefahr,
das Kleinod zu verlieren;
der Feind versucht mich immerdar
und will mich dir entführen.
Herr Jesu, nimm dich meiner an,
erhalt mich auf der Lebensbahn;
nur du wollst mich regieren!

Im württembergischen Altdorf bei Böblingen am Rand des Schönbuchs war Johann Michael Hahn 1758 als Sohn wohlhabender Bauern geboren. Nach der dürftigen Schulzeit lernte er das Handwerk eines Metzgers, das er aber nie ausübte. Einen tiefen Eindruck muss das im Gottesdienst gesungene Passionslied an einem Karfreitag auf ihn gemacht haben:

> Der am Kreuz ist meine Liebe
> und sonst nichts auf dieser Welt!
> O dass er's doch ewig bliebe,
> der mir jetzt so wohl gefällt!
> Nun, mein Herz soll immerfort
> fest bestehn auf diesem Wort,
> es sei heiter oder trübe:
> Der am Kreuz ist meine Liebe.

Michael Hahn wollte sich Gott ganz in Liebe zuwenden. Damit brachen aber die Fragen und Probleme erst auf. Wer ist denn Gott? Und wie konnte er ihm dienen? Bin ich nicht schon verworfen? Mit solchen Fragen und Anfechtungen durchlitt er die *abscheulichste finstere Höllenqual.*

Nach drei Jahren Kämpfen und Ringen hatte er bei der Feldarbeit eine Eingebung, *als sei die Welt lauter Paradies und voll heiligen Geistes.* Zwei Jahre später wiederholte sich diese *Erleuchtung* nochmals und hielt sieben Wochen lang an. Hahn hatte *Gott gefunden.* Er sah in die *innerste Geburt und allen Dingen ins Herz.* Er erkannte wach *den Ursprung und Anfang aller Kreatur. Mein Herz war gleich der ausgedehnten Ewigkeit, darin sich Gott offenbart.*

Was Michael Hahn in diesen sieben Wochen erkannte, schrieb er nieder und verbrannte es danach wieder. Es trieb ihn in die *Stunde* des Dorfes, wo Brüder die Bibel auslegten. Dort berichtete er, was er in seiner Erleuchtung erkannt hatte. Sein ernsthaftes Leben ließ die Leute aufhorchen. Er lebte asketisch, ernährte sich nur von Milch und Brot.

Nicht nur sein Vater, auch einige Pfarrer sahen in Hahn einen Sonderling und Schwärmer. Die Zeitung in Stuttgart schmähte ihn als einen Phantasten. Auch auf das Konsistorium wurde er vorgeladen.

Gleichzeitig ging eine Erweckungsbewegung durch das Land, aus der sich allmählich die Hahn'sche Gemeinschaft entwickelte. Michael Hahn war sich auch für die Arbeit als Bauernknecht nicht zu gut. Schließlich fand der Prediger und Seelsorger Hahn 1794 Schutz und Aufnahme bei der verwitweten Herzogin Franziska auf ihrem Schlossgut in Sindlingen bei Herrenberg. Hier in den herzoglichen Anlagen strömten sonntags die Bauern zur Stunde zusammen, oft unter freiem Himmel im Schlossgarten. Worum es da ging, beschreibt Hahn in einem Lied, das von Albert Knapp textlich überarbeitet wurde:

> Jesu, Seelenfreund der Deinen,
> Sonne aller Herrlichkeit,
> wandelnd unter den Gemeinen,
> die zu deinem Dienst bereit:
> Komm zu uns, wir sind beisammen;
> gieße deine Geistesflammen,
> gieße Licht und Leben aus
> über dies dein Gotteshaus.
>
> Komm, o Herr, in jede Seele;
> lass sie deine Wohnung sein,
> dass dir einst nicht eine fehle
> in der Gotteskinder Reihn.
> Lass uns deines Geistes Gaben
> reichlich miteinander haben;
> offenbare heiliglich,
> Haupt, in allen Gliedern dich.

Wie nur wenige andere hat Michael Hahn um die Erneuerung seines Lebens gerungen. Nur Menschen, die der Geist Jesu treibt und erfüllt, erlangen die wahre Heiligung. In unzähligen Briefen, Schriften, Büchern, Auslegungen und über 2000 Liedern, die in 15 dicken Bänden mit über 18 000 Seiten zusammengefasst sind, legte er davon Zeugnis ab. So auch in diesem Lied:

Ach entdeck mir mein Verderben,
mache mich mir offenbar!
Sollt ich, Herr, als Heuchler sterben,
dort erst sehen, wer ich war:
o so wär es in der Tat
mich zu bessern viel zu spät.

Wenn ich andre Menschen finde
wider deinen Willen tun,
zeig mir daran meine Sünde!
In mir wird ein Gleiches ruhn.
Gib, dass ich unnützer Knecht
mich nicht halte für gerecht!

»Selbstgerecht« und »neugeboren«
ist ein großer Unterschied.
Selbstgerechte gehn verloren,
haben weder Ruh noch Fried;
Neugeborne gehn allein
in das Reich der Himmel ein.

Lass mich, Herr, dein Licht durchleuchten,
so schau ich mich, wie ich bin!
Dann lern ich von Herzen beichten,
flieh zu deiner Gnade hin;
dann leb ich aus deiner Kraft,
die den neuen Menschen schafft.

In den letzten 13 Jahren seines Lebens hatte er mit der Wassersucht sehr zu kämpfen, bis er 1819 im Alter von 61 Jahren starb.

Als man Matthias Jorissen als Prediger absetzte

Das biblische Gotteslob der Psalmen gesungen

Ausgerechnet der kirchenkritische Gerhard Tersteegen war es, der seinem angeheirateten Neffen Matthias Jorissen zum Studium der Theologie geraten hatte.

Das ist deshalb überraschend, weil Tersteegen 20 Jahre lang in Mülheim direkt gegenüber der Petrikirche wohnte, sie aber in der ganzen Zeit nie betreten hat.

Tersteegen schrieb damals an Jorissen: *Je wichtiger Sie das theologische Studium ansehen, desto mehr würde ich dazu raten. Wer nur erst durch Gnade ein gutes Schaf wird, mag auch – wenn Gott will – seiner Zeit ein guter Hirte werden.*

Matthias Jorissen war 1739 als jüngstes Kind einer begüterten Kaufmannsfamilie in Wesel am Niederrhein geboren. Von den 14 Kindern starben sieben schon früh.

Jorissen studierte in Duisburg an der reformierten Universität. Es waren nur wenige Studenten, weil sich in den Hörsälen auch die Franzosen für mehrere Jahre mit ihrem Militär einquartiert hatten. Es war die Zeit des Siebenjährigen Kriegs.

Der junge Theologiestudent lernte in diesen Jahren die überall entstehenden Gemeinschaften kennen, wo man sich über dem Wort Gottes austauschte und miteinander betete. Wie gerne saß Jorissen seinem Onkel Gerhard Tersteegen in Mülheim zu Füßen. Daneben besuchte er einen Kreis in Duisburg, den der Arzt Dr. Samuel Collenbusch leitete, der viel von den Schwabenvätern Oetinger, Bengel und Fricker gelernt hatte. Wahrscheinlich hat Matthias Jorissen selbst auch eine Gemeinschaft in Wesel ins Leben gerufen.

Für sein Studium wurde ihm Pfarrer Ludwig Fricker im württembergischen Dettingen/Erms ein wichtiger Ratgeber. Er hatte dem jungen Studenten ans Herz gelegt, bestens die Ursprachen der Bibel zu lernen, gründlich und logisch zu denken und als Wichtigstes: *Die Wahrheit, Jesus Christus, von Herzen lieb zu gewinnen und für die Wahrheit alles aufzuopfern – sich selbst und die ganze Welt.*

Jorissen schloss sein Theologiestudium in Utrecht ab und wurde Hauslehrer in Wesel.

Da verursachte plötzlich eine hämische Flugschrift mit krassen Anklagen gegen die Bibelchristen Verwirrung und Aufregung. Sie war anonym verbreitet worden. Jeder aber wusste, dass sie aus der Feder des einflussreichen Regimentskommandeurs Obristleutnant von Gaudi in Wesel stammte.

Matthias Jorissen ließ sich dadurch provozieren und predigte als Vikar über das Wort aus Sprüche 3,4: *Er wird der Spötter spotten, aber den Demütigen wird er Gnade geben.* Mit aller Schärfe schlug Jorissen mit vielen Bibelzitaten zurück und kündigte Gottes hartes Urteil gegen den Lästerer an. Für den 29-jährigen Jorissen war die Spottschrift nichts anderes als eine Gotteslästerung.

Jetzt hatten die liberalen Kirchenglieder einen Anlass und drängten den Magistrat zu einer Verurteilung von Matthias Jorissen.

Bald darauf wurde Matthias Jorissen vom preußischen Regierungsvertreter in Cleve ein Berufsverbot angedroht, falls er das Unrecht seiner *in einer Predigt geübten Privatrache* nicht einsehe.

Weil Matthias Jorissen nicht zum Widerruf bereit war, führte sein Weg nach Holland in verschiedene Gemeinden. Treu standen seine Freunde hinter ihm. Gerne wäre er wieder ins Rheinland zurückgekehrt, aber die Heimat blieb ihm versperrt.

1782 wurde Matthias Jorissen Pfarrer der *Deutschen Gemeinde* in Den Haag, der er 37 Jahre lang diente.

Sein wichtigstes Werk aber sollte die Psalmdichtung für den Gottesdienst werden. Schon Luther hatte auf die Vertonung der Psalmen großen Wert gelegt. Mehr noch aber haben sie in den auf Calvin zurückgehenden reformierten Gebieten eine überragende Bedeutung bekommen.

Der Reformator Zwingli, obwohl musikalisch sehr begabt, hatte eine große Zurückhaltung gegenüber Liedern im Gottesdienst. Er wollte den Einfluss des Wortes Gottes, wie es in der Bibel steht, besonders hochhalten. Darum sind dann auch die Psalmlieder in den reformierten Gemeinden auffallend stark unmittelbar am Bibelwort entlang gedichtet.

Bei Calvin in Genf bemerkten die Prediger bald selbstkritisch, dass der Monolog eines Herrn in Schwarz im Gottesdienst *die Gebete der Gläubigen kalt bleiben lässt. So wie wir es machen, gereicht es uns zu großer Schande und Verwirrung.* Was sollte man anders machen? Da entdeckten sie die Psalmen und meinten: *Die Psalmen könnten unsere Herzen anregen, wenn man sie in der Form öffentlicher Gebete singen könnte.*

So hatten sie schon bei Calvin ihren festen Platz im Gottesdienst. Die ersten Psalmlieder, die in calvinistischen Kirchen gesungen wurden, stammten vom französischen Hofdichter Clément Marot. Sie lehnen sich noch viel stärker an den biblischen Wortlaut an als etwa die Lieddichtungen der lutherischen Tradition. Sie erschienen in der Reformationszeit zunächst als *Genfer Psalmen*, auch *Hugenottenpsalmen* genannt, die eine ungeahnte Verbreitung fanden.

In der Zeit der Reformation in Frankreich gingen die Hugenotten singend in den Tod. In Rauchschwaden und Flammen der

Scheiterhaufen sangen sie die biblischen Psalmen. Diese Gesänge gingen damals in Frankreich den Menschen nicht mehr aus dem Kopf.

An einem Tag im Mai war es wie eine Explosion – aus dem Mund Tausender Protestanten erklangen in Paris diese Glaubenspsalmen, dem tobenden König zum Trotz. Das Martyrium konnte den evangelischen Glauben nicht hindern, er nahm zu und durchdrang das ganze Land.

Calvin schrieb in seiner ersten Kirchenordnung: *Wir wünschen uns, dass in der Kirche Psalmen gesungen werden. Wenn wir es nicht erfahren haben, machen wir uns nämlich keine Vorstellung von der Förderung und Erbauung, die hiervon ausgeht. Die Psalmen könnten uns dazu anfeuern, dass wir unsere Herzen zu Gott erheben, sie könnten unseren Anrufungen und unserem Lob der Ehre Gottes Glut und Leidenschaft verleihen.*

Calvin hatte erkannt, wie die gottesdienstliche Musik eine große bewegende Kraft ist, um Menschen zum Lob Gottes anzutreiben. In seinem Sinn singt Matthias Jorissen:

Singt, singt dem Herren neue Lieder,
er ist's allein, der Wunder tut.
Seht, seine Rechte sieget wieder,
sein heilger Arm gibt Kraft und Mut.
Wo sind nun alle unsre Leiden?
Der Herr schafft Ruh und Sicherheit;
er selber offenbart den Heiden
sein Recht und seine Herrlichkeit.

Der Herr gedenkt an sein Erbarmen,
und seine Wahrheit stehet fest;
er trägt sein Volk auf seinen Armen
und hilft, wenn alles uns verlässt.
Bald schaut der ganze Kreis der Erde,
wie unsers Gottes Huld erfreut.
Gott will, dass sie ein Eden werde;
rühm, Erde, Gottes Herrlichkeit!

In den deutschen reformierten Gemeinden erlebte die Sammlung von Psalmliedern in der Fassung des lutherischen Juraprofessors Dr. Ambrosius Lobwasser einen unglaublichen Siegeszug mit weitester Verbreitung.

Lobwasser hatte in Königsberg *zunächst zu seiner Kurzweil* den französischen Hugenottenpsalm Wort für Wort *mit Versen ins Deutsche gleichsam gezwängt*, wie er selbst ganz bescheiden bemerkte.

Dabei wollte Lobwasser seine Übersetzung unbedingt Silbe um Silbe auf die französischen Melodien dichten, weil das der damaligen Mode entsprach. So konnte man auch die schönen und vertrauten französischen Melodien verwenden. Das war sicher die Stärke seiner Lieder, auch wenn der Text vielfach unerträglich ungelenk war.

Die deutsche Schweiz kannte über 200 Jahre hinweg überhaupt keine anderen Kirchenlieder als diese Psalmdichtungen von Lobwasser. In schwelgender Begeisterung nannte man ihn *Augapfel und*

Sirene des Calvinismus. 60 Auflagen waren von seiner Liedersammlung schon erschienen, bevor Matthias Jorissen diese Lieder durch eigene Dichtungen mit besserem und flüssigerem Reim ersetzte und 1798 unter dem Titel *Neue Bereimung der Psalmen* herausbrachte. So sein Lied zu Psalm 66:

Jauchzt, alle Lande, Gott zu Ehren!
Rühmt seines Namens Herrlichkeit,
und feierlich ihn zu verklären,
sei Stimm und Saite ihm geweiht!
Sprecht: Wunderbar sind deine Werke,
o Gott, die du hervorgebracht.
Auch Feinde fühlen deine Stärke
und zittern, Herr, vor deiner Macht.

Rühmt, Völker, unsern Gott; lobsinget,
jauchzt ihm, der uns sich offenbart,
der uns vom Tod zum Leben bringet,
vor Straucheln unsern Fuß bewahrt.
Du läuterst uns durch heißes Leiden,
wie Silber rein wird in der Glut,
durch Leiden führst du uns zu Freuden;
ja alles, was du tust, ist gut.

Du hast uns oft verstrickt in Schlingen,
den Lenden Lasten angehängt;
du ließest Menschen auf uns dringen,
hast ringsumher uns eingeengt.
Oft wollten wir den Mut verlieren
im Feuer und in Wassersnot,
doch kamst du, uns herauszuführen,
und speistest uns mit Himmelsbrot.

Matthias Jorissen hat bei seinen Psalmdichtungen viel gebetet. Der Heilige Geist, der in den Psalmen mächtig und wirksam ist, sollte auch in seinen Nachdichtungen wirken und die Gemeinde stärken und aufrichten.

1818 trat der 80-jährige Matthias Jorissen in den Ruhestand, nachdem er ein Jahr lang wegen Schwindelanfällen und Schwäche nicht mehr predigen konnte. Fünf Jahre später starb der geachtete Prediger und Schriftsteller und wurde unter der Kanzel in seiner Kirche in Den Haag bestattet.

Was Gottes Gnade aus dem Sklavenhändler John Newton machte

Prediger des Glaubens, den er zerstören wollte

Wenige Tage vor seinem siebten Geburtstag starb die Mutter von John Newton. Erst später im Leben erinnerte er sich, wie diese fest im Glauben verwurzelte Frau, die einer Freikirche angehörte, oft mit Tränen für ihren Sohn gebetet hatte.

Nur insgesamt zwei Jahre konnte John Newton eine Schule besuchen, wo er von einem sehr harten Lehrer unterrichtet wurde. Dann nahm ihn der Vater von der Schule.

Von nun an begleitete John seinen Vater, der Kapitän eines Handelsschiffes war, auf seinen weiten Seereisen. Zu seinem Vater konnte er aber nie ein Vertrauensverhältnis aufbauen. Im Gegenteil, er fürchtete sich vor ihm.

Deshalb dachte sein Vater daran, ihm bei einem Freund in Jamaica eine Stellung für die nächsten fünf Jahre zu beschaffen. Der inzwischen 17-jährige John vereitelte aber zum Ärger seines Vaters diese Pläne.

Zwei Jahre später griff ihn eine Militärstreife auf und zwang ihn zum Dienst als Seemann auf dem Kriegsschiff H. M. Harwich. Durch Vermittlung seines Vaters bekam er den Posten eines Leutnants zur See angeboten. Die Mannschaft auf dem Schiff aber war ein übler Haufen.

In kürzester Zeit übernahm John Newton von diesen verkommenen Matrosen alles Schmutzige und Verdorbene. Jegliches Empfinden in seinem Gewissen war abgestorben. Er kannte keine Gottesfurcht mehr, so dass er sogar den Spitznamen *Gotteslästerer* bekam.

Newton hoffte, dass sein Vater, der ja viele Kapitäne persönlich kannte, ihm zu einem besseren Job auf einem anderen Schiff verhelfen könnte. So desertierte er von der Marine. Aber statt den Vater zu treffen, wurde er nach seiner Flucht wieder von Marinesoldaten aufgegriffen, mehrere Tage im Gefängnis gehalten und dann zum gemeinen Matrosen degradiert.

Das war eine entwürdigende Behandlung. Die Matrosen, die früher seine Untergebenen waren, beleidigten ihn in übelster Weise. Unglücklich und elend wie er war, schwankte er, ob er sich das Leben nehmen oder einfach den Kapitän ermorden sollte.

Als er schließlich zum Dienst auf ein anderes Schiff versetzt wurde, empfand John Newton das als eine wunderbare Fügung. Es war ein Handelsschiff, das gefangene Sklaven aus Sierra Leone holen sollte. Als er in Afrika ankam, wurde ihm kein Lohn bezahlt. Mittellos wie er war, konnte er nur als Knecht im Haus einer afrikanischen Frau überleben. Dort gab man ihm nur Abfälle, die vom Essen übrig geblieben waren und er wurde schwer krank.

Wie froh war John Newton, als er mit Sklavenhändlern dieser Hölle entkommen konnte. Sein Vater hatte einen befreundeten Kapitän gebeten, ihm zu helfen, nachdem er von seinem Schicksal erfahren hatte. Schließlich brachte er es durch glückliche Umstände sogar bis zum Kapitän eines eigenen Sklavenschiffs, mit dem die gefangenen, unmenschlich behandelten Sklaven nach Übersee gebracht wurden.

Seine Schiffsbesatzung hatte manchmal den Eindruck, er sei nicht viel mehr als ein Tier, so brutal verhielt er sich den Sklaven und der Mannschaft gegenüber.

Da geschah es im Januar 1748 auf einer längeren Schiffsfahrt über Neufundland nach England: Das Schiff sollte nach dem langen Aufenthalt im tropischen Klima dringend repariert und überholt werden. In der Nacht aber brach ein fürchterlicher Sturm los. Er tobte so heftig und anhaltend, dass die Lebensmittelvorräte über Bord gespült wurden. Die Wellen schlugen in das Schiff. Es herrschte überall Chaos.

John Newton sah keine Hoffnung mehr, das Schiff durch die tobende See steuern zu können. Das Wasser im Schiff stieg immer höher. Alle Versuche, es aus dem Innern des Schiffs zu pumpen, waren vergeblich.

In dieser aussichtslosen Lage kam John Newton zur Besinnung. *Herr, hab Erbarmen mit uns!*, schrie er in die stürmische Nacht. Doch dann fragte er sich: *Was für ein Erbarmen kann es denn für mich geben?*

Die Schiffsladung war leicht. So ging das Schiff trotz des eingedrungenen Wassers nicht unter. Als der Sturm nachließ, konnten sie die Löcher in der Schiffswand mit Brettern und Kleidungsstücken stopfen. Die weitere Fahrt mit dem notdürftig geflickten Schiff war ein großes Abenteuer. Um sie herum das weite Meer und eisige Winterkälte. Sie hatten kaum zu essen, weil die meisten Lebensmittel über Deck gespült oder durch das Salzwasser verdorben waren. Endlich, vier Wochen nach dem Seesturm, erreichten sie die Küste Irlands.

Diesen 10. Mai 1748 sah John Newton später immer als den Tag seiner Bekehrung an, an dem er sich ganz dem Willen Gottes auslieferte. Er hatte in diesen Stunden, in denen er den sicheren Untergang vor Augen hatte, Gottes Hilfe erlebt.

Früher schon hatte er einmal das alte Buch des Thomas von Kempen über die *Nachfolge Christi* in die Hand bekommen. Doch da hatte es ihn eher etwas amüsiert. Jetzt aber wurde ihm bewusst, dass er Jesus so oft verhöhnt hatte.

John Newton war ein anderer Mensch geworden. Wie überwältigend hatte er Gottes Güte und Gnade erfahren! Er sah sich als der verlorene Sohn, der heimkehrt zum Vater. Immer mehr erkannte und verstand er beim Bibellesen. Er hatte niemand, der ihm dabei geholfen hätte. So beschaffte er sich selbst Bücher und studierte eifrig darin.

In seinem Lied *Amazing Grace* drückte Newton aus, was ihm Gottes Gnade bedeutet. Es ist in Nordamerika ein beliebtes und mit der alten amerikanischen Volksliedmelodie häufig gesungenes Lied. Newton überschrieb es: *Rückschau im Glauben und Ausblick – Wer bin ich, Herr, dass du mich bis hierher gebracht hast?*

O Gnade Gottes, wunderbar
hast du errettet mich,
ich war verloren ganz und gar,
war blind, jetzt sehe ich.

Die Gnade hat mich Furcht gelehrt
und auch von Furcht befreit,
seitdem ich mich zu Gott bekehrt
bis hin zur Herrlichkeit.

Durch Schwierigkeiten mancher Art
wurd ich ja schon geführt,
doch hat die Gnade mich bewahrt,
die Ehre Gott gebührt.

Wenn wir zehntausend Jahre sind
in seiner Herrlichkeit,
mein Herz noch von der Gnade singt
wie in der ersten Zeit.

1750 heiratete er seine Freundin Mary, die er schon seit Jugendtagen liebte. Während er noch immer mit Sklavenschiffen auf den Meeren unterwegs war, wurde ihm plötzlich bewusst, was für ein Verbrechen die Sklaverei ist, die ja damals völlig legal war. Er konnte die Ketten und Fesseln und das Elend der geschundenen Menschen nicht mehr sehen. Es belastete sein Herz unheimlich, dass er damit Geld verdiente. Darüber wurde er schwer krank.

Als er wieder genas, gab er die Seefahrt auf und nahm in Liverpool einen Posten als Zollinspektor bei den Hafenbehörden an. Hier begegnete er dem bekannten methodistischen Evangelisten John Whitefield und wurde sein begeisterter Schüler.

John Newton verspürte den Wunsch, sich als Pfarrer ausbilden zu lassen. Auch als der Erzbischof von York ihn als ungeeignet ablehnte, gab er nicht auf. Im Alter von 40 Jahren ordinierte ihn der Bischof von Lincoln als anglikanischen Pfarrer. 1764 wurde er zunächst Hilfsprediger und dann Pfarrer in Olney. Bald wurde die Kapelle zu klein für die vielen Zuhörer.

Nachdem er 16 Jahre in Olney gewirkt hatte, berief man ihn als Rektor in St. Marys Woolnoth in London, wo er noch 28 Jahre Dienst tat. In einem dramatischen Nachtgespräch beschwor Newton dort einen jungen, ehrgeizigen Parlamentarier, den Kampf gegen das schreckliche Verbrechen der Sklaverei aufzunehmen. Dieser zögerte, wohl bewusst, dass dies das Ende seiner Karriere und viel Schmach bedeuten würde. John Newton aber ließ nicht locker, bis dieser junge William Wilberforce endlich überzeugt und dazu bereit war.

Wilberforce schrieb nach diesem Nachtgespräch in sein Tagebuch: *Der allmächtige Gott hat mir zwei Ziele gesetzt. Die Unterdrückung des Sklavenhandels und die Änderung der Sitten in unserem Land.*

Es waren evangelische Christen in England, die sich unter der Anleitung und dem Einfluss von John Newton und William Wilberforce zusammen taten, um wirksam gegen die Geißel der Sklaverei zu kämpfen. John Newton wurde auch als einer der wichtigsten Zeugen ins Parlament geladen, wo er anhand seiner Logbucheintragungen die gräulichen Verbrechen an den Sklaven aufdeckte.

William Wilberforce hielt im Parlament ein Plakat hoch, auf dem aufgemalt war, wie Sklaven auf den Schiffen in Verschlägen, so hoch wie ein Tisch, eingesperrt sind. *Wie Löffel sind sie nebeneinander gelegt,* sagte Wilberforce. Nur 25 cm blieben ihnen statt der vorgeschriebenen 40 Zentimeter in der Breite auf den blanken Bohlen, wo sie an Händen und Füßen aneinander gekettet lagen.

Man hat diese Evangelikalen in London, die sich um John Newton sammelten, als Clapham-Sekte verspottet und bekämpft. Weil sie eine völlige Erneuerung und Vergebung durch Jesus Christus erfahren hatten, setzten sie sich leidenschaftlich für eine Veränderung der Gesellschaft ein, die man nur als gewaltlose Revolution bezeichnen kann.

Bis ins 82. Lebensjahr hinein predigte John Newton unermüdlich weiter, obwohl er fast erblindet war. Er sagte, *mein Gedächtnis wird immer schlechter, aber das weiß ich, dass ich ein großer Sünder bin und Jesus ein großer Retter.*

Als er am 21. Dezember 1807 heimging, schrieb man auf seinen Grabstein auf dem Kirchhof der Peter-und-Paulskirche in Olney:

John Newton, Pfarrer, einst ungläubig und liederlich, im Dienst der Sklaverei in Afrika, wurde durch die reiche Gnade des Herrn und Retters Jesus Christus gerettet, erneuert, vergeben und berufen, den Glauben zu predigen, den er lange zu zerstören trachtete.

Wenige Monate nach dem Tod von John Newton konnte sich William Wilberforce im englischen Unterhaus nach jahrelangem Kampf endlich durchsetzen. 1808 wurde durch Gesetz des englischen Parlaments verboten, Sklaven ein- oder auszuführen. Und 1833 schließlich – kurz nach dem Tod von Wilberforce – wurde dieses Gesetz auch auf alle englischen Kolonien ausgeweitet. John Newton hatte an diesem Sieg entscheidenden Anteil.

Christian Gregor, Bauernsohn und Bischof der Brüdergemeine

Ach mein Herr Jesu, wenn ich dich nicht hätte!

Das Leben des Christian Gregor begann ziemlich trostlos. In Bad Dirsdorf bei Nimptsch in Schlesien wurde er 1723 als Sohn eines Bauern geboren. Sein Vater war aber schon 14 Tage vor seiner Geburt gestorben. Als später auch seine Mutter starb, hatte das achtjährige Waisenkind keine Heimat mehr.

Da kümmerte sich schließlich ein Graf von Pfeil um den hochbegabten Jungen. Er war von seinem schweren Schicksal berührt und ermöglichte ihm eine Ausbildung als Lehrer und Organist zusammen mit seinen eigenen Kindern.

Mit der gräflichen Familie von Pfeil kam Christian Gregor im Alter von 17 Jahren erstmals nach Herrnhut. Was er dort erlebte, beeindruckte ihn tief. Dieser Gemeinde wollte er sich unbedingt anschließen. Nach zweieinhalb Jahren Mitarbeit wurde er 1743 aufgenommen.

Was ihn am meisten im Glauben bewegte, drückte er mit dieser Strophe aus:

O drückten Jesu Todesmienen
sich meiner Seel auf ewig ein!
O möchte stündlich sein Versühnen
in meinem Herzen kräftig sein!
Denn ach, was hab ich ihm zu danken!
Für meine Sünden floss sein Blut;
das heilt mich, seinen armen Kranken,
und kommt mir ewiglich zugut.

In dieser lebendigen Gemeinschaft des Glaubens und Lebens in Herrnhut tat er sich bald durch seine musikalischen Gaben hervor. Zunächst wurde ihm die Leitung der Gemeindemusik übertragen. Mit seinem Orgelspiel verstand er es sehr gut, das Singen zu begleiten und zu fördern. Sein Amt war dem eines Musikdirektors vergleichbar.

Aus der Erfahrung seines eigenen Lebens entstand das Lied:

Ach mein Herr Jesu, dein Nahesein
bringt großen Frieden ins Herz hinein,
und dein Gnadenanblick macht uns so selig,
dass Leib und Seele darüber fröhlich
und dankbar wird.

Barmherzig, gnädig, geduldig sein,
uns täglich reichlich die Schuld verzeihn,
heilen, stillen, trösten, erfreun und segnen
und unsrer Seele als Freund begegnen
ist deine Lust.

In der Herrnhuter Brüdergemeine waren von Anfang an Singstunden üblich. Für ihren Leiter, Nikolaus Ludwig Graf von Zinzendorf, waren Lieder die *beste Methode, sich Gotteswahrheiten ins Herz zu bringen und darin zu konservieren.*

Oft reimte Zinzendorf mitten in der Versammlung neue Verse, die er vorsagte und gleich singen ließ.

Christian Gregor bemühte sich, mehr Stetigkeit in das Singen der Brüdergemeine zu bringen. Er überarbeitete auch die meist spontan gedichteten und daher oft etwas holprigen Reime Zinzendorfs und machte sie singfähig. Durch diese Bearbeitung konnten sie auch in anderen Gesangbüchern Aufnahme finden.

Der bescheidene Christian Gregor war neben seinen musikalischen Ämtern zunächst Rechnungsführer beim Generaldirektorium, dann wurden ihm weitere Leitungsämter übertragen, bis er schließlich 1789, nach dem Tod von Bischof Spangenberg, zusammen mit drei anderen Brüdern zum Bischof in der Brüdergemeine berufen wurde. In ihrem Auftrag besuchte er die Gründungen der Brüdergemeine in Nordamerika. Als die von der Brüdergemeine neu angelegte Stadt Sarepta an der Wolga von putschenden Truppen völlig geplündert wurde, reiste Christian Gregor dorthin, um zu helfen und in der großen Not Mut zu machen.

Sein größtes Werk wurde das Gesangbuch der Brüdergemeine von 1778. Bis 1927, dem 200. Gedenkjahr der Brüdergemeine, war es in Gebrauch. Auch das erste Choralbuch der Gemeine gab er heraus, dazu ein Liturgiebuch.

Christian Gregor brachte es fertig, aus 3000 bruchstückhaften Liedversen neue und ständig zu benützende Lieder zu dichten. Viele Melodien gehen auch auf ihn zurück.

Ausgelöst durch den Tod seiner ältesten Tochter verfiel Christian Gregor 1787 in eine schwere Depression. Er selbst erzählt aus diesen Krankheitstagen:

Der Herr deckte mir meine Verwerflichkeit auf, dass mir Hören und Sehen verging und aller Glaube und aller Trost wegfiel. Beinahe ein Vierteljahr konnte ich weder ordentlich essen noch schlafen. Alle und jede Verschuldung von meiner Jugend auf, jede Unterlassung in der Heiligung an Leib und Seele, jede Lässigkeit im Dienst des Herrn stand mir als höchst sträflich vor Augen. Auch alles, was nach menschlicher Ansicht als etwas Gutes von mir hätte gelten können, kam mir als unreines Tuch vor.

Endlich konnte er nach dem Gebrauch von Medikamenten und gestärkt durch den Zuspruch lieber Brüder wieder bekennen, wie der Herr aus dieser inneren Not herausgeholfen hat. Davon spricht sein bekanntes Passionslied:

Ach mein Herr Jesu, wenn ich dich nicht hätte,
und wenn dein Blut nicht für die Sünder redte,
wo sollt ich Ärmster unter den Elenden
mich sonst hinwenden?

Ich wüsste nicht, wo ich vor Jammer bliebe;
denn wo ist solch ein Herz wie deins, voll Liebe?
Du, du bist meine Zuversicht alleine;
sonst weiß ich keine.

Hättst du dich nicht zuerst an mich gehangen,
ich wär von selbst dich wohl nicht suchen gangen;
du suchtest mich und nahmst mich mit Erbarmen
in deine Arme.

Nun dank ich dir vom Grunde meiner Seelen,
dass du nach deinem ewigen Erwählen
auch mich zu deiner Kreuzgemeine brachtest
und selig machtest.

Christian Gregor fügte auch der Liedstrophe von Zinzendorf *Herr, dein Wort, die edle Gabe* noch eine Strophe hinzu. Den ursprünglichen Text von Joachim Neander hatte er umgedichtet:

Halleluja, Ja und Amen!
Herr, du wollest auf mich sehn,
dass ich mög in deinem Namen
fest bei deinem Worte stehn.

Lass mich eifrig sein beflissen,
dir zu dienen früh und spat
und zugleich zu deinen Füßen
sitzen, wie Maria tat.

Mitten aus der Arbeit heraus wurde Christian Gregor 1801 in Berthelsdorf von seinem Herrn heimgerufen. Er war 78 Jahre alt geworden.

Einst hatte er dem Lied *Aller Gläubgen Sammelplatz* von Graf Zinzendorf noch die Strophe angefügt:

Eins geht da, das andre dort
in die ewge Heimat fort,
ungefragt, ob die und der
uns nicht hier noch nützlich wär.

Freiherr Christoph Karl Ludwig von Pfeil, ein Knecht Gottes

Als Diplomat im Staatsdienst die Macht des Gebets entdeckt

Eine rasche und steile Karriere im württembergischen Staatsdienst machte der 20-jährige Legationssekretär Christoph Karl Ludwig von Pfeil. Am Ende seiner beruflichen Laufbahn versetzte ihn der Kaiser in Anerkennung seiner Verdienste in den Stand eines Reichsfreiherrn. Viel wichtiger nahm dieser Jurist aber das große Vorrecht, mit Gott im Gebet reden zu können.

Er, der aus uraltem schlesischen Adel stammte, konnte sagen:

Mein Adel ist nicht von der Welt,
er ist vom Himmel her.
In meinem Wappen steht das Feld
der Eitelkeiten leer.

Von Pfeil war 1712 im pfälzischen Grünstadt geboren. Seinen Vater hatte er schon im Alter von zehn Jahren verloren. Der war einst im Pädagogium von August Hermann Francke in Halle zum lebendigen Glauben an Jesus Christus gekommen. Der gelernte Jurist hatte als württembergischer Rat am Oberhofgericht in Tübingen und als Vogt von Bebenhausen gewirkt. An seine Mutter konnte sich Karl Ludwig von Pfeil nicht erinnern. Sie war gestorben, als er erst zwei Jahre alt war.

Als auch sein Vater 1722 starb, nahm sich der Onkel Gottlieb von Pfeil, Pfarrer in Magdeburg, liebevoll um das Waisenkind an.

Mit 16 Jahren kam von Pfeil an die Universität nach Halle. Leider war August Hermann Francke ein Jahr vorher gestorben. Francke hatte einst bei einem Besuch in Württemberg 1717 dem kleinen Karl Ludwig im Namen Gottes die Hände aufgelegt und ihn zum Dienst des Herrn gesegnet.

Von Pfeil entschied sich nicht für das Studium der Theologie, sondern für die Rechtswissenschaft. Zwei Jahre später übergab der junge Student, der inzwischen nach Tübingen an die Universität übergesiedelt war, bewusst in einer eigenen Entscheidung sein Leben Jesus.

Karl Ludwig von Pfeil war gerade 20 Jahre alt, als ihn der württembergische Staatsminister als Legationssekretär beim Reichstag in Regensburg mit wichtigen diplomatischen Angelegenheiten betraute, die er glänzend löste. Von da an ging Pfeils berufliche Karriere steil nach oben.

Ungerecht und gewissenlos ging es damals in der korrupten württembergischen Regierung zu. Der katholische Herzog Karl Alexander beutete mit maßlosen Steuern, Manipulationen mit der neuen Münze und Ämterhandel das Volk aus. Der berüchtigte Finanzminister Süß Oppenheimer führte die schändlichen herzoglichen Befehle aus, die das Volk ausbluteten. Da verstarb völlig unerwartet Herzog Karl Alexander schon nach vierjähriger Regierung 1737. Für den erst neunjährigen Thronfolger Karl Eugen wurde ein herzoglicher Verwandter als Administrator berufen. Jetzt brauchte man zur Neuordnung der Verwaltung in Württemberg tüchtige und verlässliche Leute.

Von Pfeil wurde noch im gleichen Jahr im Alter von 25 Jahren zum Justiz- und Regierungsrat in Stuttgart ernannt. Er betreute nacheinander die Ressorts Steuer, Handwerk, Forstwesen, Ökonomie, Handwerk, Strafanstalten und schließlich die Landesverwaltung. Pfeil betete:

Schenk einen unerschrocknen Geist,
der nicht durch Gunst und Hassen,
noch was die Welt Politik heißt,
sich möge brechen lassen.
Lehr mich allein, das bitt ich dich,
nach deinem Willen handeln!
Lass jegliche Minute mich
vor deinen Augen wandeln!

Schwierig wurde es dann für Pfeil, als der gewissenlose und gewalttätige – noch nicht sechzehnjährige – Herzog Karl Eugen die Herrschaft in Württemberg übernahm. Seine Verschwendungssucht war grenzenlos und seine Prachtliebe steigerte sich fast zum Wahnsinn. Mehr als je zuvor wurde das schon völlig verschuldete Land ausgebeutet. Der Herzog hielt sich eine ganze Schar wilder italienischer Liebesdienerinnen. Schamlose Schmeichler umgaben den Landesfürsten, während das Volk immer mehr verarmte. Stuttgart wurde zum verschwenderischsten und prächtigsten Hof Deutschlands.

In diesen schweren Jahren der Mitarbeit in Regierungsverantwortung dichtete Christoph Karl Ludwig von Pfeil das bis heute gesungene Lied nach Offenbarung 8, Verse 3 und 5:

Betgemeinde, heilge dich mit dem heilgen Öle;
Jesu Geist ergieße sich dir in Herz und Seele.
Lass den Mund alle Stund
von Gebet und Flehen heilig übergehen.

Kann ein einiges Gebet einer gläub'gen Seelen,
wenn's zum Herzen Gottes geht, seinen Zweck
verfehlen?
Was wird's tun, wenn sie nun
alle vor ihn treten und zusammen beten!

O der unerkannten Macht von der Heilgen Beten!
Ohne das wird nichts vollbracht so in Freud als Nöten.
Schritt für Schritt wirkt es mit,
wie zum Sieg der Freunde, so zum Sturz der Feinde.

O so betet alle drauf! Betet immer wieder!
Heilge Hände hebet auf, heiligt eure Glieder!
Bleibet stets im Gebet,
das zu Gott sich schwinget; betet, dass es dringet.

Gebet kann Berge versetzen, das hat Christoph Karl Ludwig von Pfeil erlebt. Was keiner für möglich hielt, geschah: Dieser maßlose Herzog Karl Eugen erlebte eine unglaubliche Wandlung. An seinem 50. Geburtstag ließ er von allen Kanzeln ein öffentliches Sündenbekenntnis verlesen: *Er sei ein Mensch, und aus menschlicher Schwachheit und unzulänglicher Kenntnis haben sich viele Ereignisse zugetragen, die er bereue. Die Zukunft werde von nun an von ihm einzig zum Wohl seiner Untertanen verwendet werden.*

Wer hatte bei dem hartgesottenen Herzog diese Sinnesänderung bewirkt? Es war eine schöne, kluge und taktvolle Frau, die seine Geliebte war. Sie hieß Franziska und war die Tochter eines armen Barons. Mit einem hässlichen und ihr verhassten Kammerherrn war sie verheiratet und dann vom Herzog entführt worden. Der Bruch der ehelichen Treue bedrückte sie jedoch. Sie kam unter den geistlichen Einfluss des pietistischen Pfarrers Philipp Matthäus Hahn im benachbarten Echterdingen, der auch als genialer Konstrukteur astronomischer Uhren weit bekannt war. Er wurde ihr Seelsorger.

Vom Kaiser wurde Franziska zur Reichsgräfin von Hohenheim geadelt und nach dem Tod der ersten Frau des Herzogs diesem angetraut. Sie zügelte die Leidenschaften des Herzogs und machte durch ihre edle Gesinnung aus ihm einen verantwortungsvollen Landesvater. So hat Gott die Gebete der Stillen im Land erhört.

1758 wurde Christoph Karl Ludwig von Pfeil Geheimer Legationsrat und wenig später auch Geheimer Rat in Stuttgart, der auch für die Geschicke der Landeskirche verantwortlich war.

Immer wieder musste er durch viel Krankheitsnot. Gerne hätte er sich jetzt auch auf sein schönes Gut in Deuffstetten in der Herrschaft Ansbach bei Dinkelsbühl in die Stille zurückgezogen. Da berief ihn Friedrich der Große nach Berlin als preußischer Minister und diplomatischer Gesandter bei dem fränkischen und schwäbischen Kreis. In dieser einflussreichen Position konnte er seinem Heimatland Württemberg am meisten helfen.

Auch im Dienst des Königs war von Pfeil ein mutiger und unerschrockener Bekenner Jesu. Er konnte zwar mit dem König kein persönliches Gespräch über den Glauben führen. Dieser ließ eben auch ihn wie jedermann *nach seiner Façon selig werden.* Es wird aber erzählt, wie er auch in der Residenz bei dem preußischen König Friedrich dem Großen morgens seine Bibellese und Gebetsstille hielt. Seinem Diener hatte er aufs Strengste verboten, in dieser Zeit jemand bei ihm einzulassen. Da wollte einmal Friedrich der Große ihn am frühen Morgen aufsuchen. Der Diener kam in arge Verlegenheit, wollte aber nicht gegen den strikten Befehl seines Herrn verstoßen. Darauf sagte der König nur: Ich werde warten. Als von Pfeil seine Morgenandacht beendet hatte und ihm der wartende König gemeldet wurde, entschuldigte er sich: *Majestät wollen allergnädigst entschuldigen! Ich habe soeben mit dem König aller Könige geredet.*

Was er mit seinem irdischen König nicht bereden konnte, tat er viel mehr im Gebet *für ihn* mit seinem Gott.

Viel Leid hat Pfeil beim Sterben seiner beiden Söhne erlebt. Noch mehr als der Tod seiner geliebten Tochter Beate im ersten Wochenbett schmerzte ihn, dass seine älteste Tochter, Frau des Obristenleutnants Baron von Metz, ihren Glauben aufgab und die Welt lieb gewann. Nach vielerlei durchlittener Not musste er seit 1769 sagen:

Die Hütte, in der ich wohne, fällt,
kracht, sinkt und bricht.
Mir ist ein anderes Haus bestellt.
Hier ist mein Bleibens nicht.

Die Gicht hatte ihn fast zwei Jahre lang so schwer befallen, dass er keinen Fuß mehr rühren konnte. Da er trotzdem für den König unterwegs sein sollte, musste er mühsam und schmerzhaft getragen werden. Da geschah das Wunder: Im Haus seiner Tochter konnte er zur Verwunderung aller plötzlich wieder gehen und stehen. Von Gott hatte er Hilfe und Heilung erbeten. Er wusste aber auch, dass Gott nicht von uns zum Wunder gezwungen werden kann.

An seinem 70. Geburtstag errechnete Christoph Karl Ludwig von Pfeil, dass ihm 25 550 Tage, 6 013 200 Stunden und 360 792 000 Minuten Leben von Gott geschenkt waren.

Voll Dank blickte er zurück: 32 Jahre hatte er in zehn hohen Staatsämtern unter fünf württembergischen Herzögen gedient und 18 Jahre beim preußischen König. Jetzt aber legte sich Pfeil einen *Sterbekalender* an, um mit Bibelworten täglich sein Haus zu bestellen. 1784 starb er, nachdem er mehrmals das Wort gesagt hatte: *Ich bin gewiss, dass weder Tod noch Leben, weder Gegenwärtiges noch Zukünftiges mich scheiden kann von der Liebe Gottes, die in Christus Jesus ist, unserem Herrn!* Seine Urenkelin Freiin Henriette von Seckendorff-Gutend wirkte später in Bad Cannstatt und half durch Gebet, Seelsorge und Zuspruch des Wortes Gottes vielen Kranken zur Genesung. Bis zu ihrem Tod im Jahr 1878 wurde sie von unzähligen Kranken und Schwermütigen aufgesucht. Bis heute tut die Villa Seckendorff dort einen segensreichen Dienst.

Als Luise von Hayn um Jesu willen die Eltern verließ

Das erfüllte und lohnende Leben beim Guten Hirten gefunden

Es geschah 1744 im nassauischen Städtchen Idstein morgens bei der Familienandacht. Im Haus des im fürstlichen Dienst stehenden Oberjägermeisters las die 20-jährige Tochter Henriette Luise von Hayn ihrem Vater wie gewöhnlich aus der Bibel vor. Da kam sie an die Worte Jesu: *Wer Vater oder Mutter mehr liebt als mich, der ist mein nicht wert.* Das Wort Jesu traf Henriette Luise. Sie war da gemeint!

Sie eilte in ihr Zimmer und schrieb einen Abschiedsbrief. Darin legte sie dar, warum sie um Gottes willen ihr heiß geliebtes Elternhaus verlassen müsse.

Das gesellschaftliche Leben, in das sie als Mädchen aus höherem Stand hineinwachsen sollte, war ihr fremd. Sie konnte kein Gefallen finden an festlichen Bällen und üppigen Banketten. Auch das Zurschaustellen von Kleiderluxus und aufwendiger Kosmetik im damaligen Zeitalter des Rokoko war ihr als Mädchen aus adligem Haus zuwider. Sie sehnte sich nach einer anderen Welt. Schon als junger Mensch suchte sie die Gemeinschaft mit den Leiden ihres Heilands Jesus Christus. Ihm allein wollte sie dienen, in seine Nachfolge wollte sie treten.

Vom nächsten Dorf aus sandte sie durch einen Boten diesen Brief an ihre Eltern. Sie wollte sich den verspotteten und verachteten Herrnhutern anschließen, die damals eine urchristliche Glaubens- und Lebensgemeinschaft bildeten. In wenigen Jahren hatten sie sich an verschiedenen Orten angesiedelt. Diese von Christus und seinem Wort geprägte Gemeinschaft zog sie an. Es war dies eine echte Alternative zu dem lauen Christentum in ihrem Elternhaus, das sie nur als förmlich und traditionell empfinden konnte.

Länger schon hatte sie die Schriften des Reichsgrafen Nikolaus Ludwig von Zinzendorf gelesen. Wie er von der Liebe Jesu sprach, hatte sie in ihrem empfindsamen Gemüt ergriffen und gepackt. Die Berliner Reden hatten sie besonders angesprochen.

Sie erzählt selbst: *Um diese Zeit hörte ich viel reden von einem gewissen neuen Ort in der Wetterau, Herrnhaag genannt, welchen die Herrnhuter zu bauen anfingen. Ich fühlte eine unbeschreibliche Freude darüber. Wiewohl es die verächtlichsten Beschreibungen waren, die man mir von der Brüdergemeine machte, so glaubte ich doch immer das Gegenteil davon und fühlte gar zu gut, dass dies mein Volk sei, mit dem ich leben und sterben wollte.*

Den Eltern gelang es, die eigenwillige Tochter noch einmal zurückzuholen. Dann kamen ihnen aber Bedenken, ob Gewalt wirklich das Beste sei, um ihre Tochter von ihrem Spleen zu kurieren. Vielleicht würde sie am ehesten selbst von den Herrnhutern ablassen, über die so viele böse Gerüchte umliefen, wenn man ihr den Willen lassen würde?

Auch Zinzendorf selbst schrieb einen Brief an die Eltern: *Lassen Sie Ihre Tochter, die ohnehin ein bisschen melancholisch zu sein scheint, in ihrer Ruhe und Seligkeit. Ich finde, dass sie eine bestimmte und festgelegte Person und in ihren Dingen solide ist.* So ließ man schließlich Luise von Hayn ziehen.

Dass man um Jesu willen auch eigene Wege gehen müsse, war in der Familiengeschichte schon vorgezeichnet. Der Großvater von Lassberg mütterlicherseits musste einst im Alter von sieben Jahren mit seiner Mutter um des Glaubens willen die Heimat in Österreich verlassen. Die schlimmen Verdächtigungen, die über die Herrnhuter umliefen, konnten Luise von Hayn nicht irremachen. Selbst ihr Heimatpfarrer warnte aus diesem aktuellen Anlass heraus von der Kanzel herunter vor den Herrnhutern. Henriette Luise von Hayn aber war nur umso begieriger, diese eigenwillige Bekennergemeinde in Herrnhut kennen zu lernen, die so viel vom urchristlichen Leben verkörperte.

So wurde der 5. November 1744 der glücklichste Tag in ihrem Leben, als sie in Marienborn eintraf und die ersten Schwestern und Brüder sah. Sie schrieb später im Rückblick auf diese Entscheidung: *Ich hatte ein paar liebe Eltern verlassen, und hier war es, als hätte ich auf einmal hundert Väter und Mütter wieder gefunden. Mir war's wirklich wie einem Kind, das nun aus der Fremde in seiner Mutter Haus und bei den Seinen angekommen war.*

Wie Luise von Hayn in der Brüdergemeine lebte und darin aufging, machen ihre vielen Lieder deutlich, die sie dichtete und von denen 28 im Gesangbuch der Brüdergemeine Aufnahme fanden.

Zunächst betreute sie Hunderte von Mädchen in Marienborn, Großhennersdorf und Herrnhut in Kinderheimen. Ihren Stand hätte man später am besten als Diakonisse bezeichnet. Sie trug alle Nöte ihrer Kinder mit. Sie erzählt: *Ich hatte mit tausend Sorgen und Kummer zu kämpfen, den das mir anvertraute Amt bei der Menge der Kinder mit sich brachte.*

1866 übernahm Luise von Hayn die Leitung des Heims der ledigen Schwestern in Herrnhut, ein Amt, das sie in den nächsten 16 Jahren bis zu ihrem Tod innehatte.

Viele ihrer Verse und Lieder wurden schon zu ihren Lebzeiten veröffentlicht und verbreitet. Die meisten sind heute leider vergessen. Andere findet man noch im Gesangbuch der Brüdergemeine. Das bekannteste Lied, das sie aus Anlass des 36. Geburtstages ihrer Freundin nach dem 23. Psalm dichtete, ist bis in unsere Tage hinein in weiten Kreisen lebendig geblieben:

Weil ich Jesu Schäflein bin,
freu ich mich nur immerhin
über meinen guten Hirten,
der mich wohl weiß zu bewirten,
der mich liebet, der mich kennt
und bei meinem Namen nennt.

Unter seinem sanften Stab
geh ich aus und ein und hab
unaussprechlich gute Weide,
dass ich keinen Mangel leide;
und sooft ich durstig bin,
führt er mich zum Brunnquell hin.

Sollt ich nun nicht fröhlich sein,
ich beglücktes Schäfelein?
Denn nach diesen schönen Tagen
werd ich endlich heimgetragen
in des Hirten Arm und Schoß.
Amen, ja, mein Glück ist groß!

Ursprünglich hatte das Lied sieben Strophen, wurde dann aber von Christian Gregor, dem Herausgeber des Gesangbuchs der Brüdergemeine, auf drei verkürzt. Er gab dem Lied auch eine gern gesungene Melodie. Später hat Friedrich Silcher, der große schwäbische Musikdirektor, noch eine andere, nicht weniger volkstümliche Weise dazu komponiert.

Zunächst stand das Lied im Gesangbuch der Brüdergemeine bei den Abendmahlsliedern. Als es aber 1842 im Württembergischen Gesangbuch unter den Kinderliedern eingeordnet wurde, trat es erst seinen wirklichen Siegeslauf an. So wunderbar einfach und sprechend sind die Bilder, die hier gewählt wurden, um die Freude und die Geborgenheit des Glaubens bei Jesus auszudrücken, dass es auch Kinder fassen können.

Mit großer Hingabe wirkte Henriette Luise von Hayn im Dienst der Brüdergemeine, bis die Krankheit sie immer mehr daran hinderte. Ein quälender Husten konnte nicht geheilt werden. Sie litt unter ihrer schwächlichen und gebrechlichen Gesundheit, wollte aber Jesus umso treuer ehren. Und so wurde sie 1782 *in des Hirten Arm und Schoß* heimgerufen. Sie war 58 Jahre alt geworden.

Ausgestoßen und enterbt – Karl Heinrich von Bogatzky

Sehnsüchtig auf das Kommen des Reiches Gottes gewartet

Einen tüchtigen Kavallerieoffizier wollte sein Vater, ein Oberstleutnant aus ungarischem Adel, aus ihm machen. Auf dem väterlichen Rittergut in Jankowe in Niederschlesien wurde Karl Heinrich von Bogatzky 1690 geboren. Zur Vorbereitung seiner militärischen Laufbahn diente er in seiner Jugend als Page am Weißenfelser Hof des Herzogs. In Breslau lernte er das Reiten und andere militärischen Kenntnisse. Während einer Krankheit, die ein Vierteljahr dauerte, las er die ganze Bibel durch.

Da begegnete der junge Mann dem frommen Grafen Heinrich XXIV. von Reuß-Köstritz. Bogatzky war von ihm tief beeindruckt und folgte seinem Rat, sich zunächst auf die Universität vorzubereiten.

Mit 23 Jahren studierte er Jura in Jena und besuchte von dort aus oft Halle mit den diakonischen und missionarischen Anstalten von August Hermann Francke.

Es war dann eine Predigt aus der fünfbändigen Predigtsammlung *Seelenschatz* des Erweckungspredigers Christian Scriver, die ihn aufwühlte. Dort wurde von der Freude im Heiligen Geist gesprochen. Das war es, was Bogatzky sehnsüchtig suchte. Im pflichttreuen Kampf, sich aus eigener Kraft und unter Druck selbst zu bessern, hatte er sich oft verkrampft. Hier fand er nun diese Freude des Evangeliums, dass alles durch Jesus gratis geschenkt wird.

Tief beeindruckt von dem geistlichen Leben in diesen Einrichtungen entschloss er sich, *dem Herrn sich zum ganzen Opfer und Eigentum hinzugeben und Christus nachzufolgen.* Er suchte Francke 1714 in seinem Zimmer auf. Der kniete mit ihm nieder, betete mit ihm und segnete ihn. *Nur nie wieder untreu werden oder abweichen,* das wollte Bogatzky von da an. *Ich will mich nicht mehr selber führen!,* war von jetzt ab die Losung des 24-jährigen jungen Mannes.

Karl Heinrich von Bogatzky schrieb: *Das liebliche Evangelium und der hohe Artikel von der Rechtfertigung wurde mir nur immer heller aufgeschlossen. Da ich vor diesem in der Bibel lauter Gesetz und Pflicht suchte und fand, so fand ich jetzt allenthalben Christus und sein süßes Evangelium. Ich erfuhr da, wie ein einziger Blick der Gnade mein Herz mehr änderte und gleichsam umschmelzte, als vorher alles Drohen des Gesetzes und alles Moralisieren nicht tun konnte. Es kam mir auch die ganze Heilige Schrift so vor, als wenn sie mit dem Blut Christi geschrieben wäre.*

Jetzt siedelte Bogatzky nach Halle über und widmete sich ganz der Theologie. In dieser Zeit verstarb die Mutter von Bogatzky, die ihn schon in früher Kindheit das Beten gelehrt hatte. Sie war eine im Leiden gereifte Frau.

Sein Vater war sehr verärgert, dass sein Sohn Karl Heinrich sich seinem Befehl bis jetzt widersetzt hatte und nicht gewillt war, den

Offiziersberuf zu ergreifen und in kaiserliche Dienste zu treten. Er hatte schon eine Kornettstelle für seinen Sohn in Ungarn besorgt. Die Standarte führte bereits seinen Namen. Nach dieser Enttäuschung sagte sich der erzürnte Vater von seinem Sohn los und verschloss für ihn die Tür des Elternhauses. Auch vom Studium wollte der Vater jetzt nichts mehr wissen. Er enterbte sogar seinen gläubig gewordenen Sohn.

Seine Verbindung zu schlesischen Adelskreisen erleichterte es später Karl Heinrich von Bogatzky, unter den Adligen seiner Zeit als freiwilliger Missionar zu wirken. Er reiste durch Schlesien, Böhmen und Sachsen.

Bogatzky konnte, weil er ziemlich kränklich und körperlich schwach veranlagt war, keinen Pfarrdienst übernehmen. Häufig quälten ihn heftige Kopfschmerzen und er litt unter anhaltenden nächtlichen Schlafstörungen.

Ärmlich ging es in seinem Haus zu. Oft hatte er nicht mehr als zwei Groschen zur Verfügung. Doch dabei erlebte er immer Gottes Fürsorge: *Ich erfuhr es so recht, dass meine Haushaltung seine Haushaltung war.*

Seine Ehe endete schon sehr früh. Seine Frau, die Base Barbara von Fels, starb nach acht Jahren. Der fromme Herzog Christian Ernst holte den einsamen Bogatzky von 1740 bis 1746 an den gräflich Reuß'schen Hof nach Saalfeld, um dort als Seelsorger und Gewissensrat zu wirken. Die beiden noch kleinen Söhne wurden auswärts in Heimen untergebracht.

1746 bekam der jetzt 56-jährige Karl Heinrich von Bogatzky ein bescheidenes Zimmerchen im Waisenhaus in Halle zugewiesen, das er bewohnte, bis man ihn 1774 im Sarg hinaustrug. 84 Jahre alt ist er geworden.

In aller Stille verbrachte er hier seinen letzten Lebensabschnitt, wie er selbst im Lied *O Gottes Sohn, du Licht und Leben* gedichtet hatte:

> So lieb und lob ich in der Stille
> und ruh als Kind in deinem Schoß;
> ich schöpfe Heil aus deiner Fülle,
> das Herz ist aller Sorgen los.

Ich sorge nur vor allen Dingen,
wie ich zum Himmel möge dringen;
ich bin zu deinem Dienst bereit.
Ach zieh mich, zieh mich weit von hinnen;
was du nicht bist, das lass zerrinnen,
o reiner Glanz der Ewigkeit!

Da im Franckeschen Waisenhaus in Halle die Mission einen zentralen Platz hatte, entstand aus der *Bitte um treue Arbeiter in der Ernte zur gesegneten Ausbreitung des Wortes in aller Welt* jenes erste evangelische Missionslied in deutscher Sprache, das sich streng an biblischen Texten orientiert:

Wach auf, du Geist der ersten Zeugen,
die auf der Mau'r als treue Wächter stehn,
die Tag und Nächte nimmer schweigen
und die getrost dem Feind entgegengehn,
ja deren Schall die ganze Welt durchdringt
und aller Völker Scharen zu dir bringt.

So gib dein Wort mit großen Scharen,
die in der Kraft Evangelisten sein;
lass eilend Hilf uns widerfahren
und brich in Satans Reich mit Macht hinein.
O breite, Herr, auf weitem Erdenkreis
dein Reich bald aus zu deines Namens Preis!

Ach lass dein Wort recht schnelle laufen,
es sei kein Ort ohn dessen Glanz und Schein.
Ach führe bald dadurch mit Haufen
der Heiden Füll zu allen Toren ein!
Ja wecke dein Volk Israel bald auf,
und also segne deines Wortes Lauf!

Du wirst dein herrlich Werk vollenden,
der du der Welten Heil und Richter bist;
du wirst der Menschheit Jammer wenden,
so dunkel jetzt dein Weg, o Heilger, ist.
Drum hört der Glaub nie auf, zu dir zu flehn;
du tust doch über Bitten und Verstehn.

Schon als Student im Alter von 28 Jahren hatte Karl Heinrich von Bogatzky eine Sammlung von Bibelworten mit Gebeten und Liedversen für jeden Tag des Jahres zusammengestellt. Er gab sie 1718 erstmals als *Güldnes Schatzkästlein der Kinder Gottes* heraus. Weit über 60 Auflagen wurden gedruckt.

Manche haben sich an der einfachen und nüchternen Sprache von Bogatzky gestoßen. Aber gerade diese schlichte Redeweise hat wohl am meisten angesprochen und kräftig gewirkt.

So singt man bis heute noch sein Lied, das ursprünglich *O Vaterherz, o Licht und Leben* lautete:

O Gottes Sohn, du Licht und Leben,
o treuer Hirt, Immanuel!
Nur dir hab ich mich übergeben,
nur dir gehöret Leib und Seel.
Ich will mich nicht mehr selber führen,
du sollst als Hirte mich regieren;
so geh denn mit mir aus und ein.
Ach Herr, erhöre meine Bitten
und leite mich auf allen Tritten;
ich gehe keinen Schritt allein.

Wenn du mich führst, kann ich nicht gleiten,
dein Wort muss ewig feste stehn;
du sprichst: »Mein Auge soll dich leiten,
mein Angesicht soll vor dir gehn.«
Ja, dein Erbarmen, deine Güte
umfass allmächtig mein Gemüte!
O dass ich nur recht kindlich sei,

bei allem zu dir gläubig flehe
und stets auf deinen Wink nur sehe,
so stehest du mir täglich bei.

Lass deinen Geist mich täglich treiben
zum Wachen, Ringen, Flehn und Schrein;
Lass mir dein Wort im Herzen bleiben
und in mir Geist und Leben sein,
dass ich nach deinem Wohlgefallen
in Ehrfurcht möge vor dir wallen;
zieh ganz zu dir die Seele hin!
Vermehr in mir dein innres Leben,
dir unaufhörlich Frucht zu geben,
und bilde mich nach deinem Sinn!

Bogatzky dichtete dieses Lied 1725. Er kam damals nach einer Badekur im böhmischen Karlsbad zu dem gläubigen Grafen Erdmann Heinrich Henkel zu Pölzig. Dort hielt er sich drei Monate auf und schrieb: *Hier setzte ich das Lied auf:* O Vaterherz, o Licht und Leben. *Es war mir nämlich die so nahe Gegenwart meines Heilandes so klar und tröstlich. Ich sah ihn als meinen Berater und Führer an. Mir war es sehr lieb und tröstlich, dass mein Heiland immer bei mir wäre. Ich bat ihn herzlich, dass er mich nur stets in genauer Aufsicht haben und mich ja keinen Schritt allein gehen lassen möchte. Alles, was damals in meinem Herzen war, brachte ich in dieses Lied.*

Johann Ludwig Konrad Allendorfs fröhliche Melodien

Der Triumph über die Herrschaft des Königs Jesus

Die kleine Residenzstadt Köthen in Sachsen-Anhalt mit dem schönen Schloss im Baustil der Renaissance war der erste bedeutsame Wirkungsort von Johann Ludwig Konrad Allendorf. Schon im Alter von 30 Jahren wurde er als lutherischer Hofprediger dorthin berufen. Kurz zuvor hatte der berühmte Hofkapellmeister Johann Sebastian Bach Köthen verlassen, um der ehrenvollen Berufung als Thomaskantor nach Leipzig nachzukommen. Allendorf wurde 1693 im oberhessischen Josbach bei Marburg als Sohn eines Pfarrers geboren. Er studierte in Gießen und Halle, wo ihn besonders Professor August Hermann Francke tief prägte.

Die damals neu aufbrechende Singebewegung hatte einen starken Rückhalt an den von der geistlichen Erweckung erfassten kleinen Residenzen und Fürstenhöfen. Hier im fürstlichen Köthen fand Allendorf eine anregende und reich befruchtende Dichterfreundschaft mit Leopold Friedrich Lehr, dem Hofmeister der Prinzessinnen. Dieser hatte schon als kleiner Junge durch eine Begegnung mit August Hermann Francke Eindrücke erhalten, die sein Leben entscheidend prägten. Francke weilte damals zu einem Besuch im Elternhaus von Leopold Friedrich Lehr, dessen Vater ein Hofrat von Nassau-Idstein war. Bei diesem Besuch legte August Hermann Francke dem achtjährigen Kind die Hände auf und segnete es.

Nach seinem Abitur hatte Leopold Friedrich seine Bekehrung fest gemacht. Am Sterbebett seines Vaters meinte er, der Leichnam des Vaters ermahne ihn noch: *Eile, mein Sohn, errette deine Seele und sieh nicht hinter dich!*

Von Lehr stammen die Evangelisationslieder: *Mein Heiland nimmt die Sünder an* und *Was hinket ihr, betrogne Seelen.* Durch seine evangelistische Predigt in Halle kam der bekannte Liederdichter Schlesiens, Ernst Gottlieb Woltersdorf, zum persönlichen Glauben.

Dieser enge Freund Leopold Friedrich Lehr starb schon mit 34 Jahren auf der Reise nach Magdeburg. Er war ein gefragter Seelsorger und Tröster von Angefochtenen gewesen. In seinen letzten Tagen sorgte er sich in anteilnehmender Liebe nur um die Besucher an seinem Sterbebett und warnte sie vor faulen Kompromissen im Glauben, Heuchelei, Ehrsucht und Anpassung an die Welt.

In der Residenz von Köthen hatten Allendorf und Lehr in den zwölf Jahren ihrer Freundschaft eine ganze Anzahl von neuen Liedern des jubelnden Gotteslobes und des sieghaften Glaubens geschaffen. Sie sind voll von biblischen Bezügen und zitierten Bibelworten.

Allendorf wollte mit seinen Liedern, die er *bei ein und anderer Gelegenheit nur zu einer Privat-Ermunterung aufgesetzt* hatte, Leute persönlich *aufmuntern*, wie er selbst sagte. Die Lieder gingen meist als Einzelstücke auf Flugblättern oder auch mehrere gesammelt durchs Land. Dazu kamen auch noch andere Lieder aus erweckten Kreisen in Halle. Zunächst wurden sie in der Sammlung *Einige besondere geistliche Lieder* zusammengefasst.

Von dieser neuen Frische und Erweckung zeugen auch die fröhlichen und beschwingten Melodien, von manchen auch heftig kritisiert und als *nicht ernsthaft, andächtig und gottselig* abgelehnt. Es waren gerade die als Frömmler verspotteten Pietisten, die nun weltliche Melodien im 3/4 Takt zum Singen der geistlichen Lieder einführten. Sie wollten auf diese Weise umso mehr und freier der Freude ihres Glaubens Ausdruck verleihen. Von ihnen wurden diese neuen Choräle so gerne gesungen wie das jetzt noch im Gesangbuch erhaltene Lied:

Jesus ist kommen, Grund ewiger Freude;
A und O, Anfang und Ende steht da.
Gottheit und Menschheit vereinen sich beide;
Schöpfer, wie kommst du uns Menschen so nah!
Himmel und Erde, erzählet's den Heiden:
Jesus ist kommen, Grund ewiger Freuden.

Jesus ist kommen, die Ursach zum Leben.
Hochgelobt sei der erbarmende Gott,
der uns den Ursprung des Segens gegeben;
dieser verschlinget Fluch, Jammer und Tod.
Selig, die ihm sich beständig ergeben!
Jesus ist kommen, die Ursach zum Leben.

Jesus ist kommen, sagt's aller Welt Enden.
Eilet, ach eilet zum Gnadenpanier!
Schwöret die Treue mit Herzen und Händen.
Sprechet: wir leben und sterben mit dir.
Amen, o Jesu, du wollst uns vollenden.
Jesus ist kommen, sagt's aller Welt Enden!

1736 wurde eine Reihe dieser Lieder von Johann Ludwig Allendorf als *Cöthensche Lieder* herausgegeben und später durch eine weitere Sammlung ergänzt. Sie waren *zur gewünschten reichen Erbauung vieler Menschen* herausgegeben.

Sie beschreiben mit sieghaften Worten die ganze Fülle des Glaubens. So auch das heute noch gern gesungene Jesuslied:

Einer ist König, Immanuel sieget!
Bebet, ihr Feinde, und gebet die Flucht!
Zion hingegen, sei innig vergnüget,
labe dein Herze mit himmlischer Frucht!
Ewiges Leben, unendlichen Frieden,
Freude die Fülle hat er uns beschieden.

Stärket die Hände, ermuntert die Herzen,
trauet mit Freuden dem ewigen Gott!
Jesus, die Liebe, versüßet die Schmerzen,
reißet aus Ängsten, aus Jammer und Not.
Ewig muss unsere Seele genesen
in dem holdseligsten, lieblichen Wesen.

Laufet nicht hin und her, eilet zur Quelle!
Jesus, der bittet: Kommt alle zu mir!
Sehet, wie lieblich, wie lauter und helle
fließen die Ströme des Lebens allhier!
Trinket, ihr Lieben, und werdet erquicket;
hier ist Erlösung für alles, was drücket.

Nach dem Tod der lutherischen Fürstin am Hof von Köthen wurde auch die Pfarrstelle Allendorfs aufgehoben, weil der reformierte Fürst, ihr verwitweter Mann, jetzt keinen besonderen Hofprediger für das lutherische Bekenntnis mehr brauchte. Allendorf wurde vom Grafen Christian Ernst von Stolberg als Pfarrer für Nöschenrode gerufen, heute einem Stadtteil von Wernigerode im Harz. Später diente er noch 13 Jahre als Pfarrer an St. Ulrich in Halle.

Insgesamt 132 Lieder hat Allendorf gedichtet, aber keines dieser Lieder hat er unter seinem Namen herausgegeben. Der Grund lag in einer ihm besonders eigenen Demut. Von ihm wurde gesagt: *Er vermied mit Fleiß allen gelehrten Ruhm und hatte die seltene Eigenschaft, in verborgener Stille viel Gutes zu wirken.*

Wie Allendorf um die Heiligung seines Lebens kämpfte, beschreibt sein tief eindrückliches Lied:

Herr, habe Acht auf mich
und reiß mich kräftiglich
von allen Dingen!
Denn ein gefesselt Herz
kann sich ja himmelwärts
durchaus nicht schwingen.

Herr, habe Acht auf mich!
Hast du allmächtiglich
den Strick zerrissen,
so lass, dem Feind zum Trutz,
mich deinen starken Schutz
nun stets genießen!

Herr, habe Acht auf mich
und lass mich ritterlich
den Kampf bestehen;
wenn Satan, Sünd und Welt
mich stürmend überfällt
nicht untergehen.

Herr, habe Acht auf mich!
O zieh mich ganz in dich
mit Leib und Seele!
Dein bin ich, du bist mein,
du, den ich mir allein
zum Hort erwähle.

Herr, habe Acht auf mich
beim letzten Kampf, wenn ich
von hinnen scheide;
führ mich durch dein Geleit
in deine Herrlichkeit
zur ewgen Freude!

1773 ging Johann Ludwig Konrad Allendorf im Alter von 80 Jahren heim. Den Schmerz des Todes musste er 1756 bei seinem Sohn Gottlob, kurz nach der festlichen Konfirmation, hart erleben und zwei Jahre später auch beim Sterben seiner 22-jährigen Tochter Friederike Marie.

Geschätzt und beliebt war lange Zeit das von ihm verfasste Sterbelied *Unter Lilien jener Freuden,* unter Anspielung auf Jesu Wort von den Lilien auf dem Feld. Es war auch das Lieblingslied von Ludwig Hofacker. Dort heißt die sechste Strophe:

O wie bald kannst du es machen,
dass mit Lachen
unser Mund erfüllet sei!
Du kannst durch des Todes Türen
träumend führen
und machst uns auf einmal frei.

Ernst Gottlieb Woltersdorf – mit 36 Jahren im Dienst verzehrt

Die große Freude: Dass ich einen Heiland habe!

Über dem Leben des Pfarrerssohns Ernst Gottlieb Woltersdorf lag eine große Eile. Man meint, er hätte sein frühes Ende geahnt und darum so rastlos gewirkt.

Er sagte einmal: *Für uns ist hier keine bleibende Stadt, kein fester und ruhiger Sitz. Unsere Herzen sollen sich in diesem Land niemals niederlassen, festsetzen oder anbauen. Wir brauchen, was wir als Durchreisende brauchen müssen. Unser Geist aber ist losgerissen, und unsere Füße eilen weiter. Unser Auge geht in die andere Welt. Hier ist Jesus selbst zu Hause.*

Sein Vater war Pfarrer in Friedrichsfelde bei Berlin, wo Ernst Gottlieb Woltersdorf 1725 geboren wurde. Er war das sechste von 12 Kindern der Eheleute.

Ursprünglich wollte Woltersdorf Apotheker werden. Deshalb zog er im Alter von 17 Jahren zusammen mit seinem Bruder ins Waisenhaus von August Hermann Francke nach Halle und absolvierte dort eine Lehre. Damit konnte er sich seinen Lebensunterhalt verdienen, begann dann aber mit dem Theologiestudium.

Es war in der Gemeinschaft der Mitarbeiter im Waisenhaus eine evangelistische Predigt eines Gastes über die Liebe Jesu, die bei ihm die Bekehrung auslöste. Der da so gütig und freundlich zu Jesus einlud, war der 32-jährige Leopold Friedrich Lehr aus Köthen, ein enger Freund des Dichters und Pfarrers Johann Ludwig Konrad Allendorf.

Durch diese Predigt von der Liebe Jesu wurde Ernst Gottlieb Woltersdorf seine Schuld vor Gott bedrückend bewusst. Er wollte sich aber zuerst durch eigenen Eifer und Hingabe selbst bessern. Später hat Woltersdorf dann immer wieder von diesem Fehler gesprochen, dass man meint, in eigenen Anstrengungen sich selbst erst bessern zu müssen, bevor man Jesus als seinen Erlöser begreifen und annehmen kann.

Eineinhalb Jahre lang dauerten diese schweren inneren Kämpfe, die immer wieder in erfolglosen Niederlagen enden mussten. Dann setzte er sein Vertrauen allein auf Jesus, der ihn durch sein Blut frei und los macht von aller Schuld.

Man kann den Jubel nachempfinden, wie es Woltersdorf erlebte, als er von aller anklagenden Schuld frei wurde:

Die Handschrift ist zerrissen,
die Zahlung ist vollbracht.
Er hat mich's lassen wissen,
den man für mich geschlacht,
dem meine Not sein Blut geraubt;
an welchen meine Seele
von ganzem Herzen glaubt.

Ich weiß sonst nichts zu sagen,
als dass ein Bürge kam,
der meine Schuld getragen,
die Rechnung auf sich nahm
und sie so völlig hingezählt,
dass von der ganzen Menge
auch nicht ein Pfennig fehlt.

Wenn ich mich selbst betrachte,
so wird mir angst und weh;
wenn ich auf Jesus achte,
so steig ich in die Höh,
so freut sich mein erlöster Geist,
der durch das Blut des Lammes
gerecht und selig heißt.

Mit dieser echten und persönlichen Glaubensentdeckung hat Woltersdorf nun, wo er hinkam, anderen den Weg gewiesen. Zunächst war er Hauslehrer und Vikar in der Uckermark, in der Nähe von Prenzlau, dann Katechet und Hilfsprediger in der Niederlausitz. Dorthin hatte ihn die Gräfin von Prommitz zur Hilfe bei der Erziehung ihres Sohnes gerufen. An beiden Orten gab es Aufbrüche und Erweckungen in den Kreisen traditioneller Christen.

Doch dann wurde Woltersdorf in seine große Lebensaufgabe gerufen. Niederschlesien, das gerade damals im Jahr 1742 nach dem ersten Schlesischen Krieg durch König Friedrich den Großen aus dem österreichischen-habsburgischen Herrschaftsgebiet in preußischen Besitz überging, sollte das große Wirkungsgebiet von Woltersdorf werden.

Es begann – wie alle Führungen Gottes – äußerlich sehr unscheinbar. 1748 wurde Woltersdorf zu einer Gastpredigt nach Bunzlau in Schlesien gerufen, das jetzt erst sechs Jahre preußisch war. Die zweite Pfarrstelle musste dort wieder besetzt werden. Joachim Andreas Rothe, der Dichter des Liedes *Ich habe nun den Grund gefunden,* wirkte dort in Thommendorf im schlesischen Fürstentum Liegnitz ganz in der Nähe von Bunzlau als Pfarrer und fädelte das alles ein.

Woltersdorf wurde auch gleich als Pfarrer in der Gemeinde Bunzlau gewählt. Plötzlich war die Kirche viel zu klein für die vielen Zuhörer. Oft musste wegen Platzmangel der Gottesdienst unter freiem Himmel im nahen Stadtwald gehalten werden. Das war kein Strohfeuer.

Gleich von Anfang an regte sich in Bunzlau auch empörter Widerstand gegen die evangelistische Verkündigung von Ernst Gottlieb Woltersdorf. Seine Widersacher erreichten beim preußischen König sogar, dass ein Feldprediger auf seine Pfarrstelle berufen wurde. Jetzt aber kämpfte die Bürgerschaft für ihren Prediger Woltersdorf und erreichte schließlich, dass die Kabinettsorder zurückgenommen wurde.

Kennzeichnend für Ernst Gottlieb Woltersdorf war aber, wie er den Menschen nachging, in denen lebendiger Glauben aufbrach. Er richtete *Erbauungsstunden* ein, um Anfänger im Glauben besser betreuen und aufbauen zu können. Solche wöchentlichen Zurüstungen fanden in Bunzlau sowie in neun weiteren Orten statt. Schon nach einem Jahr kam es zu einer Erweckung in der Bevölkerung, die weit nach Schlesien hinein wirkte.

Das war Woltersdorf wichtig in seinem Dienst: Er wollte alle zu Jesus führen. Das war seine Botschaft: *Eilt zu Jesus; denn seine Arme stehen noch offen.*

Ausgehend von dem Gleichnis vom großen Abendmahl dichtete er das Lied:

> Es ist noch Raum!
> Mein Haus ist noch nicht voll,
> mein Tisch ist noch zu leer.
> Der Platz ist da, wo jeder sitzen soll;
> ach bringt doch Gäste her!
> Geht, nötigt sie auf allen Straßen;
> ich habe viel bereiten lassen.
> Es ist noch Raum.

Es ist noch Raum! Die Arme Jesu sind
zum Tragen stark und weit;
die Hände stehn für jedes Gnadenkind
zum Heben ausgebreit'.
Er will sie auf die Achseln legen
und ihrer als ein Hirte pflegen.
Es ist noch Raum.

Es ist noch Raum auch für das schwächste Kind,
das gar nicht gehen kann;
und derer auch, die alt und müde sind,
nimmt er sich treulich an.
O Kinder, kommt, er will euch wiegen;
ihr sollt ihm in den Armen liegen.
Es ist noch Raum.

Dringlich wurde Woltersdorf bei seinem Predigen: *Höret's alle, die ihr eure Ruhe im irdischen Sinn sucht, im Geiz, in der Augenlust und Fleischeslust und in hoffärtigem Leben! Höret's alle, die ihr auf dem breiten Weg mit dem größten Haufen so ruhig und sicher dahingeht! Höret's alle, die ihr in dem äußerlichen Gottesdienst Ruhe sucht, die ihr euch durch gute Werke, durch Beten, Singen und Abendmahlgehen eine falsche Ruhe macht; alle, die ihr meint, ihr seid gut genug und es gebe für eure Seelen keine Gefahr. Höret's alle, die ihr euch nicht von ganzem Herzen zum Herrn Jesus bekehren wollt!*

Brennend, wie Woltersdorf war, wollte er die noch Zögernden einladen. So schuf er das Lied:

Kommt ins Reich der Liebe,
o ihr Gotteskinder,
ihr durchs Blut erlöste Sünder!
Lernt von eurem Heiland
eure Brüder lieben
und euch recht darinnen üben!
Folgt dem Herrn; traget gern
seines Leibes Glieder,
auch die schwachen Brüder!

Sünde zu vergeben
und auch zu vergessen,
das hat keiner so besessen
als der Freund der Sünder,
der mit eignem Blute
seinen Feinden selbst zugute,
alle Schuld – o der Huld!
auf sich hat genommen
und getilgt vollkommen.

Wirft der Feind der Seelen
zwischen eure Herzen
Streit, Verdacht und Haderschmerzen,
o so seid nicht stille,
wartet nicht so lange
bis zum Sonnenuntergange;
tötet bald die Gewalt
aller Zwistigkeiten,
die den Fall bereiten!

Bleibt nicht so beständig
auf dem eignen Rechte;
werdet gern der andern Knechte!
Denn die süße Liebe
deckt der Sünden Menge,
duldet ohne Maß der Länge.
Liebt euch sehr, liebet mehr;
nährt das Liebesfeuer
alle Tage treuer!

Woltersdorf klagte die neumodischen Liederdichter seiner Zeit an: Warum reimen sie nur Texte mit moralischen Appellen? Warum dichten sie allein lobpreisende Anbetungslieder, in denen sie die Macht und Größe des herrlichen Schöpfers und seine große Majestät besingen?

Wie kommt es aber, dass die heimliche Weisheit des herrlichen Evangeliums von Jesus Christus, der gekommen ist, Sünder selig zu machen, in euren Gedichten so selten oder gar nicht sich finden lässt? Ihr müsst den Schönsten unter den Menschenkindern nie gesehen haben. Ihr habt ohne Zweifel die Herrlichkeit seiner Kreuzesschöne, außer der es kein anderes Heil gibt, noch nicht erblickt. Sie würde sonst aus den Früchten eurer Feder hervorstrahlen.

Ein besonders großes Herz hatte Ernst Gottlieb Woltersdorf für Kinder. Ob Schüler, Konfirmanden oder jüngere Kinder, für alle richtete er eigene Bibelstunden ein. Für die Kinder dichtete er viele Kinderlieder. Er wollte, dass sie früh den Heiland finden. Davon sprach er in einem *Fliegenden Brief evangelischer Worte an die Jugend von der Glückseligkeit solcher Kinder und junger Leute, die sich frühzeitig bekehren.* Wie sehr Woltersdorf damit ins Schwarze traf, zeigt die große Nachfrage nach dieser Schrift. Sie erschien in 18 Auflagen.

Bekannt ist heute noch sein Lied:

> Blühende Jugend, du Hoffnung der künftigen Zeiten,
> höre die Stimme des Hirten und lass dich bedeuten.
> Folge der Hand, die sich oft zu dir gewandt,
> dein Herz zu Jesus zu leiten.

Ein Maurermeister namens Gottlieb Zahn hatte in Bunzlau auf Anregung von August Hermann Francke ein kleines Waisenhaus gegründet. Das war ein mutiger Glaubensschritt, denn fast immer fehlte das nötige Geld, besonders in zwei harten Kriegsjahren. Dann brannte ein Teil des Hauses nieder.

Zu allem hin starben kurz hintereinander der Gründer und dann auch noch der Waisenhausvater. Jetzt übernahm Woltersdorf selbst noch die Leitung des Waisenhauses, obwohl er schon gesundheitlich angeschlagen war. Er war sich ganz sicher, dass Gott so eindrucksvoll aus allen Schwierigkeiten heraushelfen werde, dass man sich nur wundern könne.

1760 konnte Woltersdorf als einen *Triumph des Glaubens über den Unglauben* noch den Grundstein zum Neubau eines großen Waisenhauses legen. Er predigte nach Jesaja 40,26-31 über das Harren auf den Herrn, der dem Müden Kraft und Stärke genug den Unvermögenden gibt und dichtete:

Weicht, ihr finstern Sorgen!
Denn für heut und morgen
sorgt ein andrer Mann.
Lasst mich nur in Frieden!
Dem hab ich beschieden,
der es besser kann.
Schreit die Welt gleich immer: Geld!
Ich will Hosianna schreien,
glauben und mich freuen.

Auch wenn Woltersdorf nur in der Nacht Zeit blieb zur Schriftstellerei, fiel ihm das Dichten leicht. Die Verse flogen ihm nur so zu.

Bekannt ist auch aus dem Abendmahlslied *Komm, mein Herz, in Jesu Leiden,* das 1760 kurz vor seinem Tod entstanden ist, die besonders eindrückliche Strophe:

Will hinfort mich etwas quälen
oder wird mir etwas fehlen
oder wird die Kraft zerrinnen,
so will ich mich nur besinnen,
dass ich einen Heiland habe,
der vom Kripplein bis zum Grabe,
bis zum Thron, wo man ihn ehret,
mir, dem Sünder, zugehöret.

Gern gesungen wird von seinen 218 bekannten Liedern auch bis heute noch sein Passionslied *Sünder, freue dich von Herzen,* wo er in diesen Strophen seinen erfolglosen Bußkampf beschreibt:

Ach wie groß ist dein Verderben!
Ohne Jesus musst du sterben:
blind und tot sind deine Kräfte;
Sünde, das ist dein Geschäfte;
dein Verdienst ist Zorn und Rache.
Es ist aus mit deiner Sache;
ja, im Himmel und auf Erden
kann dir nicht geholfen werden.

Fühlst du nun die Macht der Sünden,
wie sie deine Seele binden,
wie sie dein Gewissen quälen,
wie der Jammer nicht zu zählen:
O, so komm mit deinen Ketten,
wag es nicht, dich selbst zu retten;
sieh am Kreuze Jesus hängen:
Er muss deine Fesseln sprengen.

O, so gib dem Sohn die Ehre,
dass ihm aller Ruhm gehöre;
suche nicht erst zu verdienen,
was am Kreuz vollbracht erschienen;
suche nicht, was schon gefunden;
preise fröhlich seine Wunden
und bekenn es bis zum Grabe,
dass er dich erlöset habe.

Vom aufreibenden Dienst verzehrt, starb Ernst Gottlieb Woltersdorf 1761, im Alter von nur 36 Jahren. Er hinterließ seine treue Frau Johanna Sabina, eine Predigerstochter aus der Uckermark, und sechs unmündige Kinder.

Sein letzter Dienst vor seinem Tod war eine Kinderstunde gewesen. Kinder zu Jesus zu bringen, war seine Leidenschaft. Einst bei seinem Kommen nach Bunzlau hatte er einem Freund geschrieben: *Ich hoffe, mit den Kindern werden wir noch den Teufel aus Bunzlau jagen. Amen. Es geschehe also!*

Der erste Pfarrer der Brüdergemeine – Johann Andreas Rothe

Eine Freundschaft zerbricht – und trotzdem ein guter Weg

Es war eine Freundschaft, wie sie die Bibel von David und Jonathan erzählt. Nikolaus Ludwig Reichsgraf von Zinzendorf war 21 und Magister Johann Andreas Rothe 33 Jahre alt, als sie sich zum ersten Mal begegneten. Rothe verdiente sich damals seinen Unterhalt als Hauslehrer und Zinzendorf hörte ihn mehrmals predigen. Sie verstanden sich auf Anhieb.

Als Patronatsherr berief Zinzendorf 1722 diesen neu gewonnenen Freund Rothe als Gemeindepfarrer in seine Standesherrschaft nach Berthelsdorf. Bisher hatte Rothe nur deshalb kein Pfarramt erhalten, weil er aus Gewissensgründen und Bescheidenheit sich nicht selbst an der Jagd um eine Stelle beteiligen wollte. Er wollte warten, bis er von einer Gemeinde gerufen wurde.

Maßgeblich war Rothe an der Gründung der Brüdergemeine beteiligt. Er knüpfte auch die ersten Beziehungen zu den mährischen Flüchtlingen um den Zimmermann Christian David, der ihn nach einer Predigt in Görlitz angesprochen hatte. Die ganze Geschichte Herrnhuts und der Brüdergemeine samt ihrer weltweiten Mission ist ohne diese Mähren nicht zu denken.

Man hat lange angenommen, Johann Andreas Rothe hätte sein bekanntestes Lied auf den Geburtstag Zinzendorfs 1728 gedichtet. Das Lied stammt aber schon aus der Zeit, bevor Rothe nach Berthelsdorf kam:

Ich habe nun den Grund gefunden,
der meinen Anker ewig hält;
wo anders als in Jesu Wunden?
Da lag er vor der Zeit der Welt,
der Grund, der unbeweglich steht,
wenn Erd und Himmel untergeht.

Wir sollen nicht verloren werden,
Gott will, uns soll geholfen sein;
deswegen kam der Sohn auf Erden
und nahm hernach den Himmel ein,
deswegen klopft er für und für
so stark an unsers Herzens Tür.

O Abgrund, welcher alle Sünden
durch Christi Tod verschlungen hat!
Das heißt die Wunde recht verbinden,
da findet kein Verdammen statt,
weil Christi Blut beständig schreit:
Barmherzigkeit, Barmherzigkeit!

Johann Andreas Rothe stammte aus Lissa in der Nähe von Görlitz, wo er 1688 als Pfarrerssohn geboren wurde. Er war ein mitreißender Prediger des Bibelwortes, voller Klarheit und Schärfe gegen alle Heuchelei, der ins Herz und ins Gewissen der Menschen zielte. *Ein großer Mann und ein wahres Licht, eine flammende Kanzel und eine gewaltige Predigt.* So hat ihn Zinzendorf lebenslang geschätzt. Seine Predigt war *keinem Bauern zu dunkel und keinem Philosophen zu seicht.*

In großer Zahl strömten die Leute zu seinen Predigten, auch aus den umliegenden Orten der Oberlausitz. Das löste große Verärgerung bei den Pfarrkollegen aus. Schon bald musste die Kirche in Berthelsdorf erweitert und das Platzangebot verdoppelt werden.

Kaum war Rothe in Berthelsdorf als Pfarrer aufgezogen, schloss Zinzendorf mit ihm und zwei anderen engen Freunden einen missionarischen *Viererbund zur Sicherung der Herrschaft Christi, des Gekreuzigten, im Herzen der Menschheit.*

Andreas Rothe schrieb seine Gedanken im Lied *Unverwandt auf Christus sehen* nieder:

Wenn doch alle Menschen wüssten,
wie es uns bei Jesus geht,
wenn man in der Zahl der Christen,
wahrer Streiter Jesu, steht!
Da lässt keinen er zurück,
er zerreißet jeden Strick;
man ist auf dem Lebenspfade
und nimmt immer Gnad um Gnade.

Aber freilich kann nichts taugen
als nur das, was Christus tut.
Lassen wir ihn aus den Augen,
finden wir was andres gut,
so erfahren wir gewiss,
unser Licht sei Finsternis,
unser Helfen sei Verderben,
unser Leben lauter Sterben.

Wären wir doch völlig seine!
Rührte sich doch keine Kraft,
da der Heiland nicht alleine,
was sie wirkt, in uns geschafft!
Jesu, richte unsern Sinn
ungeteilt auf dich nur hin;
dann belebt uns deine Wahrheit,
und das Auge wird voll Klarheit.

Und doch kam es unter diesen beiden so herzlich verbundenen Freunden Zinzendorf und Rothe bald zur Spaltung und Trennung. Wie war das möglich?

Johann Andreas Rothe war lutherischer Prediger, der sich ganz bewusst nicht der Brüdergemeine anschließen wollte. Er wollte sich in seiner eigenen, besonderen Art auch nicht von der genialen Persönlichkeit Zinzendorfs völlig erdrücken lassen. War Rothe anfangs noch stark kirchenkritisch gewesen, so wurde er im Lauf der Jahre in der Auseinandersetzung mit manchen sonderbaren Entwicklungen in Herrnhut immer kirchlicher und verteidigte deren Ordnungen. Auch im Streit über einige extreme Lehrmeinungen Zinzendorfs nahm Rothe einen gut lutherischen Standpunkt ein. So gerieten die beiden nicht selten hart aneinander.

So wollte schon nach zehn Jahren die Brüdergemeine einen eigenen Pfarrer für Herrnhut berufen und sich aus der Abhängigkeit vom Pfarrer in Berthelsdorf lösen.

Es gelang aber erst 1737 nach 15 Jahren. Da war es Johann Andreas Rothe, der sich völlig von der Brüdergemeine trennte und in Hermsdorf bei Görlitz und dann schließlich in der Grenzkirche Thommendorf, die für die Evangelischen aus Schlesien solch eine wichtige Bedeutung hatte, ein Pfarramt übernahm.

Graf Zinzendorf hatte Rothe tief gekränkt. Auch wenn sich Zinzendorf später dafür entschuldigte und ihn gerne wieder zurückgeholt hätte, kamen die beiden nicht mehr zusammen.

Rothe hat viele ehrenvolle Berufungen abgelehnt. Er ließ sich bewusst von Gott in die neuen Aufgaben führen. Trennungen können eben auch von Gott gesegnet sein. Und dieser Weg Rothes wurde von Gott benützt, um viel Segen in Schlesien zu stiften. Eigentlich sah alles ganz unbedeutend aus, wenn man es aus unserem oberflächlichen Blickwinkel betrachtet. Doch Gottes Reich und seine Sache wurde dadurch stark ausgebreitet.

Von Hermsdorf aus hat Rothe den Pfarrer und Liederdichter Ernst Gottlieb Woltersdorf nach Niederschlesien gerufen, das eben 1742 nach dem 1. Schlesischen Krieg durch Friedrich den Großen von den österreichischen Habsburgern unter preußische Herrschaft gekommen war. Nach langer römisch-katholischer Unterdrückung herrschte dort wieder Glaubensfreiheit. Überall im Land konnten jetzt evangelische Gottesdienste eingerichtet werden. Und dort konnte sich Ernst Gottlieb Woltersdorf mit seinen diakonischen Werken und seinen evangelistischen Gaben eindrucksvoll entfalten.

Johann Andreas Rothe starb 1758 in Thommendorf bei Bunzlau in Schlesien. 80 Jahre später nahm sich die Herrnhuter Brüdergemeine seines Grabes an und beschaffte einen neuen Grabstein, auf dem mit einem Ankerzeichen der Anfang dieses Liedes *Ich habe nun den Grund gefunden* eingekerbt ist.

Die Bibel – für Johann Albrecht Bengel das Allerbewährteste

Glaubende fliehen nicht, sondern blicken auf den Sieg

Obwohl er zu den größten wissenschaftlichen Theologen seiner Zeit gehörte, wurde Dr. Johann Albrecht Bengel nie Professor an einer Universität. Stattdessen unterrichtete der bedeutende Gelehrte von 1713 ab insgesamt 28 Jahre lang nur 300 zwölf- bis vierzehnjährige Jungen als schlichter Klosterpräzeptor im stillen Denkendorf in lateinischer und griechischer Sprache. Für einige Zeit war dort in einem ehemaligen Kloster, einst von Kreuzfahrern erbaut, diese Schule eingerichtet worden, die zum System der althergebrachten württembergischen Begabtenförderung gehörte.

Demütig und mit ganzer Hingabe hat sich Bengel dieser pädagogischen Aufgabe gestellt und damit viele junge Menschen für ihr Leben geprägt. So findet man heute manche bekannte Namen unter seinen ehemaligen Schülern: Der Liederdichter Philipp Friedrich Hiller; der Kanzler der Tübinger Universität Jeremias Friedrich Reuß; Hofprediger Johann Christian Storr; der originelle Pfarrer Johann Friedrich Flattich; der geniale Denker und Prälat Friedrich Christoph Oetinger.

Nicht wenige von ihnen haben später dankbar davon gesprochen, was sie an umfassender und prägender Bildung von Bengel erhalten haben. Und wenn es nur der abendliche Gruß nach der Andacht war, wenn Bengel rief *Colligite animas! – Sammelt eure Sinne!* Denn das wollte dieser bewährte Pädagoge, nicht bloßes Fachwissen vermitteln, sondern *den Jugendlichen zurechthelfen.* Dies sollte vor allem dadurch geschehen, dass jungen Menschen zuerst *die Ehrerbietung vor den heiligen Dingen* eingepflanzt wurde.

Dabei hatte Bengel eine große Scheu, von sich aus mit Druck und als Treiber in das innere Leben der Jugendlichen einzugreifen und sie geistlich zu überfordern. *Man schneide und schnipfle nicht zu viel an jungen Bäumen herum. Sie wachsen darum nicht besser, sondern schlechter!* Er wollte durch Geschichten und Beispiele zum Guten motivieren und nicht, *dass sich die Herzen verhärten und sie dann durch gar nichts mehr zu rühren seien.*

Weil ein Kind Gottes Eigentum ist, dürfe man es nicht *nach unserem Bild* zurechtbiegen. Er konnte sagen: *wenn ich einen Klosterschüler gesehen habe, so habe ich diesen immer höher geachtet als mich selbst; denn ich dachte, dieser Mensch hat noch nicht so viel versäumt, noch nicht so viel Gnade verschleudert wie ich.*

Die tiefste Wirkung zur Erziehung junger Menschen traute Johann Albrecht Bengel dem Wort Gottes zu. Deshalb legte er große Sorgfalt jeweils auf die Morgen- und Abendandachten, weil er Gottes Wort in die Herzen der Schüler pflanzen wollte. Weil man aber dies selbst weder machen noch erzwingen kann, hatten die jungen Schüler schon morgens in der Frühe ihre eigene stille Zeit über der Bibel. Bengel meinte, *es ist besser, wenn eine einzige Taube selber geflogen kommt, als wenn viele in den Schlag getrieben werden.*

Wegen seiner umfassenden Bibelauslegung des Neuen Testaments und vieler wissenschaftlicher Arbeiten an der Bibel bezeichnet man Johann Albrecht Bengel als Bibeltheologen. Was unterscheidet ihn dabei von anderen? Für Bengel ist *in der Bibel selbstverständlich gar nichts enthalten, was nichts tauge.* Weil die Bibel Gottes Werk ist, *waltet in ihr die vollkommenste Übereinstimmung, bis auf den Buchstaben genau eine vollkommene Harmonie. Es gibt kein Häkchen darin, das nicht dauerhafter ist als Himmel und Erde.*

Bengel hat auch deutlich betont, dass der Zustand der Kirche und ihres geistlichen Lebens entscheidend davon abhängt, welche Stellung die Bibel bei ihr hat: *Die Schrift hilft der Kirche auf und unterhält sie. Die Kirche gibt der Schrift Zeugnis und bewahrt sie. Wenn die Kirche wacker ist, so glänzt die Schrift; wenn die Kirche kränkelt, so verliegt die Schrift.*

Seine Mutter war es, die ihn schon in früher Jugend zu dieser hohen Achtung und Wertschätzung der Bibel erzog. Sie stammte als Tochter des Konsistorialrats und Stiftspredigers Schmidlin aus der Familie des Reformators Johannes Brenz, der ihr Urgroßvater war.

Johann Albrecht Bengel war 1687 in Winnenden als Sohn eines Pfarrers geboren. Sein Vater starb schon im Alter von nur 43 Jahren. Johann Albrecht war damals gerade sechs Jahre alt. Der Vater hatte sich bei seinen unermüdlichen Besuchen in der Gemeinde mit einer tödlichen Krankheit angesteckt. Das war im Frühjahr 1693.

Schon wenig später, im Sommer des gleichen Jahres, fielen die brandschatzenden französischen Truppen ins Land. Was sie greifen konnten, plünderten sie. Unzählige Häuser steckten sie in Brand. Allein in dem kleinen Städtchen Winnenden wurden 240 Häuser zerstört. Darunter war auch das kleine Häuschen, das die Witwe Bengel eben gekauft hatte. Jetzt stand sie völlig mittellos da. Auch die wertvolle Bibliothek ihres Mannes war ein Raub der Flammen geworden.

Die Aufgabe, ihre beiden Söhne allein zu erziehen, überstieg die Kraft der verwitweten Mutter. Vier ihrer Kinder waren schon früh gestorben. Nun gab sie den sechsjährigen Johann Albrecht in die Hände von Pflegeeltern.

In wenigen Monaten hatte das äußerst empfindsame Kind beide Eltern und die Heimat verloren. Aus der bergenden Familie herausgerissen zu sein, war schon schwer genug. Aber in der neuen, mehrfach wechselnden Umgebung keine gleichaltrigen Freunde zu finden, hat die Kindheit von Johann Albrecht Bengel zusätzlich überschattet.

Später konnte Bengel sagen, dass sie alle durch diese schweren Erlebnisse gelernt hätten, sich in die Arme des himmlischen Vaters zu flüchten und seine *Fürsorge deutlicher zu erkennen.*

Und als Wichtigstes von dieser Zeit hält er fest: *Von meiner Kindheit an hat Gott es so gefügt, dass ich sein Wort hören, lesen und lernen konnte. Die Kraft davon ist ohne mein Zutun derart in mein Herz eingedrungen, dass ein kindliches Verlangen zu ihm entstand.*

Für Bengel war die Bibel *die Sonne, die alle Nebel durchbricht. Hier ist die einzige Schrift, die niemals veraltet.* Das Wort Gottes *hat sogar die Kraft, dass sie Blinde sehend macht.*

Die Heilige Schrift ist eben das Allerbewährteste. Wohl dem, der recht damit umgeht! Was hat Bengel damit gemeint? Er sagt es selbst: *Wende dich ganz dem Text zu; wende das ganz auf dich an!*

Wie Gottes Wort das Leben eines Menschen verwandelt, darüber hat Johann Albrecht Bengel 1738 das Lied gedichtet:

Du Wort des Vaters, rede du
und stille meine Sinnen;
sag an, ich höre willig zu,
ja lehre frei von innen.
So schweigt Vernunft mit ihrem Tand,
und du bekommst die Oberhand
nach deinem Recht und Willen.
Dir räum ich all mein Innres ein,
das wollest du, ja du allein
mit deinem Geist erfüllen.

Ach präge deinen Tod in mich,
der all mein böses Wesen
in mir ertöte kräftiglich,
so werd ich recht genesen!
Gieß aus dir selber in mich ein
dein Leben, das so heilig, rein,
holdselig, ohne Tadel;
mach mich von aller Heuchelei,
ja allen Missetaten frei
und schenk mir deinen Adel.

Kurz nach seinem Amtsantritt in der Klosterschule von Denkendorf heiratete Bengel im Alter von 27 Jahren seine Johanna Regina. In ihrer langen Ehe lebten sie in harmonischer und glücklicher Gemeinschaft. Miteinander mussten sie aber auch schweres Leid tragen: sechs ihrer zwölf Kinder wurden ihnen schon früh wieder genommen.

Welch ein sonderbares Leben!, schrieb Bengel in großem Schmerz nach dem Tod des erstgeborenen Kindes. *Wir trauern, schreien, seufzen, hoffen, beten, harren.*

Beim Sterben seines Töchterchens Regina saß der damals kranke Vater am Bett des Kindes und konnte kaum das *erbärmliche Schnappen und Zucken* ertragen. Wie froh war er, dass er dann doch *ohne Scheu vor den Umstehenden das Kind mit Gebet, Flehen und Tränen begleiten konnte, bis es überwunden hatte.* Ihm sei damals aufgegangen, dass wir Menschen nur deshalb so unglücklich sind, weil *die sichtbaren Dinge so viel Macht über uns haben.* Es sei ihm plötzlich bewusst geworden, dass dieses Kind *dadurch ein gar gutes Los erlangt habe, dass es in die andere Welt hingerückt worden sei.*

Als schon fünf Kinder gestorben waren, trat der Tod der drei Monate alten Anna Sophia unerwartet plötzlich ein. Die Mutter war zu einem Besuch in Stuttgart. Als sie von der Reise heimkam, fragte sie ihren Mann: Wie geht es der Kleinsten? Bengel sagte nur: *Es liebt und lobt!*

Bei dem großen Schmerz des Vaters mit viel Tränen konnte er doch sagen: *Wenn bei der Einfahrt eines Pilgers in jene bessere Welt die Türe aufgeht, so streichet allemal denen, die es nahe angeht, ein Himmelslüftlein entgegen, das stärkt, bis auch an sie die gute Reihe kommt.*

Später – 1738 – hat Bengel für seine Tochter Sophia Elisabetha ein Lied gedichtet. Sie hatte mit Schwermut zu kämpfen. Bengel wollte sie durch die Freude an Gottes Zusagen aufrichten und ermutigen.

Gott lebet! Sein Name gibt Leben und Stärke,
er heißet der Seinigen Sonne und Schild.
Sobald ich, sooft ich sein Regen vermerke,
so spür ich mich innig mit Kräften erfüllt.
Sein bin ich ganz Eigen, das muss sich wohl zeigen;
lass alles, was widrig und trotzig ist, kommen,
mir wird doch mein Ruhm und mein Gott nicht genommen.

Wer glaubet, der flieht nicht, es muss ihm wohl gehen,
es birget vor ihm sich die Furcht und Gefahr;
und ehe die Trägen den Gegner ersehen,
wird jener des Siegs und des Preises gewahr.
Er find't sich berufen von Stufen zu Stufen;
indem er auf Gottes Zusage sich lehnet,
so wird er mit himmlischem Segen gekrönet.

Von seiner bescheidenen Arbeit in Denkendorf wurde Bengel 1741 als Prälat nach Herbrechtingen bei Heidenheim/Brenz gerufen. Es folgte die Berufung in den Großen Ausschuss, kurz darauf auch in den Engeren Ausschuss des Landtags. Mit der Berufung zum Prälaten von Alpirsbach 1749 war auch die Mitarbeit in der Kirchenleitung *im sumpfigen Gewühl der Großstadt* Stuttgart verbunden. Weil er das *königliche Recht Christi* wiederherstellen wollte, belastete es ihn schwer, wie stark die Kirche durch die Abhängigkeit von den staatlichen Mächten *in die Welt und ins Fleisch gesunken* ist.

Dort in Stuttgart ist Johann Albrecht Bengel 1752 auch im Alter von 65 Jahren heimgegangen, nachdem er schon mehrmals am Rand des Todes gewesen war. In den letzten Krankheitstagen wies er nochmals darauf hin: *Mein ganzes Christentum besteht darin, dass ich meines Herrn Jesu Christi Eigentum bin und dass ich eben dies allein für meinen einzigen Ruhm und für alle meine Seligkeit halte.*

Warum man sich über Zahnschmerzen von Johann Anastasius Freylinghausen freuen musste

Zum neuen Lied die schönsten Melodien

Schreckliche Zahnschmerzen hatte Johann Anastasius Freylinghausen. Ein Wundarzt hatte einst beim Ziehen eines Zahns gepfuscht. So blieb ihm neben einer entstellenden Narbe auch eine Fistel im Mund, die ihm zeitlebens qualvolle Schmerzen verursachte.

Unter dieser Not dichtete Freylinghausen viele Lieder. Sein Pfarrkollege in Glaucha und Halle, Wiegleb, sagte von ihm: *Wenn unser Freund Zahnweh hat, so sollte man sich allemal darüber freuen; denn wie wenn die Hennen schreien, so hat man allemal ein Ei zum Besten.*

So dichtete Freylinghausen das Lied:

Mein Herz, gib dich zufrieden
und bleibe ganz geschieden
von Sorge, Furcht und Pein.
Durch Stillesein und Hoffen
wird, was dich jetzt betroffen,
erträglich, sanft und lieblich sein.

Es ist ja abgemessen
die Last, die uns soll pressen,
auf dass wir werden klein.
Was aber nicht zu tragen,
darf sich nicht an uns wagen;
er weiß, was wir vermögend sein.

Johann Anastasius Freylinghausen stammte aus dem braunschweigischen Gandersheim, wo er 1670 als Sohn eines Kaufmanns und Bürgermeisters geboren wurde.

Als 20-jähriger Student war er mit Freunden einst im Frühling 1691 mit anderen von Jena nach Erfurt gewandert. Man hatte begeisterte Stimmen von den *ernstlichen Predigten* des jungen Magisters August Hermann Francke gehört und wollte nun selbst einmal dabei sein, wenn er predigte. Freylinghausen war so beeindruckt und angesprochen von dem, was er hörte, dass er an Pfingsten wieder nach Erfurt wanderte, um noch einmal eine Predigt von Francke zu hören.

Eine neue Welt tat sich für ihn auf. Nicht Moral und viel spezielles Wissen war nötig für einen Christen, sondern Bekehrung seines Herzens und lebendiger Glaube an Jesus Christus.

Die Eltern von Johann Anastasius Freylinghausen waren entsetzt, als sie hörten, ihr Sohn wolle nach Erfurt ziehen und sich Francke anschließen. Sie schrieben ihrem Sohn, das seien doch *irrige und verführerische Menschen, die im Christentum zu weit gingen.* Er solle sich doch nicht *sein Glück und seine Beförderung im Vaterland verscherzen.*

Freylinghausen war hin- und hergerissen, erst das Wort Jesu brachte ihm Klarheit: *Wer Vater oder Mutter mehr liebt als mich, der ist mein nicht wert.* Bald fand sich zum Schrecken der Eltern der Name ihres hoffnungsvollen Sohnes auf einem spöttischen Flugblatt *Prophetenkinder und Pietistenschüler.* Da waren alle namentlich aufgeführt, die auf den Kanzeln Erfurts vom Predigen ausgeschlossen waren.

Jetzt schickten die Eltern ihren älteren Sohn nach Erfurt, um den ins Zwielicht geratenen Bruder rasch nach Hause zu holen. Das gelang ihm aber nicht, sondern nach kurzem wurde auch er von Franckes Bibelauslegung getroffen und konnte schließlich auch die Eltern zu einem lebendigen Glauben führen.

Als August Hermann Francke Erfurt verlassen musste und neben seiner Professur an der Universität Halle auch noch Pfarrer von Glaucha wurde, fragte er den 23-jährigen Freylinghausen, ob er nicht sein persönlicher Vikar und Hilfsprediger werden wolle. In seiner Heimat konnte er keine Anstellung finden, wenn er nicht die landesherrliche Verordnung gegen die *pietistische Sektiererei* unterschrieb.

So zog Freylinghausen 1695 in Halle ein. Er war froh über die Aufgabe als Hauslehrer am Waisenhaus in Halle, wo im so genannten Pädagogium Söhne wohlhabender und adliger Familien ihre Ausbildung bekamen. Allerdings gab es dafür nie einen Pfennig Bezahlung, nur freie Kost und Wohnung im Waisenhaus. In den ersten Jahren konnte Francke seine diakonischen Einrichtungen nur so führen, indem er bedürftige Studenten als Lehrer einsetzte und ihnen als Entlohnung den freien Mittagstisch bot. Francke brauchte alles Geld für seine weit gespannte diakonische Arbeit.

Freylinghausen verzichtete gerne auf alles Geld und war zufrieden. Er konnte *zum Lob Gottes sagen,* dass ihn in diesen 20 Jahren nie eine Versuchung angefochten habe, *mehr zu haben* oder *einträglichere oder ansehnlichere Dienste zu erlangen.* Nie habe er Schulden gemacht, sondern *immer noch so viel übrig gehabt, dass ich Notleidenden etwas zuwenden konnte.*

Besonders gerne hielt Freylinghausen Katechesen, also Bibelunterricht für Schüler. Daneben gab der begabte Mann Kinderlehren in den Armenschulen und hielt Wochenpredigten und Erbauungsstunden in der Kirche. Er gab auch das erste Religionsbuch für Gymnasien unter dem Titel *Grundlegung der Theologie* heraus, das in 14 Auflagen erschien und auch ins Russische und Lateinische übersetzt wurde.

1715, als Francke auf das Pfarramt St. Ulrich in Halle berufen wurde, übernahm Freylinghausen im Alter von 45 Jahren das Pfarramt in Glaucha. Erstmals hatte der demütige Mann eine richtige Anstellung und ein eigenständiges Amt.

Im gleichen Jahr heiratete Johann Anastasius Freylinghausen Johanna Anastasia, die einzige Tochter von August Hermann Francke, seine Patentochter, die einst nach ihm benannt worden war.

Nach dem Tod Franckes 1727 wurde Freylinghausen dessen Nachfolger im Pfarramt, im Waisenhaus und im Pädagogium als Direktor. Als nüchterner Christ ließ er nichts gelten neben der Bibel, auch keine neuen schwärmerischen Formen. Er konnte sagen: *Eine Methode, die nicht biblisch ist und nicht nach der kräftigen Einfalt der Apostel schmeckt, ekelt mich von ganzem Herzen an.*

An der Universität hielt Freylinghausen auf Bitten der Theologischen Fakultät Vorlesungen über Predigtlehre. Er führte erste praktische Predigtübungen ein und gab auch einen Predigtband heraus.

Am bekanntesten wurde er aber durch seine Lieder. Schon um 1704 ist das *Geistreiche Gesangbuch,* meist nur das *Freylinghausensche Gesangbuch* genannt, mit 683 Liedern erschienen. Die Ausgabe von 1741 umfasste schon 1582 Lieder. Viele bekannte, heute noch gesungene Choralmelodien stammen aus diesem Gesangbuch von Freylinghausen. Er selbst hat 44 Lieder und viele wertvolle Melodien geschaffen.

Die Lieder aus diesem *Halleschen Gesangbuch* sind bewegt und fröhlich. Sie eigneten sich zum Singen in der Küche oder in der Werkstatt. Die bisherigen stark rhythmischen Lieder wurden dadurch verdrängt.

Am bekanntesten wurde das Lied von der *Sanftmut und Demut,* das nach der Melodie *Jesu, geh voran* gesungen wird:

Wer ist wohl wie du, Jesu, süße Ruh?
Unter vielen auserkoren,
Leben derer, die verloren,
und ihr Licht dazu, Jesu, süße Ruh!

Leben, das den Tod, mich aus aller Not
zu erlösen, hat geschmecket,
meine Schulden zugedecket
und mich aus der Not hat geführt zu Gott.

Deiner Sanftmut Schild, deiner Demut Bild
mir anlege, in mich präge,
dass kein Zorn noch Stolz sich rege;
vor dir sonst nichts gilt als dein eigen Bild.

Hier lag die Wurzel und die Ursache, warum der immer bescheidene Freylinghausen gerne still im Hintergrund als rechte Hand Franckes wirken wollte. Mehrere ehrenvolle Berufungen als Theologieprofessor lehnte Freylinghausen ab.

In den letzten zehn Jahren seines Lebens hatte der schwächliche und oft von Fieber heimgesuchte Mann mehrere Schlaganfälle. Schließlich war er halbseitig gelähmt und konnte nicht mehr sprechen. Der Geist aber war bis kurz vor seinem Tod 1739 ganz klar. Er hat mit seinem Leben bestätigt, was er in seinem Lied beschrieben hat: *Geduld ist Not, wenn's übel geht.*

Ach, dass doch Gott ein Wunder tät!,
spricht man, so bald das erste Weh sich regt,
ein Wunder, dadurch das, was früh und spät
mich quält, zu Boden würde stracks gelegt.
Das Fleisch erzittert stets vor seinem Tod.
Drum scheut's die Not.

Sei männlich und steh felsenfest,
lass keinen Sturm zum Unmut dich bewegen,
und wenn er dich ein wenig zappeln lässt,
getrost! so wird das Wetter sich bald legen.
Denk, wenn er dich führt mitten in den Tod:
Geduld ist Not.

Massenweise strömten die Schlesier sonntags zu Johann Christoph Schwedlers Predigt

Wollt ihr hören, was mein Ruhm? Jesus, der Gekreuzigte!

Schlesien hat furchtbar gelitten in den langen, notvollen Jahren der katholischen Gegenreformation im 17. Jahrhundert. Weit über 1000 evangelische Kirchen wurden weggenommen, alle evangelische Schulen geschlossen, Pfarrer und Lehrer wurden vertrieben. Lange Zeit waren nur drei Kirchen für die riesige Zahl der Gläubigen erlaubt. Die Gemeinden trafen sich an abgelegenen Orten im Wald zum Gottesdienst.

Da bekam ein kleines unbekanntes Fleckchen Land plötzlich große Bedeutung für die verfolgten Flüchtlinge. Es ist der Queiskreis, am Flüsschen Queis gelegen, unmittelbar an der Grenze nach Schlesien. In diesem Gebiet fanden schon lange Zeit Glaubensflüchtlinge Zuflucht. Man wusste nicht viel darüber, es geschah in aller Stille.

Als der Queiskreis 1635 von Böhmen Kursachsen zugeschlagen wurde, gewann dieses Gebiet als Asyl für schlesische Flüchtlinge noch mehr Bedeutung. Gleichzeitig war es ein Stützpunkt für die Buschprediger, die von dort über die Grenze nach Schlesien hinübergingen und heimliche Gottesdienste in den Wäldern abhielten.

Als nun die kursächsische Regierung den Bau einer Kirche in Nieder-Wiesa bei Greifenberg in der Oberlausitz erlaubte, war das für die bedrängten Glaubensbrüder drüben in Schlesien ein Stück Freiheit in Reichweite.

Seit der Einweihung dieser Kirche in Nieder-Wiesa 1669 strömten die Menschen aus Schlesien in unglaublich großer Zahl dorthin. Auch mit drastisch angedrohten Strafen ihrer Behörden ließen sich die Schlesier nicht vom Kirchgang über die Grenze hinweg abhalten.

Die Leute in Schlesien sagten damals: *Eher würden sie aus dem Land fliehen, als sich den Besuch des Gottesdienstes verbieten lassen. Ja wenn auch Rad und Galgen auf der Grenzbrücke ständen, so wollten sie das nicht scheuen.*

Fast unmenschlich war die Belastung für den 26-jährigen Johann Christoph Schwedler, als er 1698 Pfarrer an dieser Kirche in Nieder-Wiesa wurde. Zu seinem Pfarrbezirk gehörten sieben Städte und 92 Dörfer. Dabei hatte er zeitlebens nur eine schwache körperliche Kraft.

Johann Christoph Schwedler zog durch seine eindringlichen und volkstümlichen Predigten die Menschen an. Schon als er zum Pfarramt ordiniert wurde, lastete die ungeheure Verantwortung für die ihm anvertrauten Menschen schwer auf seinem Gewissen: *Schrecken und Furcht haben mein Herz sehr eingenommen.*

Er war 1672 in Krobsdorf am Isergebirge an der Grenze zwischen Niederschlesien und der Lausitz in einer Bauernfamilie geboren, wo er schon als Kind tüchtig mitarbeiten musste. Als Student in Leipzig empfing er wichtige geistliche Anstöße durch August Hermann Francke. Mit Graf von Zinzendorf war er eng befreundet und übernahm viel von der Brüdergemeine. In großer Bewunderung sagte Zinzendorf von dem mit *Glaubensfreudigkeit kämpfenden* Schwedler, dass er *lichterloh in der Liebe Christi brenne.* Und er nannte ihn *ein muntres Heldenross.*

So hat der *Grenzprediger* Schwedler oft in der Frühe am Sonntagmorgen um fünf oder sechs Uhr mit seinen Gottesdiensten begonnen. Neben Morgenandacht, Kinderlehre, Katechismus, Abendmahl und Predigt prüfte der Prediger auch jeden Sonntag durch Abfragen, ob die Hörer wirklich das Wort begriffen hatten.

Leidenschaftlich rang er um seine Gemeindeglieder. Oft unterbrach er mit laut donnernder Stimme selbst das lauteste Orgelgetöse und Gesänge, um seine Ermahnung zu sprechen: *Was singt ihr da?* Dann zeigte er anschaulich und praktisch die Wahrheit des Evangeliums.

Dass nichts versäumt werde! war Schwedlers Lebensmotto. Deutlich und klar nannte er auch Missstände beim Namen. Auch vor wirtschaftlichen und sozialen Übeln wich er nicht zurück. Darum strömten auch die Massen zu den Predigten nach Nieder-Wiesa. Da auch alle evangelischen Schulen in Schlesien unter Androhung massiver Strafen verboten waren, lag die gesamte Verantwortung für die Unterweisung der Jugend neben dem Elternhaus ganz beim Pfarrer.

Konsequent und gewissenhaft war Schwedler in seinem Dienst. Als der König von Sachsen katholisch wurde, nur um die Krone Polens zu bekommen, schloss Schwedler ihn nicht aus dem Fürbittegebet aus, betete aber öffentlich *für unseren verirrten, verführten und irrigen König.*

Johann Christoph Schwedler dichtete 462 Lieder, hauptsächlich Jesuslieder und Kampflieder. Sein Passionslied ist unvergänglich:

> Wollt ihr wissen, was mein Preis?
> Wollt ihr lernen, was ich weiß?
> Wollt ihr sehn mein Eigentum?
> Wollt ihr hören meinen Ruhm?
> Jesus, der Gekreuzigte!

Wer ist meines Glaubens Grund?
Wer stärkt und erweckt den Mund?
Wer trägt meine Straf und Schuld?
Wer schafft mir des Vaters Huld?
Jesus, der Gekreuzigte!

Wer ist meines Leidens Trost?
Wer schützt, wenn der Feind erbost?
Wer erquickt mein mattes Herz?
Wer verbindet meinen Schmerz?
Jesus, der Gekreuzigte!

Wer ist meines Todes Tod?
Wer hilft in der letzten Not?
Wer versetzt mich in sein Reich?
Wer macht mich den Engeln gleich?
Jesus, der Gekreuzigte!

Und so wisst ihr, was ich weiß:
Ihr wisst meinen Zweck und Preis;
Glaubt, lebt, duldet, sterbet dem,
der uns Gott macht angenehm:
Jesus, dem Gekreuzigten!

Neben seiner eigenen Schwäche und Kränklichkeit hatte Johann Christoph Schwedler in seiner Familie viel Not zu tragen. Vier Kinder starben bald nach der Geburt. Seine Frau musste außerdem acht Fehlgeburten erleiden.

Als Schwedler 1730 starb, sagten die Leute in seiner Gemeinde: *Er hat sich aus der Welt herausgebetet.* Und Zinzendorf, der zu seinem Tod ein Lied dichtete, sagte darin: *Der treue Schwedler hat sich als ein Licht verzehrt. Ohne Zweifel ist der Knecht unter seiner Last erlegen.*

August Hermann Francke und sein Lebenswerk in Halle

Die auf den Herrn harren, kriegen neue Kraft

Als August Hermann Francke 1727 starb, hinterließ er mit seinem so genannten Waisenhaus in Halle mit seinen Stiftungen ein gewaltiges und weit verzweigtes Unternehmen. Dazu gehörten qualifizierte Schulen mit modellartigem Internat, auch eine zukunftsweisende Mädchenoberschule, ein modernes Lehrerseminar, ein Naturalienkabinett sowie ein botanischer Garten, die Bibelanstalt mit preisgünstiger Druckerei, weiter Buchhandlung, Apotheke, Krankenhaus, Wirtschaftshof und Landwirtschaft. Alles wurde ganz aus Glauben finanziert, ohne irgendwelche wirtschaftlichen Absicherungen. 3000

Personen waren da beschäftigt oder wurden als Schüler betreut. Bis in ferne Kontinente wirkten seine Mission und die veröffentlichten Bücher seiner Pädagogik.

Aus ganz kleinen Anfängen heraus hat August Hermann Francke dieses Werk aufgebaut. Wer war dieser Mann?

Als Sohn eines Justizrates war er 1663 in Lübeck geboren. Schon mit fünf Jahren verlor er seinen Vater. Während seiner Schulzeit träumte er davon, später als Hochschullehrer zu wirken.

Begabt wie er war, gelang ihm dies auch. Schon im Alter von 21 Jahren wurde er als Professor für hebräische Sprache an die Universität von Leipzig berufen.

Drei Jahre später, 1687, machte Francke bei einem Studienaufenthalt seine wichtigste Entdeckung. Als junger gelehrter Theologe sollte er eine Predigt in der Johanniskirche in Lüneburg halten. Dazu hatte er das Wort ausgesucht: *Dieses ist geschrieben, dass ihr glaubt, Jesus sei der Christus, und dass ihr durch den Glauben das Leben habt in seinem Namen.*

Je länger Francke sich mit diesem Wort für seine Predigt beschäftigte, umso klarer wurde ihm, dass er solch einen Glauben ja überhaupt nicht besaß. Er war zwar sehr stolz auf sein erlerntes Wissen und konnte damit Menschen imponieren. Aber was war dieser Glaube wirklich? Hatte er sich alles nur selbst eingeredet?

Von Zweifeln und innerer Unruhe geplagt, rang Francke in dieser Nacht mit Gott im Gebet: *Gott, wenn du bist, so offenbare dich mir!*

Dieses Gebet wurde erhört. Gott schenkte ihm diesen echten und lebendigen Glauben, der ihn und sein ganzes Leben veränderte und erneuerte. *Wie man eine Hand umwendet, so waren alle meine Zweifel hinweg.* August Hermann Francke konnte jetzt Gott seinen Vater nennen und empfand darüber unbeschreibliche Freude.

Das, was er erlebt hatte, erfüllte August Hermann Francke nun in seinem Dienst. Die Predigt wurde ein mächtiges Glaubensbekenntnis.

Als er nach seiner Rückkehr in Leipzig mit einem Bibelkolleg begann, bezeugte er auch dort den lebendigen Glauben an Jesus

Christus. Davon war er völlig überzeugt: *Glauben wie ein Senfkorn gilt mehr als hundert Säcke Gelehrsamkeit.*

Der Zulauf von Studenten, aber auch von Bürgern der Stadt, war groß. Oft hatte Francke bis zu 400 Studenten als Zuhörer. Unter den Studenten setzte eine große Erweckung zum lebendigen und tätigen Glauben ein. Gleichzeitig aber war Francke auch plötzlich sehr umstritten.

Es war ja auch für manche Ohren wirklich unerhört, wie eindeutig er vom lebendigen Glauben an Jesus Christus sprach, und auch, dass dazu eine klare Bekehrung nötig sei. Es war dieses mächtige Zeugnis einer persönlichen Veränderung, das 1690 schließlich zum strikten Lehrverbot für August Hermann Francke in Leipzig führte.

Jetzt wich Francke nach Erfurt aus und übernahm dort an der Augustinerkirche ein Pfarramt. Den Ruf dorthin sah er als *Gottes Finger* an. Einstimmig wählte ihn die Gemeinde als ihren Prediger. Francke kümmerte sich mit viel Fleiß und großem Einsatz um die Gemeinde, es ging ihm aber auch hier um klare Bekehrung und Änderung der Lebenspraktiken. So brach auch in Erfurt bald ein Sturm gegen ihn los. Innerhalb von 48 Stunden musste er die Stadt verlassen. Ohne irgendein ordentliches Rechtsurteil wurde dies verfügt, weil Francke angeblich Verwirrung und Unruhe anstifte. Es war die Ordnung einer in Paragraphen verfassten Staatskirche, die das geistliche Leben von neuen Bibelkreisen nicht dulden wollte. Mit starren Verwaltungsgesetzen und ungerechten Verboten wollte man *den Urheber einer neuen Sekte* und mit ihm das neue erweckliche Leben bekämpfen. Die Polizei wurde zur Hilfe gerufen, um August Hermann Francke aus der Stadt auszuweisen. Für Francke war diese Feindschaft das unvermeidliche *Malzeichen* der Nachfolge des gekreuzigten Jesus Christus.

Nach seiner Vertreibung aus Erfurt dichtete er 1691 das Lied *Gott Lob, ein Schritt zur Ewigkeit* mit den Strophen:

Vom Feuer deiner Liebe glüht
mein Herz, das du entzündet;
du bist's, mit dem sich mein Gemüt
aus aller Kraft verbindet.
Ich leb in dir und du in mir;
doch möcht ich, o mein Heil, zu dir
noch immer näher dringen.

Wenn auch die Hände lässig sind
und meine Knie wanken,
so biet mir deine Hand geschwind
in meines Glaubens Schranken,
damit durch deine Kraft mein Herz
sich stärke und ich himmelwärts
ohn Unterlass aufsteige.

Geh, Seele, frisch im Glauben dran
und sei nur unerschrocken!
Lass dich nicht von der rechten Bahn
die Lust der Welt ablocken.
So dir der Lauf zu langsam deucht,
so eile, wie ein Adler fleucht,
mit Flügeln süßer Liebe.

Am gleichen Tag, an dem Francke Erfurt verlassen musste, wurde ihm eine Professur für orientalische Sprachen an der neuen Universität von Halle angeboten. Hinter dieser Berufung stand der Kurfürst von Brandenburg, den der einflussreiche Pfarrer Philipp Jakob Spener bemüht hatte. Gleichzeitig wurde ihm auch das Pfarramt von Glaucha in einer armen und bisher schlecht betreuten Gemeinde übertragen. Das war nun der Platz, wo sich seine vielfältigen Gaben entfalten sollten.

Francke dichtete 1711 ein Lied aus Anlass der Beerdigung einer Professorenfrau, die sehr schwer zu leiden hatte. Darin spiegeln sich aber auch seine eigenen Erfahrungen im stillen Harren auf die Hilfe des Herrn, wie er sie auch in den *Segensvollen Fußspuren des noch lebenden und waltenden, liebreichen Gottes* erlebt hatte.

Was von außen und von innen
täglich meine Seele drückt
und hält Herz, Gemüt und Sinnen
unter seiner Last gebückt,
in dem allem ist dein Wille,
Gott, der aller Unruh wehrt
und mein Herz hält in der Stille,
bis es deine Hilf erfährt.

Denn du bist mein Fels auf Erden,
da ich still und sicher leb;
deine Hilfe muss mir werden,
so ich mich dir übergeb.
Dein Schutz ist mein Trutz alleine
gegen Sünde, Not und Tod;
denn mein Leiden ist das deine,
weil ich dein bin, o mein Gott.

Auf dich harr ich, wenn das Leiden
nicht so bald zum Ende eilt;
dich und mich kann's nimmer scheiden,
wenn's gleich noch so lang verweilt.
Und auch dies mein gläubig Hoffen
hab ich nur allein von dir;
durch dich steht mein Herz dir offen,
dass du solches schaffst in mir.

Bei dir ist mein Heil und Ehre,
meine starke Zuversicht;
willst du, dass die Not sich mehre,
weiß ich doch, du lässt mich nicht.
Meint der Feind mich zu erreichen
und zu werfen unter sich,
will ich auf den Felsen weichen;
der wirft alles unter mich.

Neben seinem Pfarramt in der kleinen Amtsstadt Glaucha war Francke also auch noch Professor für orientalische Sprachen und Theologie in Halle. Auf die Bibel konzentrierte er alles Studieren. *Der Theologe muss in der Schrift geboren sein. Die Kraft und Frucht der Erkenntnis muss sich darin zeigen, dass sein Herz gebessert wird. Ein Tropfen wahrer Liebe ist mehr wert als ein ganzes Meer der Wissenschaft aller Geheimnisse,* so konnte Francke sagen.

Als er 1698 mit seinem Gemeindedienst begann, erschrak er, als er die verwahrloste Jugend erlebte. *Wie das Vieh* – ohne jedes Wissen von Gott wachsen sie auf. Wegen ihrer Armut konnten sie keine Schule besuchen und waren allen schlechten Einflüssen ausgesetzt. Kein Wunder, wenn viele von ihnen sich schon früh auf Diebstähle verlegten oder andere kriminelle Wege einschlugen.

Francke ließ in seinem Wohnzimmer eine Opferbüchse für Arme anbringen und schrieb darüber das Bibelwort: *Wenn jemand der Welt Güter hat und sieht seinen Bruder darben und schließt sein Herz vor ihm zu, wie bleibt dann die Liebe Gottes in ihm?*

Mancher seiner vielen Gäste steckte etwas hinein. Als nach einem Vierteljahr eine Frau den großen Betrag von vier Talern und sechzehn Groschen spendete, beschloss Francke, im Glauben zu handeln: *Das ist ein ehrlich Kapital! Davon muss man etwas Rechtes stiften. Ich will eine Armenschule damit anfangen.*

Aus diesen geringen Anfängen im Jahr 1698 entstand allein durch freie Spenden und unglaublichen Mut im Vertrauen auf Gottes Wirken das große Werk des Waisenhauses in Halle mit Bibelanstalt und Missionswerk. Zukunftsweisend hatte Francke erkannt, dass die wichtigste und weitreichendste Hilfe für Arme eine gute Bildung ist. Darum legte er zunächst den Schwerpunkt auf die Armenschule.

In seinem Lied *Was von außen und von innen* schrieb Francke seine Erfahrungen mit dem lebendigen Gott nieder, auf dessen Hilfe Gläubige geduldig harren sollen:

Liebe Leute, traut beständig
auf ihn als auf euern Hort!
Er ist Gott und heißt lebendig,
ist euch nah an jedem Ort.
Wann und wo euch Hilfe nötig,
da klopft an: er ist zu Haus,
kommt und ist zur Hilf erbötig;
schüttet euer Herz nur aus!

Im Giebel des Hauptgebäudes ist heute noch sein Wahlspruch zu lesen: *Die auf den Herrn harren, kriegen neue Kraft, dass sie auffahren mit Flügeln wie Adler.*

1727 ging August Hermann Francke heim. Er ließ sich im Sterben noch sein Lied vorlesen:

Gott Lob, ein Schritt zur Ewigkeit
ist abermals vollendet;
zu dir im Fortgang dieser Zeit
mein Herz sich sehnlich wendet,
o Quell, daraus mein Leben fließt
und alle Gnade sich ergießt
in meine Seel zum Leben.

Lorenz Lorenzen – mit 24 Jahren Kantor am Dom zu Bremen

Von der großen Osterfreude mitgerissen

Heftig umkämpft war der Erweckungsprediger Theodor Undereyck, der 1670 zum ersten Pastor an der Kirche St. Martini in Bremen berufen wurde. Er war verspottet und verlästert bei seinen Kollegen, weil er auf eine Erneuerung des Gemeindelebens hin arbeitete.

Dieser Pastor Undereyck sorgte dafür, dass Lorenz Lorenzen im Alter von 24 Jahren zum Domorganist in Bremen berufen wurde. Lorenz Lorenzen stammte aus Husum, der Stadt an der nordfriesischen Küste Schleswigs. Dort war sein Vater ein angesehener Patrizier, dem die musikalische Förderung seines Sohnes sehr am Herzen lag.

Lorenz Lorenzen gehörte zu denen, die sich um Philipp Jakob Spener sammelten und die man verächtlich und voll Spott *Pietisten* nannte. Er gab 150 Lieder in Druck, geordnet nach dem Sonn- und Festtagsevangelium, gesammelt unter dem Titel *Evangelia melodica.* Einfach und direkt wollte Lorenz Lorenzen dichten, ganz *ohne Wortgepränge,* wie es leider oft aus Ehrsucht geschieht. Auf der Schrift, dem Wort Gottes, sollte jeder Vers stehen.

Ihm ging es immer um die geistliche Anwendung des Glaubens im Leben. Das Christentum besteht nicht in Worten, sondern in der Kraft. Das innere Zentrum des Menschen, sein Herz *soll gerührt, geändert werden.* So soll das Reich Gottes und seine Herrschaft in uns gefördert werden. Dazu ruft Lorenz Lorenzen auf:

> Drum auf, mein Herz, fang an den Streit,
> weil Jesus überwunden;
> er wird auch überwinden weit
> in dir, weil er gebunden
> der Feinde Macht, dass du aufstehst
> und in ein neues Leben gehst
> und Gott im Glauben dienest.

Scheu weder Teufel, Welt noch Tod,
noch gar der Hölle Rachen.
Dein Jesus lebt, es hat kein Not,
er ist noch bei den Schwachen
und den Geringen in der Welt
als ein gekrönter Siegesheld;
drum wirst du überwinden.

Ach mein Herr Jesu, der du bist
vom Tode auferstanden,
rett uns aus Satans Macht und List
und aus des Todes Banden,
dass wir zusammen insgemein
zum neuen Leben gehen ein,
das du uns hast erworben.

In diesem bekannten Osterlied beginnt der Text von Lorenz Lorenzen fast wie ein Morgenlied. Dann aber geht es um das neue Leben mit der Auferstehung am Ostermorgen. Die uns noch umgebende Todesnacht soll durchbrochen und überwunden werden.

Wach auf, mein Herz,
die Nacht ist hin,
die Sonn ist aufgegangen.
Ermuntre deinen Geist und Sinn,
den Heiland zu empfangen,
der heute durch des Todes Tür
gebrochen aus dem Grab herfür
der ganzen Welt zur Wonne.

Quält dich ein schwerer Sorgenstein,
dein Jesus wird ihn heben;
es kann ein Christ bei Kreuzespein
in Freud und Wonne leben.
Wirf dein Anliegen auf den Herrn
und sorge nicht, er ist nicht fern,
weil er ist auferstanden.

Nach dem von Jesus erzählten Gleichnis der törichten und klugen Brautjungfern dichtete Lorenz Lorenzen das eindrückliche Ewigkeitslied, das sich als Wächterruf an die ganze schläfrig gewordene Gemeinde wendet:

Ermuntert euch, ihr Frommen,
zeigt eurer Lampen Schein!
Der Abend ist gekommen,
die finstre Nacht bricht ein.
Es hat sich aufgemachet
der Bräutigam mit Pracht.
Auf, betet, kämpft und wachet!
Bald ist es Mitternacht.

38 Jahre lang hat Lorenz Lorenzen sein Amt als Kantor und Musikdirektor an der Domkirche zu Bremen treu versehen, bis er es aus Krankheitsgründen aufgeben musste. Bald darauf, im Jahr 1722, starb er im Alter von 61 Jahren.

Heinrich Georg Neuß wollte unter Christen fröhliche Manieren

Aus dem Pfarramt in Wolfenbüttel vertrieben

Wenn sich gläubige Christen zum gemeinsamen Bibellesen in ihren Wohnungen trafen, hat das bei Kirchenoberen viele Jahrhunderte lang unbegreifliche Ängste ausgelöst. Man fürchtete sofort Abspaltung und Verrat und schrie empört: Sektiererei!

So war es auch, als Heinrich Georg Neuß 1690 sein Pfarramt in Wolfenbüttel antrat. Er war erschüttert und betroffen, als er sah, wie verdorben und erstarrt das Leben der Christen in dieser Stadt war. Da musste doch eine Änderung geschehen, eine wirkliche Besserung! Um einen tätigen Glauben bei den Menschen zu wecken, richtete Neuß zusammen mit dem Hofprediger Justus Lüders und dem Generalsuperintendenten Bartholomäus Meier Bibelstunden ein, damals *Erbauungsstunden* genannt. Zuvor holte er eine fürstliche Genehmigung dafür ein.

Solche Bibelstunden in den Wohnungen hin und her hatte 15 Jahre vorher Pfarrer Philipp Jakob Spener in seiner Reformschrift *Pia desideria* gefordert. Unter den Pfarrern der Stadt lösten diese Zusammenkünfte aber empörten Protest und Widerspruch aus. Sie wollten solche Versammlungen außerhalb des Gottesdienstes keinesfalls hinnehmen.

Faule Kompromisse um des Friedens willen aber waren für die drei mutigen Seelsorger nicht möglich. In ihrem Gewissen waren sie gebunden. Sie wollten allein Gott gehorsam sein und ihm dienen. So entschlossen sie sich, lieber ihr Amt aufzugeben, als ihrem Herrn Jesus untreu zu sein.

In diesen schwierigen und dunklen Tagen schuf Heinrich Georg Neuß nach dem Psalm 51 jenes Bußlied, das bis heute viel und gerne gesungen wird. Es zeigt, wie Neuß sich bei allen Anfeindungen und Lästerungen stark bemühte, sich selbst zu ändern und zu bessern und alle bösen Gedanken aus seinem Herzen zu bannen.

Ein reines Herz, Herr, schaff in mir,
schließ zu der Sünde Tor und Tür;
vertreibe sie und lass nicht zu,
dass sie in meinem Herzen ruh.

Dir öffn ich, Jesu, meine Tür,
ach komm und wohne du bei mir;
treib all Unreinigkeit hinaus
aus deinem Tempel, deinem Haus.

Lass deines guten Geistes Licht
und dein hell glänzend Angesicht
erleuchten mein Herz und Gemüt,
o Brunnen unerschöpfter Güt;

und mache dann mein Herz zugleich
an Himmelsgut und Segen reich;
gib Weisheit, Stärke, Rat, Verstand
aus deiner milden Gnadenhand.

So will ich deines Namens Ruhm
ausbreiten als dein Eigentum
und dieses achten für Gewinn,
wenn ich nur dir ergeben bin.

Jetzt fand Heinrich Georg Neuß in dem frommen Reichsgrafen Ernst von Stolberg-Wernigerode einen Förderer. Der ernannte ihn 1696 in der am Nordrand des Harz gelegenen Stadt Wernigerode zum Hauptpastor. Dort wirkte Dr. Heinrich Georg Neuß an der zentralen frühgotischen Oberpfarrkirche St. Silvester und gleichzeitig auch als Superintendent und Konsistorialrat in der Umgebung der Stadt.

Schon bei seiner Antrittspredigt schlug Neuß viel Feindschaft entgegen. Neuß aber bemühte sich um geduldige Nachsicht und viel Liebe auch zu all denen, die ihm feindlich gesonnen waren. Er wollte immer mehr Geduld üben, Liebe lernen, gelassen reagieren und barmherzig sein. So fand er auch in diesen Spannungen rasch Zugang zur Gemeinde und wirkte ganze 20 Jahre in Wernigerode.

Insgesamt 134 Lieder hat Heinrich Georg Neuß gedichtet. In dem 1714 von Freylinghausen herausgegebenen Gesangbuch fanden sich allein 33 Lieder von ihm. So sehr waren seine Lieder damals geschätzt.

Heinrich Georg Neuß wurde 1654 in Elbingerode im Harz geboren. Dort war sein Vater Wundarzt, starb aber schon früh.

Ob man sich heute noch vorstellen kann, wie hart damals eine Mutter kämpfen und arbeiten musste, um ihre beiden Söhne allein mit dem Verdienst von Näharbeiten zu ernähren und durchzubringen? An ein Studium war bei der Armut nicht zu denken.

Da bot an seinem zehnten Geburtstag sein Pate Heinrich Georg Neuß ein Stipendium an, wenn er nur fleißig wäre. Das war eine große Herausforderung für den heranwachsenden Jungen.

Er besuchte mit gutem Erfolg die Schulen in Quedlinburg und Halberstadt, um dann in Erfurt Theologie zu studieren.

Von schweren Krankheiten wurde Heinrich Georg Neuß mehrfach heimgesucht. Er nahm sie als besondere Herausforderungen an. Er nannte sie *sonderliche Bissen von der Tafel Christi für seine Gläubigen, dass sie der Welt entsagen und tiefer in Gott eindringen.*

Neuß wollte etwas unternehmen gegen die lähmende Feierlichkeit im Gottesdienst. Es war der Einfluss der pietistischen Erweckung, in der man endlich die traurigen und getragenen Melodien mit fröhlichen und bekennenden Liedern überwinden wollte.

Heinrich Georg Neuß fragte: *Wer hat mehr Ursache als die Kirche, fröhlich zu singen über dem großen Heil in Christus? Eine traurige Melodie bringt keine Freude hervor, eine freudige Melodie keine Traurigkeit. Fröhliche Manieren gehören nicht den Saufbrüdern, sondern der christlichen Gemeinde.*

Heinrich Georg Neuß war ein Freund der Musik. Sie war für ihn ein Werkzeug des Heiligen Geistes, auch im Gemüt eines Menschen geistliche Regungen zu wecken und hervorzubringen.

Noch im Alter von 50 Jahren ließ er sich vom Kantor Unterricht im Contrapunkt geben. So wurde damals der Gottesdienst in Wernigerode führend in Deutschland im vierstimmigen Gemeindegesang. Man sprach vom *rührendsten und herrlichsten Choralgesang.*

Heinrich Georg Neuß starb 1716. Er hatte selbst das Bibelwort für seine Beerdigung ausgesucht: *Ein Mensch ist in seinem Leben wie Gras, er blüht wie eine Blume auf dem Felde; wenn der Wind darüber geht, so ist sie nimmer da, und ihre Stätte kennt sie nicht mehr. Die Gnade aber des Herrn währt von Ewigkeit zu Ewigkeit über denen, die ihn fürchten, und seine Gerechtigkeit auf Kindeskind bei denen, die seinen Bund halten.*

Johann Jakob Schütz und sein Leiden an einer erstarrten Kirche

Sein fröhliches Singen: Gott hat alles, alles recht gemacht!

Man schrieb das Jahr 1669. In Frankfurt, einer der bedeutendsten Reichsstädte Deutschlands, hatte der angesehene Pastor Philipp Jakob Spener gepredigt. Mit seinen gerade 31 Jahren war er zum Senior einer ehrwürdigen Pfarrerschaft berufen worden, in der die meisten doppelt so alt waren wie er.

Was Philipp Jakob Spener verkündigte, ließ die Menschen aufhorchen. Manche reagierten auch empört und ärgerlich. Offen, ohne jede Scheu, forderte Spener eine völlige Erneuerung der Kirche nach dem Wort Gottes. Formelle Mitgliedschaft nütze nichts, eine persönliche Entscheidung für Christus sei nötig. Bewusste Christen sollten in überschaubaren Hausgruppen gemeinsam in der Bibel lesen, sich darüber austauschen und sich gegenseitig im Glauben stärken. Junge Leute, die noch kaum das Wort Gottes kennen, sollten Information über den Glauben bekommen. Das war ihm besonders wichtig.

Nach dem Gottesdienst kamen zwei Männer auf Pastor Spener zu und sprachen ihn auf diese Hausversammlungen hin an. Es war der bekannte Jurist und Frankfurter Reichsrat Dr. Johann Jakob Schütz und sein Freund, ein Gymnasiallehrer. Sie drängten Spener, doch gleich mit solch einem ständigen Hausbibelkreis zu beginnen. Viele Christen seien im Glauben total verunsichert und voller Zweifel. Allein und auf sich gestellt hätten sie als Gemeindeglieder keinen seelsorgerlichen Zuspruch, keine Stärkung und Ermutigung, aber auch keine Korrektur.

Viele geistlich wache Christen damals sehnten sich in der erstarrten orthodoxen Kirchenform nach echter biblischer Gemeinschaft. Rechtsanwalt Dr. Johann Jakob Schütz hatte sich schon oft darüber Gedanken gemacht.

Schütz war 1640 als Sohn eines einflussreichen Rechtsanwalts und Reichsrats in Frankfurt am Main geboren, hatte aber seinen Vater schon mit 14 Jahren verloren. Sein schwäbischer Urgroßvater Jakob Andreä war nicht nur Kanzler der Universität Tübingen gewesen, sondern hatte sich auch als der entscheidende Mann bei der Neuordnung der evangelischen Kirche in ganz Deutschland einen Namen gemacht.

Ganz pessimistisch hatte sein bekannter Onkel Prälat Johann Valentin Andreä die Zukunft der Kirche beurteilt. Er litt am Übel des *Auftretens der Theologen als viele kleine Päpste.* Stattdessen forderte er ein echt gelebtes Christentum aller Gläubigen. Alle wahren Christen könnten sich in kleinen christlichen Bruderschaften, die *Christus in Liebe nachfolgen* möchten, beim Lesen der Bibel treffen.

Dr. Johann Jakob Schütz war ein hervorragender Jurist. Als Rechtsanwalt wurde er mit Prozessen und Streitigkeiten überhäuft. Darunter litt er, weil sein Gewissen durch das Wort Gottes sehr empfindsam geworden war. In der städtischen Gesellschaft waren Lüge, Betrug und Beugung des Rechts erschreckend weit verbreitet.

Einst hatte Schütz in seiner Doktorarbeit unter dem Thema *Der betrügerische Verwalter* geschrieben: *Nichts ist fest und beständig, als was auf Tugend und Wahrheit sich stützt.*

Ihm war das *Gesetz Jesu Christi und Liebe aus reinem Herzen* wichtig. So schrieb er es im Vorwort einer lateinischen Rechtssammlung, die er schon während seines Studiums zusammenstellte und später als Buch herausgab. Dort heißt es kurz und bündig, wie es die Art von Schütz war: *Der heilige Namen der Gerechtigkeit wird durch Unerfahrenheit, Nachlässigkeit und Bosheit der Richter, Anwälte und streitenden Parteien entweiht. Alles wird durch deren frevelhafte Versuche zerrüttet.* Er nannte es einen traurigen Nutzen, die ganze Welt zu gewinnen und dabei seine Seele zu verlieren.

Deshalb zog sich Schütz mehr und mehr von Prozessen zurück und beschränkte sich auf wissenschaftliche Aufgaben und Beratungen. Immer wichtiger wurde ihm die Einrichtung des Hausbibelkreises. Dort konnte man wertvolle Gespräche führen, von denen man innerlich gestärkt und aufgerichtet wurde.

Zweimal in der Woche traf man sich zunächst im Amtszimmer von Philipp Jakob Spener zum Austausch über das Wort Gottes. Einflussreiche Ratsherren wie einfache Leute aus dem Volk nahmen daran teil. Selbstverständlich fanden sich auch bald Angehörige anderer Konfessionen ein, was damals noch ganz ungewohnt war. Natürlich kamen auch Frauen und angesehene Leute aus den Patrizierfamilien der Stadt. Als junger Student gehörte Joachim Neander, der bekannte Lobsänger Gottes, eine Zeit lang zu diesem Kreis.

Durch diese Zusammenkünfte entstand geistlich neues Leben: Laue Christen wurden wieder brennend, Zweifelnde gewiss, Spannungen zwischen den Konfessionen wurden abgebaut. Spener schrieb später, *dass er von diesem lieben Freund Johann Jakob Schütz mehr in seinem Christentum gelernt habe, als vielleicht jemand von ihm.*

Im Jahr 1675 brachte Philipp Jakob Spener seine viel beachtete Reformschrift *Pia Desideria*, also Vorschläge zur Besserung kirchlicher Missstände heraus.

Im gleichen Jahr veröffentlichte Schütz anonym in seinem kleinen *Christlichen Gedenkbüchlein zur Beförderung eines anfangenden neuen Lebens* neben anderen Dichtungen und Besinnungen sein großartiges Lied:

Sei Lob und Ehr dem höchsten Gut,
dem Vater aller Güte,
dem Gott, der alle Wunder tut,
dem Gott, der mein Gemüte
mit seinem reichen Trost erfüllt,
dem Gott, der allen Jammer stillt.
Gebt unserm Gott die Ehre!

Ich rief zum Herrn in meiner Not:
»Ach Gott, vernimm mein Schreien!«
Da half mein Helfer mir vom Tod
und ließ mir Trost gedeihen.
Drum dank, ach Gott, drum dank ich dir;
ach danket, danket Gott mit mir!
Gebt unserm Gott die Ehre!

Großen Ärger löste Schütz mit dieser Schrift aus, weil er darin nach seiner Art ganz ehrlich und offen schrieb: *Unter denen, die sich Geistliche nennen ließen, sind in allen Konfessionen viele nichts anderes als Mietlinge und Schulzänker, die da süchtig sind in Fragen und Wortkriegen und ein Gewerbe aus der Frömmigkeit machen.*

Jetzt bliesen die Theologen zur Hatz auf Johann Jakob Schütz. Man könnte fragen, warum Schütz die wahren Missstände öffentlich anprangerte? Wahrscheinlich war er damals schon sehr verwundet durch Angriffe gehässiger Theologen. Man nahm ihm übel, dass er sich mit Christen in Frankfurt traf, die noch viel kirchenkritischer als er eingestellt waren. Und weil man ihm selbst konkret nichts Verwerfliches nachsagen konnte, prangerte man eben jene an, mit denen er zusammenkam.

Jahrhundertelang sahen es fanatische Kirchenfunktionäre als schlimmste Sünde eines biblisch gesinnten Christen an, aus der Kirche auszutreten und sich einer freikirchlichen Gruppe anzuschließen. *Separatismus* und *Ketzerei* waren die Schlagworte, mit denen man würdige Menschen kurzerhand zur Unperson erklären konnte, meist weit über ihren Tod hinaus.

So geschah es auch mit Johann Jakob Schütz. Und das, obwohl er sich nie förmlich von seiner lutherischen Kirche lossagte, sondern bis zu seinem Tod ihr Mitglied blieb.

Irgendeine verdammungswürdige Ketzerei muss ihm doch nachzuweisen sein, meinten seine hartnäckigen Verfolger. War es nicht verdächtig, dass er sich so stark für die Heiligung des praktischen Lebens einsetzte? Wollte er vielleicht damit die alleinige Erlösung durch Jesus Christus entwerten?

Manche Theologen glaubten gar allen Ernstes, Schütz ein absichtliches Bestreiten der Gottheit Christi in der achten Strophe seines Liedes nachweisen zu können:

> Ihr, die ihr Christi Namen nennt,
> gebt unserm Gott die Ehre;
> ihr, die ihr Gottes Macht bekennt,
> gebt unserm Gott die Ehre!
> Die falschen Götzen macht zu Spott;
> der Herr ist Gott, der Herr ist Gott!
> Gebt unserm Gott die Ehre!

Schon bald drohte ein neuer Konflikt. Schütz wollte im Gottesdienst nicht *auf theatralische Weise* beim Abendmahl Brot und Kelch empfangen. Ein pflichteifriger Küster wies den erfahrenen Juristen Schütz zurecht mit dem Verweis auf die gebräuchliche Ordnung. Wen wundert es, wenn Schütz von da an nicht mehr zum Abendmahl ging. Das Fernbleiben aber wurde ihm erst recht verübelt.

Mehrmals bat Schütz um eine Hausabendmahlsfeier. Das aber lehnten die Frankfurter Pfarrer strikt ab. Ohne Zweifel fühlte sich Johann Jakob Schütz in seiner Kirche nicht mehr wohl. Statt der erstarrten orthodoxen Kirche mit ihren streitsüchtigen Theologen hoffte er auf eine wahrhaft urchristliche Gemeinschaft nach dem Wort Gottes.

Im ehrwürdigen Saalhof am Main wohnte zu dieser Zeit eine gläubige Hofdame namens Johanna Eleonora von Merlau, die neben einem Bibelkreis auch einen Gesprächskreis nach dem sonntäglichen Gottesdienst um sich sammelte. In diesem Kreis wurden neben der Bibel auch Schriften der englischen Puritaner gelesen. Außerdem beschäftigte man sich mit dem Weltende und der Wiederkunft Jesu. Auch ein Jugendkreis traf sich dort. Der spätere Ehemann von Frau von Merlau, Johann Wilhelm Petersen, der auch am Bibelgesprächskreis teilnahm, hatte immerhin so viel Nähe zur Kirche, dass es noch zum Superintendent in Eutin und Lüneburg reichte, bis man ihn auch dort vom Amt entfernte.

Die Kritiker dieses Bibelkreises nahmen vor allem Anstoß daran, dass im Saalhof 1677 mehrmals William Penn sprach und nach Quäkersitte am nächsten Morgen ein *stilles Treffen* hielt. Penn war Sohn eines angesehenen englischen Admirals mit großem Einfluss am Londoner Hof. Wegen seines Übertritts zu den Quäkern wurde er in England verfolgt und von der Universität in Oxford ausgeschlossen.

Was der 33-jährige William Penn als Quäker lehrte, entsprach nicht der Auffassung von Schütz. Was den Juristen Schütz aber faszinierte, waren dessen Ausführungen über größtmögliche Gewissensfreiheit und religiöse Toleranz ohne Staatskirche, die schließlich mit den unveräußerlichen Menschenrechten in den Vereinigten Staaten zur amerikanischen Verfassung und zum modernen bürgerlichen Demokratieverständnis führen sollten. Hier war die Gerechtigkeit, nach der er dürstete, und die im Prozesswesen in Deutschland so schrecklich mit Füßen getreten wurde.

Der ganz praktisch denkende William Penn lud *alle, die wollten,* nach Amerika zur Gründung einer christlichen Freistatt ein, um den unausweichlichen Verfolgungen und Martyrien aus Glaubensgründen zu entfliehen.

Während Schütz schon die neuzeitliche Luft der Freiheit und Gerechtigkeit spürte, war die Verwaltung der Reichsstadt Frankfurt noch völlig im Obrigkeitsdenken von Kirche und Staat verhaftet. So plante bald nach diesen Treffen der Magistrat in Frankfurt tatsächlich, die Rädelsführer der Versammlung vom Saalhof auszuweisen. Gegen Schütz wagte man aus einem simplen Grund nicht vorzugehen: Mit Blick auf die städtischen Steuereinkünfte war man bemüht, eine Übersiedlung dieses hoch vermögenden Steuerzahlers nach Amerika möglichst zu verhindern. Die Pläne einer Auswanderung nach Amerika wurden in der Gruppe immer konkreter besprochen. Als Zufluchtsort für alle im Glauben Verfolgten hatte William Penn in Amerika das riesige Gebiet des heutigen US-Staates Pennsylvania als Ausgleich für Zahlungen erworben, die der englische König seinem Vater schuldete.

1682 segelte William Penn dann mit einhundert Kolonisten nach Amerika und gründete Philadelphia, die *Stadt brüderlicher Liebe.* Allein ihrem Gewissen wollten diese ehrlichen und anständigen Siedler folgen und friedlich und fair mit den Indianern zusammenleben. Mehrere Abkommen zwischen Indianern und Siedlern wurden gewissenhaft eingehalten und brachten bleibenden Frieden in die Wildnis.

Eine *Frankfurter Kompanie* hatte dort bald *Germantown* gegründet, das heute zur Großstadt Philadelphia gehört. Philipp Jakob Spener aber riet den Frankfurter Gläubigen: *Meine Gedanken sind, allezeit zu bleiben, wo uns der Herr hinsetzt und wie lange er uns daselbst lässt.*

So hielt es auch Johann Jakob Schütz und blieb in Frankfurt. Erst im Alter von 40 Jahren heiratete er die sehr reiche Elisabeth Katherine geb. Bartels, die ihn in seiner scharfen Kritik an den Schäden der Volkskirche voll unterstützte. Seine Gegner sagten von ihr, *sie sei weit halsstarriger gewesen als ihr Mann.* Das hatte einen besonderen Grund. Mehrere aus ihrer Familie waren als Märtyrer um ihres unbeugsamen Bekenntnisses zum Evangelium willen hingerichtet worden. Das hatte diese Frau unbeugsam gemacht.

Im einzigen heute von Schütz erhaltenen Brief lesen wir: *Die werden nicht zuschanden, welche bei dem Wort der Wahrheit bleiben. Gott sei Dank, dass er den Unmündigen offenbart, was er den klugen Schriftgelehrten dieser Welt verborgen hat. Ihm sei Ehre von Ewigkeit zu Ewigkeit!*

Kurz vor seinem Tod verfolgte Schütz noch voll freudiger Hoffnung das mutige Auftreten eines Christuszeugen in Leipzig. Es war der junge Magister August Hermann Francke, eben 26 Jahre alt.

Schütz hat nur ahnen und nicht mehr erleben können, welch neues geistliches Leben mit August Hermann Francke und seinen Freunden einmal aufbrechen würde. Knapp 50 Jahre später dichtete Johann Ludwig Konrad Allendorf das Lied *Dein Wort, o Herr, bringt uns zusammen*, wo es klar und eindeutig von der wahren Gemeinschaft unter Christus heißt:

> Nur Menschen, die von Gott geboren,
> die unter einem Haupte stehn,
> die hat der Herr sich auserkoren,
> die lässt er Wunderliebe sehn,
> Gemeinschaft mit dem Vater haben
> und mit dem Sohn im Heilgen Geist,
> das ist's, was ihre Seele speist;
> nur das kann sie vollkommen laben.
>
> Der Glaubensgrund, auf dem wir stehen,
> ist Christus und sein teures Blut;
> das ein'ge Ziel, darauf wir sehen,
> ist Christus, unser höchstes Gut;
> sein Wort die Regel, die wir kennen,
> nicht dieser oder jener Ort;
> das ist's, was wir mit einem Wort
> die heilige Gemeinde nennen.
>
> Der Menschen Werk, Joch, Zwangeswalten,
> Meinung- und Formelwiderstreit,
> man kann sie nicht für Seligkeit,
> nicht für des Herrn Gemeinschaft halten.

Als Schütz 1690 auf dem Sterbebett lag, suchte ihn der Frankfurter Senior des Pfarrkollegiums, der Philipp Jakob Spener in diesem Amt gefolgt war, völlig unerwartet auf. Ob er jetzt ein Hausabendmahl wolle, das ihm vorher immer verweigert worden war? Der entkräftete Schütz war etwas überrumpelt und meinte, dazu sei er im Augenblick nach all den Vorgängen *nicht richtig disponiert*.

Der Pastor fragte weiter, wie er zum Augsburger Bekenntnis stehe. Der sterbende Schütz meinte, dazu hätte er diese Schrift nicht bedächtig genug gelesen. Er halte sich an die Bibel. Das war die letzte Begegnung mit den überaus pflichteifrigen Vertretern einer orthodoxen Amtskirche, die sicher immer korrekt und paragraphentreu nach verstaubten Erlassen und verklausulierten Gesetzestexten handelte.

Es sollte der damaligen Kirchenbehörde von Frankfurt auch vorbehalten bleiben, an der Verketzerung und Schmähung von Johann Jakob Schütz als Separatist auch noch über seinen Tod hinaus unversöhnlich festzuhalten.

Manchen Hund hat man würdiger und ehrenvoller bestattet als diesen feinsinnigen und edlen Rechtsgelehrten und Reichsrat der Stadt Frankfurt. Ausdrücklich auf Anordnung der Kirchenleitung musste der Leichnam des 50-jährigen Dr. Johann Jakob Schütz ohne Zeremonie und ohne jeden geistlichen Zuspruch für die Trauernden bei Nacht ins Grab gelegt werden.

Es wird berichtet: *Nur einige Verwandte und etliche Bekannte, welche sich seiner Schmach nicht geschämt haben, folgten der Leiche in der Dunkelheit auf den Peterskirchhof.*

In diesem Grab lag schon sein vierjähriges Töchterlein Katharina, das drei Jahre früher gestorben war. An ihrem Todestag schrieb Schütz: *Das liebreiche Kind entschlief unter dem Gebet ihres Vaters. Der Herr, unser Vater, tröste ihre Seele an seinem Ort. Sein Name sei hoch gelobt über alles!* Vier Töchter im Alter von neun, fünf, drei und einem Jahr überlebten den Vater. Die letzten Worte von Schütz bei seinem Sterben sind Psalm 119,52 entnommen: *Herr, wenn ich gedenke, wie du von Ewigkeit her die Welt gerichtet hast, so werde ich getröstet.*

In *Gott, der allen Jammer stillt,* fand dieser von angemaßter Macht und Arroganz geschmähte Jesusjünger seinen Frieden. Darum konnte er auch auf alle kirchlichen Zeremonien verzichten. Das wollte er sein Leben lang mit seinem einmaligen Loblied besingen: *Gott hat alles, wirklich alles recht gemacht!* Darum hat Schütz auch diesem Gott allein die Ehre gegeben.

Trotz viel Unrecht und Not – ausgerechnet von Seiten seiner eigenen Kirche – hat Johann Jakob Schütz erfahren, wie Gott ihn durch die Wüste dieser armen Welt führt. *Ohne Kreuz keine Krone!* Vielleicht hat dieses Wort Schütz einst bei seiner Begegnung mit dem verachteten Admiralssohn William Penn am meisten fasziniert, dessen Lebensmotto war: *No cross – no crown!*

Sein herrliches Loblied war einst durch einen Vers aus dem Lied Moses angeregt worden, das am Ende der beschwerlichen Wüstenreise Israels stand: *Ich will den Namen des Herrn preisen. Gebt unserm Gott allein die Ehre!* (5. Mose 32,3) So dichtete auch Schütz:

Der Herr ist noch und nimmer nicht
von seinem Volk geschieden;
er bleibet ihre Zuversicht,
ihr Segen, Heil und Frieden.
Mit Mutterhänden leitet er
die Seinen stetig hin und her.
Gebt unserm Gott die Ehre!

Ich will dich all mein Leben lang,
o Gott, von nun an ehren,
man soll, Gott, deinen Lobgesang
an allen Orten hören.
Mein ganzes Herz ermuntre sich,
mein Geist und Leib erfreue dich!
Gebt unserm Gott die Ehre!

So kommet vor sein Angesicht
mit jauchzenvollem Springen;
bezahlet die gelobte Pflicht
und lasst uns fröhlich singen:
Gott hat es alles wohl bedacht
und alles, alles recht gemacht.
Gebt unserm Gott die Ehre!

Als Ernst Christoph Homburg durch schwere Leiden ging

Für den Lobpreis musste das Instrument erst zerbrochen werden

Ausgerechnet Juristen, die man mehr mit trockener und korrekter Gesetzesauslegung in Verbindung bringt, haben uns sehr viele Glaubenslieder geschenkt, die in der Gemeinde Jesu unvergänglich bleiben werden.

Ernst Christoph Homburg arbeitete gerne als Rechtsanwalt. Sein Beruf führte ihn zunächst nach Dresden, dann nach Jena und schließlich nach Naumburg, wo er als Gerichtsschreiber und Rechtskonsulent sehr geschätzt war.

Aber noch mehr wurde er wegen seiner dichterischen Begabung gefeiert. Es war eine hohe Ehrung, dass Ernst Christoph Homburg 1648 sogar in die *Fruchtbringende Gesellschaft* aufgenommen wurde. Man gab ihm dort in ironischer Anspielung auf seine erotischen Lieder den Namen *der Keusche.*

Unter dem Titel *Clio* hatte er schon 1638 und 1642 zwei Sammlungen von weltlichen Gedichten herausgebracht. Darin finden sich auffallend freizügige Liebeslieder, dazu deftige Trinklieder.

1645 erschien die *Tragico-Comoedia von der verliebten Schäferin Dulcimunda* und 1658 *Wann ein Turtel-Täubelein traurig sitzt in den Matten.*

Doch dann kam plötzlich alles ganz anders. 1659 erschien eine Sammlung Lieder aus der Feder von Ernst Christoph Homburg. Jetzt waren es aber geistliche Lieder des Glaubens von außerordentlicher Tiefe. Darunter war das Passionslied:

Jesu, meines Lebens Leben,
Jesu, meines Todes Tod,
der du dich für mich gegeben
in die tiefste Seelennot,
in das äußerste Verderben,
nur dass ich nicht möchte sterben:
Tausend-, tausendmal sei dir,
liebster Jesu, Dank dafür.

Du hast lassen Wunden schlagen,
dich erbärmlich richten zu,
um zu heilen meine Plagen,
um zu setzen mich in Ruh;
ach du hast zu meinem Segen
lassen dich mit Fluch belegen.
Tausend-, tausendmal sei dir,
liebster Jesu, Dank dafür.

Nun, ich danke dir von Herzen,
Herr, für alle deine Not:
für die Wunden, für die Schmerzen,
für den herben, bittern Tod;
für dein Zittern, für dein Zagen,
für dein tausendfaches Plagen,
für dein Angst und tiefe Pein
will ich ewig dankbar sein.

Was hatte solch eine Wende im Leben des sinnlichen Dichters bewirkt?

Ernst Christoph Homburg wurde schwer krank. Eine Hautkrankheit plagte ihn schrecklich. Seine Frau Justine hatte zur gleichen Zeit ein qualvolles Steinleiden. Beide hatten kaum eine Stunde ohne schlimmste Schmerzen.

Homburg hat sich in diesen Leiden nicht gegen Gott erhoben, sondern wurde geläutert wie das Edelmetall im Feuer. Unter diesen Qualen fand Ernst Christoph Homburg wie einst der verlorene Sohn wieder heim zu seinem himmlischen Vater. In tiefer Reue wollte er jetzt nichts mehr von seinen alten Reimen wissen.

Er wusste, dass seine alten Freunde ihn nicht verstehen würden. Er ahnte schon den Spott, als sie nun verwundert und spöttisch fragten über seinem geistlichen Liederdichten: *Ist Saul auch unter den Propheten?* Davon schrieb er im Vorwort seiner Liedersammlung.

Homburg erwartete auch Vorwürfe, als ob er nur wie alle andern die *Blüte und der Jugend bestes Teil der Welt* opfern würde, *die Hefe des Alters dagegen Gott und dem Himmel.*

Darum verwies er in jenem Vorwort auf sein *angstvolles, schweres Hauskreuz.* Er erkannte es als ihm auferlegt vom *frommen und getreuen Gott nach seinem väterlichen Willen.* In diesem Kreuz hat Homburg nach seinen eigenen Worten die Kraft des Wortes Gottes entdeckt, *das am besten trösten, stärken und aufrichten kann.*

Denn Kreuz lehrt Gottseligkeit üben, und Anfechtung auf das Wort merken. Der Christ ohne Kreuz und Widerwärtigkeit ist nichts anderes als ein Schüler ohne Buch oder eine Braut ohne Kranz.

Ja, der himmlische Vater hat die Art an sich, dass er lehrt, wenn er beschwert, – viel geistliche Geheimnisse entdeckt, wenn er unser Fleisch züchtigt, – fröhlich macht, wenn er betrübt, – lebendig, wenn er tötet.

150 Lieder hat Ernst Christoph Homburg gedichtet. Einen Choral hat Johann Sebastian Bach in der Kantate *Der Herr ist mein getreuer Hirt* vertont:

Ist Gott mein Schutz und treuer Hirt,
kein Unglück mich berühren wird:
Weicht, alle meine Feinde,
die ihr mir stiftet Angst und Pein,
es wird zu eurem Schaden sein,
ich habe Gott zum Freunde.

Es ist eine Strophe aus dem Lied Ernst Christoph Homburgs:

Ist Gott mein Schild und Helfersmann,
was ist dann, das mir schaden kann?
Weicht, alle meine Feinde!
Die ihr der Schmach entgegengeht,
wie listig auch ihr mir nachsteht:
Ich habe Gott zum Freunde.

Ist Gott mein Beistand in der Not,
was kann mir schaden Sünd und Tod?
Weicht, alle meine Feinde!
Tod, Sünde, Teufel, Höll und Welt,
ihr müsset räumen doch das Feld.
Ich habe Gott zum Freunde.

1681 starb Ernst Christoph Homburg, zwei Jahre nach seiner Frau. Er hatte zuvor in dem Osterlied in Reime gefasst, welch ein Triumph das Sterben für alle ist, die zu Jesus gehören. Johann Sebastian Bach hat den Choral eindrücklich vertont:

Jesus, unser Trost und Leben,
der dem Tode war ergeben,
der hat herrlich und mit Macht
Sieg und Leben wieder bracht.
Er ist aus des Todes Banden
als ein Siegesfürst erstanden;
Halleluja, Halleluja.

Was Johann Franck aus einem weltlichen Liebeslied machte

Die große Freude des Bürgermeisters an Jesus

Es war bestimmt kein Zufall, dass Johann Franck zum Studium der Rechte an die Universität nach Königsberg zog. Die Freude am Dichten scheint Johann Franck erst richtig in dieser ostpreußischen Stadt bekommen zu haben. Und so kam dieser reich begabte junge Mann schließlich zu seiner besonderen Bedeutung als Liedermacher. Man kann sich unsere Gesangbücher ohne Johann Franck kaum vorstellen.

Die ostpreußische Stadt Königsberg war damals als einzige deutsche Stadt vom 30-jährigen Krieg nur wenig erschüttert worden.

Als polnisches Lehensgebiet profitierte das Herzogtum Preußen von der vereinbarten Waffenruhe zwischen Schweden und Polen. Es gab fast keine Kriegshandlungen oder Zerstörungen. Dort in dieser Oase des Friedens mitten im Feuerstum der schrecklichen Kriegsjahre konnten sich die Künste noch uneingeschränkt entfalten.

Johann Franck war 1618 in Guben im Tal der Lausitzer Neiße geboren, das heute unmittelbar an der Grenze nach Polen liegt. Im gleichen Jahr begann das Morden des 30-jährigen Krieges. Schon im Alter von zwei Jahren verlor Johann Franck seinen Vater, der Rechtsanwalt und Ratsherr war. Verwandte und gute Freunde unterstützten ihn kräftig und verhalfen ihm zu einer guten Schulbildung und zum Studium. So war er nach Königsberg gezogen, um Jura zu studieren. Das hat er an der Universität auch fleißig getan. Noch wichtiger für sein Leben wurde aber die Begegnung mit dem bekannten Dichter Simon Dach. Dieser hatte mit Scharfblick rasch die schlummernde dichterische Begabung bei dem jungen Jurastudenten entdeckt. Sie konnte sich in dem Dichterkreis, der sich um Dach gesammelt hatte, künstlerisch ideal entfalten. Zeitlebens blieb Johann Franck seinem Lehrer und Meister Simon Dach dankbar und in Verehrung verbunden.

Gerne wäre Johann Franck deshalb auch in Königsberg geblieben. Seine Mutter aber bat ihn dringend, wegen der schlimmen Kriegsnöte wieder in seine sächsische Heimatstadt zurückzukehren. Als langjährige böhmische Stadt war Guben 1620 von sächsischen Truppen besetzt worden. So arbeitete Johann Franck von 1640 ab zunächst als Rechtsanwalt und Ratsherr in seiner Vaterstadt Guben, bis er 1661 schließlich dort Bürgermeister wurde.

Für diesen Mann in öffentlicher Verantwortung war die Dichtkunst geistlicher Lieder eine *Säugamme der Frömmigkeit, Mehrerin der Fröhlichkeit, Verstörerin der Traurigkeit und ein Vorgeschmack himmlischer Herrlichkeit.* 110 Lieder des Glaubens hat er verfasst.

In seinem bekanntesten Lied *Jesu, meine Freude* spricht Johann Franck von *eitlen Ehren,* die er *nicht hören mag* und die ihm *unbewusst* bleiben sollen. Man kann sich gut vorstellen, wie sein verantwortungsvolles Amt ihm manchmal auch zu einer gefährlichen

Versuchung wurde, das ihn aus dem Gehorsam und der Nachfolge Jesu wegtreiben wollte.

Nun kann man bei diesem Lied des mutigen Vertrauens feststellen, dass Johann Franck dazu Vorlagen benützte, die er kunstvoll umdichtete. Aus einer Arie, einem Liebeslied an Flora, das auf den Königsberger Domorganist Heinrich Albert und den Lehrer an der Altstädtischen Schule dort, Christoph Kaldenbach, zurückgeht, schuf Franck dieses Lied. Sollte an solch einer Umdichtung etwas schlecht sein?

Die weite Beliebtheit, die sein Lied durch die Jahrhunderte gefunden hat, gibt ihm vollständig Recht. So ist gerade dieses Lied aus unserem kirchlichen Leben nicht wegzudenken.

Johann Franck hat manche originelle Formulierung in das Lied hineingedichtet, um es noch schöner und eindrücklicher zu machen. So kennen wir heute das bekannte Vertrauenslied. Und so lieben wir es.

Wie gewaltig beschreibt Johann Franck in seinem Lied die sichere Ruhe und den unbeschreiblichen Frieden, den glaubende Menschen unter dem Schirm Gottes finden, mitten in einer erzitternden Welt, wo es kracht und blitzt. Dreimal klingt dieses feste *Trotz* an, das den Schrecken des Satans, der Hölle und des Todes nicht fürchtet. Ebenso wird mit einem kurzen *Weg*! alles Elend, Not, Kreuz, Schmach und Tod einfach wie weggewischt. Jetzt wird aus allem Betrüben und Trauern *lauter Freude.*

Johann Sebastian Bach hat diesen Choral in einer Motette eindrucksvoll mit weiteren Bibelabschnitten aus Römer 8 vertont:

Jesu, meine Freude,
meines Herzens Weide,
Jesu, meine Zier:
ach, wie lang, ach lange
ist dem Herzen bange
und verlangt nach dir!
Gottes Lamm, mein Bräutigam,
außer dir soll mir auf Erden
nichts sonst Liebers werden.

Unter deinem Schirmen
bin ich vor den Stürmen
aller Feinde frei.
Lass den Satan wettern,
lass die Welt erzittern,
mir steht Jesus bei.
Ob es jetzt gleich kracht und blitzt,
ob gleich Sünd und Hölle schrecken,
Jesus will mich decken.

Weicht, ihr Trauergeister,
denn mein Freudenmeister,
Jesus, tritt herein.
Denen, die Gott lieben,
muss auch ihr Betrüben
lauter Freude sein.
Duld ich schon hier Spott und Hohn,
dennoch bleibst du auch im Leide,
Jesu, meine Freude.

Wenn man die Sprache des Lieds anschaut, weiß man, welche Erbauungsbücher Johann Franck besonders schätzte und liebte. Es sind Johann Arndts *Wahres Christentum* und sein *Paradiesgärtlein.* Sie gehören zu den am meisten verbreiteten Büchern der Weltliteratur.

Für die Lieder von Johann Franck war es ein besonderer Glücksfall, dass er eng mit Johann Crüger befreundet war. Crüger, Kantor an St. Nikolai in Berlin, hat zu den Liedern von Johann Franck und Paul Gerhardt viele bis heute gesungene Melodien geschaffen. Das von ihm herausgegebene Gesangbuch *Praxis pietatis melica* wurde mit 44 Auflagen das führende deutsche Gesangbuch im 17. Jahrhundert.

Dass Johann Franck auch mit Paul Gerhardt zusammengetroffen ist, kann man als sicher annehmen. Dazu gab auch das Amt Anlass, in das Franck 1670 berufen wurde. Als bürgerlicher Landesältester der Markgrafschaft Niederlausitz nahm er an den Ständeversammlungen in Lübben im Spreewald teil, wo Paul Gerhardt in sei-

Johann Crüger

nen letzten sieben Lebensjahren einsam als Pfarrer wirkte, allein mit seinem letzten ihm gebliebenen Sohn.

Damals war der etwas jüngere Johann Franck als Liederdichter bekannter und angesehener als Paul Gerhardt. Heute ist es genau umgekehrt. In unseren Gesangbüchern sind nur noch wenige Lieder von Johann Franck in Gebrauch. Dagegen finden sich im offiziellen lutherischen Gesangbuch der Vereinigten Staaten von Amerika noch heute fünf übersetzte Lieder von Johann Franck.

Franck starb 1677 im Alter von 59 Jahren in seiner Heimatstadt Guben, ein Jahr nach Paul Gerhardt. Seine Frau Anna war neun Jahre vor ihm gestorben.

Im Abendmahlslied Johann Francks wird jenes tiefe Geheimnis empfunden und geahnt, wenn unter Brot und Wein der ewige Herr bei sündigen Menschen einkehren will:

Schmücke dich, o liebe Seele,
lass die dunkle Sündenhöhle,
komm ans helle Licht gegangen,
fange herrlich an zu prangen!
Denn der Herr voll Heil und Gnaden
will dich jetzt zu Gaste laden;
der den Himmel kann verwalten,
will jetzt Herberg in dir halten.

Ach wie hungert mein Gemüte,
Menschenfreund, nach deiner Güte;
ach wie pfleg ich oft mit Tränen
mich nach deiner Kost zu sehnen;
ach wie pfleget mich zu dürsten
nach dem Trank des Lebensfürsten,
dass in diesem Brot und Weine
Christus sich mit mir vereine.

Jesu, wahres Brot des Lebens,
hilf, dass ich doch nicht vergebens
oder mir vielleicht zum Schaden
sei zu deinem Tisch geladen.
Lass mich durch dies heilge Essen
deine Liebe recht ermessen,
dass ich auch, wie jetzt auf Erden,
mög dein Gast im Himmel werden.

Mitten im Krieg dichtete Christian Keimann von der Freude

Meinen Jesus lass ich nicht!

Grausam wüteten die mordenden Horden der Soldaten im 30-jährigen Krieg. Sterbende lagen am Straßenrand. Andere hatten die Feinde gegriffen und ließen sie am Galgen hängen. Sinnlos, aber mit fanatischem Eifer, wurden eroberte Dörfer und Städte niedergebrannt. Man hörte das Seufzen der Kranken und Sterbenden, deren sich keiner mehr annahm. Durchziehende Truppen plünderten Felder und Häuser. Pest und Armut suchten die Letzten heim, die noch übrig geblieben waren. Überall Hunger, Leid und Verzweiflung.

14 Jahre alt war Christian Keimann, als die evangelischen Landstände Böhmens in der großen Schlacht am Weißen Berg vom katholischen König vernichtend geschlagen wurden. Danach setzte unerbittlich das grausame Auslöschen aller evangelischer Spuren und Reste ein.

1627 wurden die letzten lutherischen Prediger verjagt. Kaiser Ferdinand II. versuchte, die Evangelischen gewaltsam zur alten Religion zurückzuzwingen. Die bestehenden Gemeinden wurden zerstört. Viele evangelische Bekenner flohen ins Ausland, so auch die Familie Keimann mit ihren fünf Söhnen und einer Tochter.

Vater Keimann war zunächst armer Dorfpfarrer im böhmischen Pankraz bei Pilsen gewesen. Dort war sein ältester Sohn Christian 1607 geboren.

Später wirkte der Vater in Allendorf unweit Zittaus, aber ebenfalls auf böhmischem Boden. Hier traf ihn die volle Wucht der Verfolgung durch die kaiserliche Gegenreformation. Jetzt suchte die Familie Keimann in der nahen Heimat der Mutter, in Zittau, Zuflucht.

Es war für Vater Keimann bezeichnend, dass er nicht klagte, sondern *es als eine Ehre achtete, dass er um Christi willen solches leiden sollte.* Zeitlebens schrieb er stolz, wenn er mit seinem Namen zeichnete: *Exul Christi – ein Vertriebener um Christi willen.*

Mittellos wie er war, konnte der Vater zum Studium seines ältesten Sohnes Christian nichts beisteuern. Es müssen sehr entbehrungsreiche Jahre des Studiums in Wittenberg – einer Hochburg der Theologie – mitten im schrecklichen Krieg gewesen sein, *unter viel Armutei.*

Der Vater hatte nur ganz geringe Einkünfte und starb schon 1632 an der Pest, die in kurzer Zeit 3000 Bürger wegraffte. Es wurde viel gehungert in jenen trostlosen Kriegsjahren, die Sachsen besonders heimsuchten. Dankbar blieb Keimann dem Bürgermeister für den freien Mittagstisch, den er als junger Student zwei Jahre lang genießen durfte.

Als Christian Keimann seine Magisterprüfung 1634 mit gutem Ergebnis bestand, berief ihn kurz darauf der Magistrat von Zittau zuerst als Konrektor und dann 1639 als Rektor des dortigen Gymnasiums.

Die Arbeit als Pädagoge an der Schule sollte sein großes Lebenswerk werden. Neben christlichen Schulbüchern verfasste er verschiedene Rechenbücher, die mehrmals aufgelegt wurden.

Es herrschte damals schlimmste Armut in der Stadt Zittau, die von sächsischen Truppen gestürmt und brutal geplündert worden war. Erpresst und besetzt von grausamen Soldaten litt die Bevölkerung unsagbar. Es gab nichts mehr zu essen. Viele flohen.

Auch die Schweden und die kaiserlichen Truppen suchten als Feinde noch schlimm die Stadt Zittau heim. Erst als die fürchterlichen Kriegsnöte ein Ende hatten, konnte sich das Gymnasium richtig entfalten, das Keimann als verantwortlicher Leiter durch die schweren Jahre bringen musste.

In seinen Liedern und Gedichten wollte Christian Keimann junge Menschen mit dem Wort Gottes vertraut machen. Seine dichterische Gabe war schon im Studium von einem Poesieprofessor entdeckt und gefördert worden. Später wurde er dafür mit kaiserlichem Dichterlorbeer geehrt.

Damals wurde an den höheren Schulen häufig lateinisch oder deutsch Theater gespielt. Das war für die Schüler eine gute Übung im Auftreten vor vielen Zuhörern. Keimann hat zu diesem schulischen Zweck *geistliche Schulkomödien* getextet und auch aufgeführt, um den Schülern wichtige ethische oder biblische Wahrheiten bewusst zu machen. In dieser Tradition entstand 1645 für seine Schüler auch das Weihnachtsspiel mit dem Titel *Der neugeborene Jesus, den Hirten und Weisen geoffenbart.* Darin findet sich das bekannte Lied:

Freuet euch, ihr Christen alle,
freue sich, wer immer kann;
Gott hat viel an uns getan.
Freuet euch mit großem Schalle,
dass er uns so hoch geacht',
sich mit uns befreund't gemacht.
Freude, Freude über Freude:
Christus wehret allem Leide.
Wonne, Wonne über Wonne:
Christus ist die Gnadensonne.

Jesu, wie soll ich dir danken?
Ich bekenne, dass von dir
meine Seligkeit herrühr;
so lass mich von dir nicht wanken;
nimm mich dir zu eigen hin,
so empfindet Herz und Sinn
Freude, Freude über Freude:
Christus wehret allem Leide.
Wonne, Wonne über Wonne:
Christus ist die Gnadensonne.

Das wollte Keimann seinen Schülern zeigen und wichtig machen: Wie die Geburt Jesu an Weihnachten sündigen Menschen eine ganz neue Wertschätzung Gottes und eine unverdiente Würde bringt. Das ist allein der Grund der großen, nicht endenden Freude.

Und dann klingt in der vierten Strophe, zwei Jahre vor dem Ende des 30-jährigen Krieges, die große Sehnsucht nach einem baldigen und wirklich echten Frieden im neuen Jahr auf:

Jesu, nimm dich deiner Glieder
ferner noch in Gnaden an:
schenke, was man bitten kann,
zu erquicken deine Brüder;
gib der ganzen Christenschar
Frieden und ein selges Jahr.
Freude, Freude über Freude:
Christus wehret allem Leide.
Wonne, Wonne über Wonne:
Christus ist die Gnadensonne.

Mit diesem überschwänglichen Freudenlied hat Christian Keimann den Gemeinden das wichtigste Weihnachtslied des 17. Jahrhunderts geschenkt. Es war das beliebteste und damals am meisten gesungene Weihnachtslied. Die herrliche Melodie dazu stammt von Andreas Hammerschmidt, der wie Keimann aus Böhmen vertrieben war. Sie hat zur weiten Verbreitung des Weihnachtslieds kräftig beigetragen.

Andreas Hammerschmidt lebte und wirkte als Kantor an der Johanneskirche in Zittau und gehört nach Heinrich Schütz zu den beliebtesten Musikern seiner Zeit.

Als 1656 der sächsische Kurfürst Johann Georg im Alter von 72 Jahren starb, war das Volk tief betroffen. 55 Jahre lang hatte er die Geschicke seines Landes geführt, besonders in den grausamen Kriegsjahren.

Beim Sterben begleitete ihn sein Oberhofprediger und fragte ihn, ob er noch Jesus im Herzen trage. Und ob er sich noch zu dem Lied *Von Gott will ich nicht lassen* bekenne, das er früher so gerne gesungen hatte.

Fest und gewiss antwortete der sterbende Kurfürst: *Meinen Jesus lass ich nicht!* Und wenig später betete er dann: *Ach Jesus, erbarme dich meiner. Jesus, ich lasse dich nicht! Herr Jesus, dir leb ich, dir sterb ich, dein bin ich tot und lebendig. Amen.* Das waren seine letzten Worte.

Wenig später hat Rektor Christian Keimann ein Glaubenslied gedichtet, in dem jede Strophe mit einem Wort dieses letzten Bekenntnisses des sterbenden Kurfürsten beginnt und dann auch endet.

Meinen Jesus lass ich nicht;
weil er sich für mich gegeben,
so erfordert meine Pflicht,
unverrückt für ihn zu leben.
Er ist meines Lebens Licht;
meinen Jesus lass ich nicht.

Jesus lass ich nimmer nicht
hier in diesem Erdenleben;
ihm hab ich voll Zuversicht,
was ich bin und hab ergeben.
Alles ist auf ihn gericht';
meinen Jesus lass ich nicht.

Lass vergehen das Gesicht,
Hören, Schmecken, Fühlen weichen;
lass das letzte Tageslicht
mich auf dieser Welt erreichen:
wenn der Lebensfaden bricht,
meinen Jesus lass ich nicht.

Ich werd ihn auch lassen nicht
wenn ich nun dahin gelanget,
wo vor seinem Angesicht
meiner Väter Glauben pranget.
Mich erfreut sein Angesicht;
meinen Jesus lass ich nicht.

Nicht nach Welt, nach Himmel nicht
meine Seel sich wünscht und sehnet;
Jesum wünscht sie und sein Licht,
der mich hat mit Gott versöhnet,
mich befreiet vom Gericht;
meinen Jesus lass ich nicht.

Jesus lass ich nicht von mir,
geh ihm ewig an der Seiten;
Christus lässt mich für und für
zu dem Lebensbächlein leiten.
Selig, wer mit mir so spricht:
Meinen Jesus lass ich nicht.

In der letzten Strophe hat er als besonderes dichterisches Kunststück auch noch in den Zeilenanfängen die ersten Buchstaben eingeflochten: **J**ohann **G**eorg **Ch**urfürst **zu S**achsen.

Ursprünglich hatte Christian Keimann in der ersten Strophe gedichtet:

So erfordert meine Pflicht
klettenweis an ihm zu kleben.

Christian Keimann nahm mit dieser bildhaften Formulierung des Haftens einer Klette Bezug auf das letzte Wort der hundert Jahre vorher gestorbenen Herzogin Katharina von Sachsen. Sie sagte damals, was im Volk tiefen Eindruck machte und im Gedächtnis blieb: *Ich will an meinem Herrn Christus klebend bleiben wie die Klette am Rock!*

Über dem letzten Lebensabschnitt von Christian Keimann liegt ein dunkler Schatten schwerer Anfechtungen. Was es genau war, wissen wir nicht. Da wird von *Umständen absonderlicher Art* berichtet, die ihm *einen tödlichen Seelenkummer* bereiteten. Je länger diese unheimliche Last auf ihm lag, umso mehr litt er auch bis ins Körperliche darunter.

Im Januar 1662 starb Christian Keimann. Auch er hatte von Jesus nicht gelassen bis in seine Todesstunde – aller Finsternis und Anfechtung zum Trotz.

Noch zwei Tage vor seinem Tod hat er seinen Schülern als Versübung ein Abschiedswort diktiert, *eines gelehrten Mannes letzte Rede aus seinem Grab.*

Der kranke Simon Dach und seine Dichterfreunde in der Gartenlaube von Königsberg

Heiter und lebensfroh im Angesicht des Todes

Königsberg, diese immer etwas mit Danzig rivalisierende Stadt in Ostpreußen, erlebte im 30-jährigen Krieg wegen des verhältnismäßig stabilen Friedens eine außergewöhnliche Blüte der Kunst und der Wissenschaften. Wie zu keiner anderen Zeit war die Universität von vielen jungen Menschen stark besucht.

Dort wohnte auch der damals schon sehr geachtete Dichter Simon Dach. Er stammte aus Memel und hatte in Königsberg die Schule besucht. Aus Angst vor der Pest zog er 1620 für drei Jahre nach Wittenberg und anschließend nach Magdeburg. Von dort schlug er sich mitten durch Kriegswirren und Pestepidemien auf vielen Umwegen durch bis in seine Heimatstadt Königsberg. Mit 21 Jahren begann der musische Student, der so gern Geige spielte, mit dem Studium der Theologie und der Philosophie.

Über tausend Lieder von Liebe und Treue hat er gedichtet. Das Lied der bräutlichen Liebe vom *Ännchen von Tharau*, das er einem Freund zur Hochzeit in ursprünglich samländischem Dialekt schenkte, gehört zu den beliebtesten Volksliedern. Darin besingt Simon Dach, wie Liebe sich unter den heftigen Schlägen des Unwetters erst festigt: *Krankheit, Verfolgung, Betrübnis und Pein soll unsrer Liebe Verknotigung sein.* Und das Lied schließt mit der Strophe:

Würdest du gleich einmal von mir getrennt,
lebtest da, wo man die Sonne kaum kennt:
Ich will dir folgen durch Wälder und Meer,
Eisen und Kerker und feindliches Heer.
Ännchen von Tharau, mein Licht, meine Sonn,
mein Leben schließt sich um deines herum.

Unvergesslich bleibt auch Simon Dachs Lied von der Freundschaft:

Der Mensch hat nichts so eigen,
so wohl steht ihm nichts an,
als dass er Treu erzeigen
und Freundschaft halten kann,
wenn er mit seinesgleichen
soll treten in ein Band,
verspricht sich, nicht zu weichen
mit Herzen, Mund und Hand.

Gott stehet mir vor allen,
die meine Seele liebt;
dann soll mir auch gefallen,
wer sich mir herzlich gibt.
Mit diesen Bundsgesellen
verlach ich Pein und Not,

geh auf den Grund der Höllen
und breche durch den Tod.

Simon Dach verdiente von 1633 ab etwas Geld als Lateinlehrer an der Domschule. Später wurde er Konrektor, was für seine angeschlagene Gesundheit schon sehr hart war. Er wäre auch fast an dieser schweren Aufgabe erlegen, wenn er nicht 1639 eine Professur für Poesie an der Universität bekommen hätte. Schließlich wurde er Rektor der Universität. Um ihn bildete sich ein geachteter Dichterkreis, der neben dem gesellschaftlichen Lied auch die geistlichen Gesänge pflegte.

Es war der befreundete Domorganist Heinrich Albert, der es meisterhaft verstand, zu den Versen von Simon Dach die schönsten Melodien zu komponieren. Ihm gelang es, Text und Ton harmonisch zu einstimmigen Arien zu verbinden und damit wesentliche Stücke des deutschen Volksliedes zu schaffen. Von Simon Dach wird bis heute noch in manchen Gruppen das Lied gesungen *Wen hab ich, Herr, als dich allein,* wo es in der letzten Strophe heißt:

Ich weiß und glaub's gewiss, mein Heil,
du lässest mich, dein wahres Teil,
in deinen Wunden Zuflucht finden.
Darinnen acht ich keine Not,
weil weder Hölle, Feind noch Tod
des Glaubens Kraft mag überwinden.
Dieweil ich lebte, war ich dein;
jetzt kann ich keines andern sein.

Aus Anlass der Beerdigung des gläubigen Königsberger Bürgermeisters Lepner dichtete Simon Dach das lange Zeit beliebte Ewigkeitslied *O wie selig seid ihr doch, ihr Frommen.* Sein Leben lang war er selbst oft schwer krank. Er litt unter Atemnot und Schmerzen in der Brust und auch unter häufigen Anfällen von Schwermut.

In dem Garten des Domorganisten Heinrich Albert vor den Toren Königsbergs trafen sich meist die Freunde, um sich neue Reimereien vorzulesen. Auf den Kürbissen der Laube hatte Heinrich

Albert ihre Namen eingeritzt, dazu jeweils passende kurze Verse. Die Reime vertonte er dann auch und gab sie mitten im 30-jährigen Krieg heraus als *Musikalische Kürbishütte, welche uns erinnert an menschliche Hinfälligkeit.*

Mit dem Bezug zu den Kürbissen sollte wohl unter Anspielung auf die abgestorbene Staude des Propheten Jona auch an die Hinfälligkeit menschlichen Lebens erinnert werden. Kennzeichnend für diesen Freundeskreis war, trotz aller heiteren Lebensfreude, die starke Betonung des Todes und der Vergänglichkeit allen Lebens. Die Freunde, es waren etwa ein Dutzend, nannten sich selbst *die der Sterblichkeit eifrig Zugewandten.* So klingen auch ihre Reime:

> Wenn der raue Herbst nun kommt,
> fall ich ab und muss verderben:
> Wenn dein Ziel dir ist bestimmt,
> armer Mensch, so musst du sterben.

Daneben finden sich Naturlieder, viele Lieder von Liebe und Treue. Diese weltlichen Verse wurden als *Arien* gesammelt und vertont herausgegeben. Bei aller Freundschaft und Liebe und der Freude an der Schönheit der Schöpfung sollte der Güte Gottes gedacht und ihm als dem Ursprung aller guten Gaben gedankt und sein Name gelobt werden. Es war beeindruckend, wie nüchtern sich hier Freude an der Schönheit der Welt mit dem Schrecken des Sterbens und dem Ernst der Ewigkeit verband.

Diese Dichter, die sich um Simon Dach in der kürbisumrankten Gartenlaube von Heinrich Albert trafen, waren angesehene Persönlichkeiten des öffentlichen Lebens: Juristen, Mediziner, Professoren, Lehrer, Pfarrer, Musiker.

Ein Jahr nach seiner Anstellung als Professor an der Universität konnte sich Simon Dach verheiraten. Sieben Kinder wurden der Ehe geschenkt.

Auch wenn die Schrecken des 30-jährigen Krieges Ostpreußen nicht so furchtbar heimsuchten, wie andere Gebiete Deutschlands, so verarmte das Land immer mehr. Hunger und Seuchen kamen über das Land. Viele starben an der Pest.

Im Alter von 54 Jahren starb Simon Dach 1659, nachdem er ein ganzes Jahr schwindsüchtig im Bett liegend gepflegt werden musste.

Ein weiterer Dichter, der diesem Freundeskreis nahe stand, lebte zu dieser Zeit in Königsberg. Es war Valentin Thilo, der 1620 im Alter von 13 Jahren beide Eltern durch die Pest verloren hatte. Sein Vater war Pfarrer an der Altstädtischen Kirche in Königsberg gewesen.

Valentin Thilo

Thilo wurde Rhetorikprofessor in Königsberg, ein Kollege also von Simon Dach. Bescheiden, wie er war, nahm er das Amt nicht gleich an, sondern erbat sich eine zweijährige Bedenkzeit. Er benützte diese Jahre, um sich an der Universität von Leyden gründlich auf diese verantwortungsvolle Aufgabe vorzubereiten.

In seiner Familie erlebte er schockierend die Macht des Todes. Relativ spät, im Alter von 36 Jahren, hatte er seine Frau geheiratet, die Witwe eines Ratsherrn. Ganz plötzlich starben seine beiden hoffnungsvollen Kinder, ein Junge namens Albert und seine Tochter Maria, fast zur gleichen Zeit. Auch seine Schwester, eine erst kürzlich verheiratete Pfarrfrau, musste er begraben, als sie 1639 an der Pest starb. Im Sterben noch hatte sie von der Freude auf das Heimkommen zu Jesus gesprochen und voll Zuversicht bekannt: *Wer kann uns scheiden von der Liebe Gottes?*

Valentin Thilo schuf auf dem Hintergrund der Bußpredigt von Johannes dem Täufer das Adventslied:

Mit Ernst, o Menschenkinder,
das Herz in euch bestellt,
bald wird das Heil der Sünder,
der wunderstarke Held,
den Gott aus Gnad allein
der Welt zum Licht und Leben
versprochen hat zu geben,
bei allen kehren ein.

Ein Herz, das Demut liebet,
bei Gott am höchsten steht;
ein Herz, das Hochmut übet,
mit Angst zugrunde geht;
ein Herz, das richtig ist
und folget Gottes Leiten,
das kann sich recht bereiten,
zu dem kommt Jesus Christ.

Ach mache du mich Armen
zu dieser heilgen Zeit
aus Güte und Erbarmen,
Herr Jesu, selbst bereit.
Zieh in mein Herz hinein
vom Stall und von der Krippen,

so werden Herz und Lippen
dir allzeit dankbar sein.

Im Lauf seiner 28-jährigen Lehrtätigkeit hatte er bedeutende wissenschaftliche Bücher verfasst. In den letzten Jahren seines Lebens wurde Valentin Thilo heftig von der Gicht geplagt. Angesichts des Todes verbat er sich als Senior der Fakultät, fünfmaliger Dekan und zweimaliger Rektor jeden Pomp bei der Beerdigung. Nur mit einem weißen Leintuch sollte sein Leichnam bedeckt sein, der Kopf sollte in einem Kranz frischer Blumen ruhen. Diese Zeichen sollten an Gottes Treue erinnern, die verheißen hat: *Euer Gebein soll grünen wie Gras* (Jesaja 66, 14). Thilo starb 1662 in Königsberg im Alter von 55 Jahren.

Heinrich Albert auf der Flucht vor dem 30-jährigen Krieg

Freude an der starken, schützenden Hand Gottes

Verglichen mit den grauenhaften Verwüstungen des 30-jährigen Krieges in vielen Teilen Deutschlands ist Ostpreußen relativ glimpflich davongekommen. Zwar breiteten sich auch hier die verheerenden Pestseuchen mit unzähligen Todesopfern aus, aber von den grausamen Zerstörungen der plündernden und niederbrennenden Soldatenhorden, die andere Gebiete Deutschlands heimsuchten, blieb es weitgehend verschont. Das preußische Herzogtum stand unter polnischer Lehenshoheit. Und Polen hatte mit Schweden die meiste Zeit eine Waffenruhe vereinbart.

Das war der Grund, warum Heinrich Albert 1626 nach Königsberg floh. Er wollte *in den Wohnsitz der Musen, da sie in Deutschland vom Krieg verjagt wurden*, wie er selbst sagte.

Zunächst aber verlief sein Aufenthalt dort gar nicht friedlich. Aus Abenteuerlust hatte sich Heinrich Albert einer holländischen Friedensdelegation nach Warschau angeschlossen, die aber in Gefangenschaft geriet und manches durchmachen musste.

Als er 1628 freikam, widmete er sich in Königsberg seiner Musik. Durch den Kapellmeister und Komponisten Johannes Eccard und seine *Preußische Tonschule* wurde diese Stadt schon von 1580 an für 100 Jahre zum Mittelpunkt evangelischer Kirchenmusik. In einer Liedsammlung Eccards erschien zum ersten Mal das beliebte Abendlied *Mein schönste Zier und Kleinod bist auf Erden du, Herr Jesu Christ*, dessen Dichter man aber nicht kennt.

Wer war dieser Heinrich Albert? Er stammte aus einer angesehenen Familie und war im Jahr 1604 in Lobenstein im Vogtland geboren, wo sein Vater als Rentmeister für die kommunale Steuererhebung verantwortlich war. Seine Mutter war eine Tochter des Bürgermeisters von Gera.

Bis zu seiner Schulzeit in Gera hatte Heinrich Albert wenig musiziert. Dann aber erwachte in ihm der große Wunsch, bei seinem

Vetter Heinrich Schütz, diesem herausragenden Musiker seines Jahrhunderts, Musik zu studieren. So zog er 1622 zu Schütz nach Dresden, um das Komponieren zu lernen. Seine Eltern waren aber völlig gegen dieses Studium. Sie verlangten von ihrem Sohn, dass er einen anständigen Beruf erlerne. So musste er – wie übrigens auch einst Heinrich Schütz – nach einem Jahr seine *musikalische Liebhaberei* abbrechen und trockene Jura in Leipzig studieren. Sicher war dies auch mit ein Grund für die Flucht nach Königsberg.

Heinrich Albert hatte in diesem einen Jahr bei Heinrich Schütz und dem Thomaskantor Johann Hermann Schein ganz wichtige musikalische Anstöße bekommen. Jetzt benutzte er das rege kirchenmusikalische Leben von Königsberg und bildete sich bei dem berühmten Kapellmeister und Komponisten Johannes Stobäus weiter, der als Musikdirektor an der Domschule lehrte. Der hatte die bekannte Melodie zu dem Lied *Such, wer da will, ein ander Ziel* komponiert, allerdings ursprünglich für ein Hochzeitslied.

Vom Rat der Stadt berufen, wirkte Heinrich Albert zunächst einige Monate probeweise und von 1631 ab fest als Organist am Dom. Das neideten ihm viele, die auch gerne diesen Posten erhalten hätten. Es bildeten sich regelrechte Feindschaften, die ihm das Leben ziemlich sauer machten.

Umso wichtiger wurde für ihn die enge und vertrauensvolle Freundschaft mit dem Dichter Simon Dach. In seiner Nähe fühlte sich Heinrich Albert wohl. Albert vertonte die Verse von Simon Dach und wurde mit seinen Arien so zum Schöpfer des deutschen Volkslieds.

Heinrich Albert hatte sich draußen vor dem Stadttor ein Gärtchen unmittelbar am Wasserlauf der Pregel auf einer ehemaligen Schwedenschanze angelegt. Eine geräumige Laube lud zum Sitzen ein. Statt Weintrauben wuchsen Kürbisranken empor, voll mit großen Früchten. Dort trafen sich seit 1636 die Dichterfreunde, alles angesehene Persönlichkeiten des öffentlichen Lebens: Juristen, Mediziner, Professoren, Lehrer, Pfarrer, Musiker.

Hier verfasste Heinrich Albert auch sein herrliches Morgenlied, das sich stark an Luthers Morgensegen anlehnt. Es durchbricht die landläufige Melancholie und Resignation, die für die Jahre des

30-jährigen Krieges nur zu verständlich sind. Die dunklen Schatten einer trostlosen Zukunft werden vom strahlenden Licht durchbrochen, wenn man selbst aus einem Leben der Sünde ausbricht und das neue Leben mit Christus ergreift. Das ist dann im doppelten Sinn ein wirkliches Morgenlied!

Auch die Melodie dazu hat der begabte Heinrich Albert selbst komponiert:

Gott des Himmels und der Erden,
Vater, Sohn und Heilger Geist,
der es Tag und Nacht lässt werden,
Sonn und Mond uns scheinen heißt,
dessen starke Hand die Welt
und, was drinnen ist, erhält:

Gott, ich danke dir von Herzen,
dass du mich in dieser Nacht
vor Gefahr, Angst, Not und Schmerzen
hast behütet und bewacht,
dass des bösen Feindes List
mein nicht mächtig worden ist.

Führe mich, o Herr, und leite
meinen Gang nach deinem Wort;
sei und bleibe du auch heute
mein Beschützer und mein Hort.
Nirgends als von dir allein
kann ich recht bewahret sein.

Deinen Engel zu mir sende,
der des bösen Feindes Macht,
List und Anschlag von mir wende
und mich halt in guter Acht,
der auch endlich mich zur Ruh
trage nach dem Himmel zu.

Heinrich Albert heiratete 1629, im Jahr bevor er Domorganist wurde, seine Elisabeth. Mit ihr hat er manches Leid durchlitten. So war es ein großer Schmerz für die Eltern, dass von ihren sechs Kindern zwei starben.

Auch war die Besoldung als Domorganist bescheiden, ja kümmerlich. Dennoch harrte Heinrich Albert in diesem Amt aus.

Über seine 18 Kirchenlieder sagte Albert: *Man solle nicht meinen, dass er denken würde, mit diesen Melodien große Kunst an den Tag zu legen.* So bescheiden und demütig dachte und lebte er. Das war seine Glaubenshaltung.

Im Herbst 1651 befiel Heinrich Albert hohes Fieber. Er dichtete noch ein Lied auf den Tod einer Mutter, das mit den Worten schloss:

Und stets bereitet stehn, wann Gott will, abzuscheiden.
Ach möchte dieses auch mein Schwanengesang nur sein!

Kurz darauf, am 6. Oktober 1651, starb er im Alter von nur 47 Jahren, zehn Wochen bevor sein jüngstes Töchterlein geboren wurde.

Georg Weissel – schon nach 12 Dienstjahren als Pfarrer gestorben

Kein anderer Nothelfer als Jesus allein!

Am 3. Advent 1623 wurde Georg Weissel als Pfarrer in der neu erbauten Alt-Roßgärtner-Kirche in Königsberg eingeführt. Er hatte an diesem Tag über das Evangelium von Johannes dem Täufer zu predigen, an den traditionell an diesem Adventssonntag gedacht wird.

Im Abschnitt aus dem 11. Kapitel des Matthäusevangeliums wird von heftigen Anfechtungen und bohrenden Zweifeln berichtet, die von den Anhängern Johannes des Täufers vorgetragen werden, als sie zu Jesus kamen: *Bist du, der da kommen soll, oder sollen wir eines anderen warten?*

Aus diesem Anlass schuf Georg Weissel im Alter von 33 Jahren das bekannte Lied:

Such, wer da will, ein ander Ziel,
die Seligkeit zu finden.
Mein Herz allein bedacht soll sein,
auf Christus sich zu gründen.
Sein Wort sind wahr, sein Werk sind klar,
sein heilger Mund hat Kraft und Grund,
all Feind zu überwinden.

Meins Herzens Kron, mein Freudensonn
sollst du, Herr Jesu, bleiben;
lass mich doch nicht von deinem Licht
durch Eitelkeit vertreiben;
bleib du mein Preis, dein Wort mich speis,
bleib du mein Ehr, dein Wort mich lehr,
an dich stets fest zu glauben.

Wend von mir nicht dein Angesicht,
lass mich im Kreuz nicht zagen;

weich nicht von mir, mein höchste Zier,
hilf mir mein Leiden tragen.
Hilf mir zur Freud nach diesem Leid;
hilf, dass ich mag nach dieser Klag
dort ewig dir Lob sagen.

Mit diesem eindeutigen persönlichen Bekenntnis wollte Georg Weissel seiner Gemeinde sagen, wie er sein Amt versteht und führen will. Er wollte Zweifelnde zu Jesus führen, der allein volle Klarheit und Erkenntnis des Heils schenkt.

Es gibt keinen anderen Grund des Glaubens, kein anderes Heil und keinen sonstigen Namen, durch den Menschen gerettet werden. Die Worte und Werke Jesu sind nicht rätselhaft und dunkel, sondern hell und wahr. Und so schließt das Lied mit einem demütigen und innigen Gebet.

Die zuversichtliche Melodie stammt vom Königsberger Kirchenmusiker Johann Stobäus, der zunächst als Domkantor und später als Kapellmeister sehr angesehen und geachtet war.

Johann Stobäus

Längst ist dieses Lied kein Adventslied mehr, sondern ein wegweisendes Bekenntnislied, das Suchende zum festen Vertrauen in Jesus einlädt.

Bevor Weissel das Pfarramt in einem stark wachsenden Stadtteil von Königsberg antrat, war er Rektor im ostpreußischen Friedland. Er wurde 1590 in Domnau in Preußen geboren und gehörte beim erlauchten Königsberger Dichterkreis um Simon Dach zu den ersten Gründungsmitgliedern.

Das andere Lied, das Georg Weissel nach Psalm 24 gedichtet hat, bekam 1704, also über 80 Jahre nach seiner Entstehung, durch Pietisten in Halle die kräftige und festliche Melodie im rhythmischen Dreivierteltakt, mit der das Lied untrennbar verbunden ist. Weit verbreitet wurde es erst im 19. Jahrhundert und gehört noch heute zu den beliebtesten Adventsliedern:

Macht hoch die Tür, die Tor macht weit!
Es kommt der Herr der Herrlichkeit,
ein König aller Königreich,
ein Heiland aller Welt zugleich,
der Heil und Leben mit sich bringt.
Derhalben jauchzt, mit Freuden singt:
Gelobet sei mein Gott,
mein Schöpfer reich von Rat.

O wohl dem Land, o wohl der Stadt,
so diesen König bei sich hat.
Wohl allen Herzen insgemein,
da dieser König ziehet ein.
Er ist die rechte Freudensonn,
bringt mit sich lauter Freud und Wonn.
Gelobet sei mein Gott,
mein Tröster früh und spat.

Komm, o mein Heiland Jesu Christ,
meins Herzens Tür dir offen ist.
Ach zieh mit deiner Gnade ein;

dein Freundlichkeit auch uns erschein.
Dein Heilger Geist uns führ und leit
den Weg zur ewgen Seligkeit.
Dem Namen dein, o Herr,
sei ewig Preis und Ehr.

Als Georg Weissel im Alter von 45 Jahren nach nur zwölf Jahren Wirksamkeit in seinem Pfarrdienst 1635 in die Ewigkeit abberufen wurde, konnte der Tod nicht seine Freude an Jesus und der Kraft des Evangeliums auslöschen. Bis heute gehört zu den sieghaften Osterliedern jener Choral, den Georg Weissel in seiner Originalfassung gedichtet hat:

O Tod, wo ist dein Stachel nun?
Wo ist dein Sieg, o Hölle?
Was kann uns jetzt der Teufel tun,
wie grausam er sich stelle?
Gott sei gedankt, der uns den Sieg
so herrlich hat nach diesem Krieg
durch Jesus Christ gegeben!

Es war getötet Jesus Christ,
und sieh, er lebet wieder.
Weil nun das Haupt erstanden ist,
stehn wir auch auf, die Glieder.
So jemand Christi Worten glaubt,
im Tod und Grabe der nicht bleibt;
er lebt, ob er gleich stirbet.

Friedrich von Spee und sein Kampf gegen den Hexenwahn

O Heiland, reiß die Himmel auf!

Missionar in Indien wollte Friedrich Spee schon als Kind werden. *Dem Gekreuzigten zuliebe keine noch so erniedrigende Arbeit, nichts Ekelerregendes und keine Schmerzen scheuen.* Diese *verzehrende Leidenschaft glühte immer heftiger und heißer* in dem jungen Jesuiten.

Indien und jene fernen Länder haben mir das Herz verwundet, schrieb er an seinen Ordensgeneral in Rom. Doch der bremste den jungen Heißsporn und verwehrte ihm den Weg der kühnen Missionare, die damals in den fernen Osten auf den Spuren des großen Missionspioniers Franz Xavier aufbrachen.

Stattdessen wurde Friedrich Spee als Gymnasiallehrer nach Speyer und Worms gesandt. Als Angehöriger des katholischen Ordens der *Societas Jesu* war er das Gehorchen gewohnt, auch wenn er immer ein gespanntes Verhältnis zu seinen Vorgesetzten hatte.

Friedrich Spee von Langenfeld stammte aus einer adligen Familie. Sein Vater war Burgvogt der alten Kaiserpfalz am Rhein in der Nähe von Düsseldorf. Dort ist er 1591 in Kaiserswerth geboren. Von Jesuiten, der kirchlichen Elite, in Köln humanistisch gebildet und erzogen, führte der Weg des hoch begabten Studenten zunächst nach Trier, wo er als Novize in den Jesuitenorden eintrat. In Würzburg studierte er Philosophie und in Mainz Theologie. 1622 empfing er dort die Weihe zum Priesteramt.

Dass Glaube, Hoffnung, Liebe praktiziert und mitten in den sozialen Nöten der Zeit angewandt werden, darauf drang Spee als Professor für Moraltheologie in Paderborn. *Alles ist gesagt zum Tun, nicht zum Lesen*, schrieb Spee in seinem *Güldenen Tugend-Buch*, das aber erst 14 Jahre nach seinem Tod erschienen ist.

Von 1628 ab wurde Spee als Kämpfer für die Re-Katholisierung in der Grafschaft Peine eingesetzt. Bei dieser Kampagne der Gegenreformation mussten drei hartnäckig bekennende Evangelische innerhalb einer Woche das Gebiet verlassen. Dass sie ihren Grundbesitz nur Katholiken vermachen durften, war dabei eine der brutalen Maßnahmen. *Solche Leute sind einer milderen Hand nicht würdig*, meinte auch Spee. *Auf einen harten Klotz gehört ein grober Keil.*

Dennoch soll Spee nicht fanatisch auf Machtmittel gesetzt haben, sondern auf Überzeugung. Als Volksseelsorger bekümmerte ihn das verwilderte Volk, das durch die Verwüstungen des 30-jährigen Krieges immer mehr verrohte.

Als Spee an einem Sonntagmorgen auf einem Waldpfad zum Gottesdienst ritt, wurde er von einem bewaffneten Reiter überfallen. Auch wenn die abgefeuerten Kugeln der Pistole ihr Ziel verfehlten, wurde Spee doch durch den Pistolenkolben am Kopf und von Degenstichen am Körper verletzt. Dennoch wollte er, notdürftig verbunden, unbedingt den angesetzten Gottesdienst halten. Es war der 29. April 1629, Sonntag Misericordias Domini – vom Guten Hirten. Spee las das Evangelium des Sonntags und begann seine Predigt: *Nun urteilt selbst, ob ich ein guter Hirte oder ein Mietling bin!*

Singt doch, singt!, rief Spee der Gemeinde zu. Singt das Lied *Großer Gott, wir loben dich!* Dann wurde er durch den großen Blutverlust ohnmächtig. Den Attentäter hat man nie gefasst.

Das Singen war Spee sein Leben lang wichtig. Mit seiner brennenden Jesusliebe nannte man ihn einen *göttlichen Minnesänger*. In seiner Sammlung *Trutz-Nachtigall* sang er von seiner Jesusliebe und rief die ganze Welt zum Lob Gottes auf. Die ganze Schöpfung, Blumen und Blätter, Vögel und Tiere, Sterne am Himmel und Sandkörner am Meeresstrand müssen Gott zur Ehre jubilieren. *Hier muss die Musik himmlisch sein!*

Schon 1622 veröffentlichte Friedrich Spee Weihnachtslieder in der Sammlung *Das allerschönste Kind in der Welt*. Andere erschienen erst nach seinem Tod im *Geistlichen Psälterlein*, so auch dieses:

Zu Bethlehem geboren
ist uns ein Kindelein,
das hab ich auserkoren,
sein Eigen will ich sein,
eia, eia, sein Eigen will ich sein.

In seine Lieb versenken
will ich mich ganz hinab;
mein Herz will ich ihm schenken
und alles, was ich hab,
eia, eia, und alles, was ich hab.

1627 wurde Friedrich Spee immer stärker mit dem grausamen Unrecht der Hexenprozesse konfrontiert. In Köln war, kurz bevor Spee dorthin versetzt wurde, eine hübsche und vermögende Witwe der Hexerei bezichtigt worden. Sie ließ jedoch die Verdächtigungen nicht auf sich sitzen, sondern wehrte sich. Doch genau damit löste sie immer neue und unsinnige Beschuldigungen aus. In einer Art Hysterie behaupteten jetzt die Leute, diese Frau hätte Menschen vergiftet, Kinder durch Zauber getötet, Unheil herbeigeführt, Priester mit sündhaften Träumen verführt.

Trotz dreimaliger grausamer Folter hatte die Frau kein Geständnis abgelegt. Beistand durch einen Anwalt war ihr nicht gestattet. Unter der unsinnigen Anschuldigung, eine Hexe zu sein, war sie öffentlich verbrannt worden.

Jetzt wurde der juristisch erfahrene Spee tätig. Als Beichtvater ging er zu den verurteilten Hexen in die dunklen Gefängnislöcher. Dort fassten die durch furchtbare Folter körperlich und seelisch misshandelten Frauen Zutrauen zu Pater Friedrich Spee. Er erfuhr, dass alle angeblichen Geständnisse nur unter unerträglichen Qualen erzwungen worden waren. Unheimlicher Aberglaube hatte zu hysterischem Wahn geführt.

Manche meinen, dass sadistische Folterknechte am Anfang der Neuzeit zwischen dem 15. und 18. Jahrhundert bis zu einer Million unschuldige Frauen als Hexen grausam verbrannt hätten. Spee berichtet, *man wird sich leicht ausmalen können, mit was für Gefühlen ich solch bejammernswerten Tod mit angesehen habe.*

Und er erzählt von seinen schlaflosen Nächten: *Gott weiß es, wie oft ich das unter tiefen Seufzern in durchwachten Nächten überdacht habe, und mir doch keine Mittel einfallen wollten, der Wucht der öffentlichen Meinung Einhalt zu gebieten.*

Reiß die Wolken auseinander und komm! So konnte Friedrich Spee jetzt nur noch beten: *Hier, jetzt, sei unser Gott – wer sonst? Sende einen Lichtstrahl herab und zerstreue das Dunkel.* Schon lange vor diesen schrecklichen Erlebnissen hatte er 1622 nach biblischen Verheißungen des Kommens Jesu sein Adventslied veröffentlicht:

O Heiland, reiß die Himmel auf,
herab, herab vom Himmel lauf,
reiß ab vom Himmel Tor und Tür,
reiß ab, wo Schloss und Riegel für.

Wo bleibst du, Trost der ganzen Welt,
darauf sie all ihr Hoffnung stellt?
O komm, ach komm vom höchsten Saal,
komm, tröst uns hier im Jammertal.

O klare Sonn, du schöner Stern,
dich wollten wir anschauen gern;
o Sonn, geh auf, ohn deinen Schein
in Finsternis wir alle sein.

In dieser quälenden Gewissensnot gab Friedrich Spee 1631 in Rinteln anonym die *Cautio Criminalis* heraus. Auf 400 Seiten folgt die vernichtende Abrechnung mit den Hexenprozessen und der dabei praktizierten Folter. Sein *unter Bächen von Tränen* geschriebenes Urteil ist eindeutig: Die Inquisition ist vom Teufel erfunden und eine Einrichtung des Bösen. Die Anklagen sind erlogen und beruhen auf Neid, Gerüchten, Aberglauben und Missgunst.

Um aufzurütteln, forderte Spee: *Auf, greift alle Ordenspersonen und foltert sie, sie werden gestehen!* Weiter klagte er *über die unerhörte Blindheit der Deutschen. In was für unglücklichen, unwissenden Zeiten leben wir doch!* Schonungslos deckte er die Schuld der Fürsten und der Kirche auf. Das willkürliche Beschuldigen und das bloße Verdächtigen sei das Übel, aus dem es kein Entrinnen gibt, weil den Angeklagten jedes Recht und auch jeder Rechtsbeistand verweigert werde.

Spee als Verfasser dieses Buches war bald enttarnt. Zunächst empörten sich viele über seine Anschuldigungen. Einer der Ersten, der sich öffentlich für Friedrich Spee einsetzte, war der evangelische Theologe Johannes Meyfart, der Dichter des Chorals *Jerusalem, du hoch gebaute Stadt.*

1632 berief man Friedrich Spee als Moraltheologen nach Trier. Später hat man ihn in Anerkennung seiner Leistungen als Professor für Bibelwissenschaften eingesetzt.

Da erreichte 1635 das Morden und Wüten des 30-jährigen Krieges auch die Stadt Trier. Zwischen kaiserlichen und französischen Truppen kam es zu heftigen Straßenkämpfen. Während die Jesuiten schon zum Verlassen der Stadt aufgefordert waren, kümmerte sich Friedrich Spee mitten in dem Chaos um Schwerverletzte, sammelte Geld und betreute Sterbende.

Da brach auch noch ein pestartiges Fieber aus. Ohne Angst vor möglicher Ansteckung sorgte Spee für Kriegsgefangene und pflegte Verwundete, bis er sich schließlich im Lazarett mit der Seuche infizierte.

An diesem Fieber starb Friedrich Spee von Langenfeld 1635 in Trier, erst 44 Jahre alt.

Das Sterben in der Familie des Johann Hermann Schein

Auf Christus bauen und ihm allein vertrauen

Schon in Kindertagen verlor Johann Hermann Schein seine Eltern. 1586 war er in dem kleinen Städtchen Grünhain bei Annaberg im Erzgebirge geboren.

Mit 13 Jahren war Johann Hermann Kantoreiknabe in der Dresdner Hofkapelle. Zunächst besuchte er die Schule in Dresden, dann die berühmte kursächsische Fürstenschule im ehemaligen Zisterzienserkloster Schulpforta zwischen Erfurt und Leipzig, die ihm eine humanistische Bildung vermittelte.

Anschließend studierte er in Leipzig Jura. Es zog ihn aber immer mehr zur Musik.

Obwohl er schon viel komponiert hatte, verdiente Schein zunächst sein Brot als Hauslehrer, wie es damals meist üblich war. Er bekam eine Stelle im Haus des Schlosshauptmanns von Weißenfels. In dieser Stadt an der Saale traf er mit dem gleichaltrigen, genialen Heinrich Schütz zusammen, der hier sein Elternhaus hatte. Mit ihm und dem Komponisten Samuel Scheidt verband ihn eine enge Freundschaft.

Schon 1613 bekam Johann Hermann Schein eine Stelle als Hofkapellmeister in Jena. 1616 berief man den 30-jährigen als Kantor an die berühmte Thomaskirche nach Leipzig. Dort konnte er sich als Komponist und Dichter entfalten, so dass Schein zu den Bedeutendsten seiner Zeit gehört. Ganz wichtig war ihm der evangelische Choral. 79 Melodien gehen auf ihn zurück.

In seinem Leben wurde der immer kränkliche Schein hart geprüft. In nur 13 Jahren sind ihm von seinen neun Kindern sieben gestorben. Auch seine erste Frau starb schon früh.

Nicht nur die Melodie, sondern auch den Text des folgenden Liedes hat Johann Hermann Schein zwei Jahre vor seinem Tod aus Anlass der Beerdigung der Frau Margarita des Ratsherren und Kirchenvorstehers Kaspar Werner in Leipzig verfasst. Es findet sich noch heute in unseren Gesangbüchern:

Mach's mit mir, Gott, nach deiner Güt,
hilf mir in meinem Leiden;
ruf ich dich an, versag mir's nicht:
wenn sich mein Seel will scheiden,
so nimm sie, Herr, in deine Händ;
ist alles gut, wenn gut das End.

Auch zu einem anderen Trostlied scheint Johann Hermann Schein die Melodie in einem vierstimmigen Satz gegeben zu haben. Offenbar stammt sie von einem Volkslied und wurde schon vor ihm auch für geistliche Lieder benützt. Johann Hermann Schein hat sie dann mit diesem Lied zusammengebracht und in seinem Gesangbuch veröffentlicht. Wir wissen nicht, wer dieses Lied vom getrosten Vertrauen verfasst hat.

Es muss schon vor 1600 entstanden sein und ist ein seit Jahrhunderten gern gesungenes Lied von überwundenen Anfechtungen:

Auf meinen lieben Gott
trau ich in Angst und Not;
der kann mich allzeit retten
aus Trübsal, Angst und Nöten,
mein Unglück kann er wenden,
steht alls in seinen Händen.

Ob mich der Tod nimmt hin,
ist Sterben mein Gewinn,
und Christus ist mein Leben;
dem tu ich mich ergeben;
ich sterb heut oder morgen,
mein Seel wird er versorgen.

Amen zu aller Stund
sprech ich aus Herzensgrund;
du wollest selbst uns leiten,
Herr Christ, zu allen Zeiten,
auf dass wir deinen Namen
ewiglich preisen. Amen.

Im Herbst 1630 ließ Johann Hermann Schein seinen Freund, den *bedeutendsten Musiker seines Jahrhunderts*, Heinrich Schütz, an sein Krankenbett nach Leipzig rufen. Er bat den Freund, dass er ihm eine Trauermotette komponiere nach dem von ihm selbst ausgewählten Wort aus 1. Timotheus 1, 15: *Das ist gewisslich wahr und ein teuer wertes Wort, dass Christus Jesus kommen ist in die Welt, die Sünder selig zu machen.* Als letztes Zeugnis sollte das bei seiner Beerdigung erklingen.

Vergeblich hatte Schein zweimal im Kurbad in Karlsbad Linderung von seinem Steinleiden gesucht. Schließlich hatte ihn auch noch die Schwindsucht befallen.

Heinrich Schütz konnte seinem treuen Freund die sechsstimmige Komposition noch zukommen lassen. Wenige Tage später starb

Johann Hermann Schein im Alter von nur 44 Jahren. Am Grab ihres langjährigen Kantors sangen die Thomaner erstmals diese Motette von Heinrich Schütz: *Das ist je gewisslich wahr.*

Bedrängt und umkämpft in der Verbannung – Martin Schalling

Jesus Christus – meines Herzens Trost!

Schon der Vater von Martin Schalling, Prediger in Straßburg, war ein mutiger Bekenner. Als die kaiserlichen Truppen auch in Straßburg während des so genannten *Interims* das alte Bekenntnis wieder erzwingen wollten, floh der mutige Bekenner des Evangeliums wegen seines reformatorischen Glaubens in das einsame Vogesendorf Weitersweiler im Unterelsass.

Dieses Schicksal des Vaters hat auch den Sohn Martin, der 1532 in Straßburg geboren wurde, tief geprägt. Er bezeichnete sich später gerne als *der Wahrheit Freund, der Lüge Feind.*

Martin Schalling liebte seinen Vater sehr, der ihn auch in der Bildung umfassend förderte. Mit zehn Jahren begann der Junge, die hebräische Sprache zu erlernen. Schon mit 15 Jahren konnte er das Neue Testament in der Ursprache lesen, bevor er dann mit dem Studium der Theologie in Wittenberg begann. Dort lernte er seinen großen und einflussreichen reformatorischen Lehrer Philipp Melanchthon besonders schätzen und lieben und wurde sein begeisterter und treu ergebener Schüler.

Martin Schalling war seinem ganzen Wesen nach ein gütiger und freundlicher Mensch, der immer den ausgleichenden Frieden suchte. Das wurde ihm aber in den großen Lehrstreitigkeiten zum Verhängnis, als er zwischen den fanatisch sich bekämpfenden evangelischen Theologenparteien schlichten sollte. Er geriet selbst zwischen die sich befehdenden Fronten und wurde schließlich von beiden Gruppen gehasst und angegriffen.

Nachdem Martin Schalling in Wittenberg den Magistertitel erworben hatte, zog er zunächst als Prediger nach Regensburg. Bald schon kam er auch dort wieder in feindliche Spannungen. Melanchthon schaltete sich ein und Schalling wurde 1558 nach Amberg in die Oberpfalz versetzt.

Aber auch hier gab es erbitterte Kämpfe. Kurfürst Friedrich III. war zur Reformierten Kirche übergetreten und wollte nun seine Untertanen auch zu dem Glauben nach dem Verständnis Calvins zwingen. Die Bevölkerung aber wehrte sich heftig dagegen. Die Bürger waren sogar bereit, mit Leib und Leben für ihre lutherischen Prediger einzustehen. Für den bewusst lutherisch denkenden Theologen Martin Schalling war ein Vermitteln zwischen dem Kurfürsten und der Bevölkerung nicht mehr möglich.

Der Kurfürst entfernte kurzerhand die Hauptgegner seiner Pläne aus Amberg. Auch Martin Schalling musste gehen. Er fand 1568 Zuflucht im kleinen Städtchen Vilseck in der Oberpfalz.

Am 2. Juli 1569 hielt Schalling in Waldsassen im Fichtelgebirge eine Predigt, die heute noch handschriftlich erhalten ist. Beigeheftet ist das Lied, ein *Gebet zu Christus, des Herzens Trost im Leben und im Tod*:

Herzlich lieb hab ich dich, o Herr.
Ich bitt, wollst sein von mir nicht fern
mit deiner Güt und Gnaden.
Die ganze Welt erfreut mich nicht,
nach Erd und Himmel frag ich nicht,
wenn ich dich nur kann haben.
Und wenn mir gleich mein Herz zerbricht,
so bist du doch mein Zuversicht,
mein Teil und meines Herzens Trost,
der mich durch sein Blut hat erlöst.
Herr Jesu Christ, mein Gott und Herr,
mein Gott und Herr,
in Schanden lass mich nimmermehr!

Dieses Lied war in der schweren Bedrängnis der Verbannung entstanden. Das wird in den Bitten der zweiten Strophe deutlich, wo er von Satans Mord und Lügen, aber auch vom geduldigen Tragen des Kreuzes spricht. Martin Schalling musste seine Frau und sieben Kinder zurücklassen, als er des Landes verwiesen wurde.

Sein Lied ist aber bezeichnenderweise kein Klagelied, sondern das liebende Bekenntnis zu Jesus Christus. Wie hat hier Schalling Psalm 18 und 73 direkt auf Jesus Christus bezogen und ausgelegt!

Es ist ja, Herr, dein G'schenk und Gab
mein Leib und Seel und was ich hab
in diesem armen Leben.
Damit ich's brauch zum Lobe dein,
zu Nutz und Dienst des Nächsten mein,
wollst mir dein Gnade geben.
Behüt mich, Herr, vor falscher Lehr,
des Satans Mord und Lügen wehr;
in allem Kreuz erhalte mich,
auf dass ich's trag geduldiglich.
Herr Jesu Christ, mein Herr und Gott,
mein Herr und Gott,
tröst mir mein Seel in Todesnot!

Mit der letzten Strophe schloss später Johann Sebastian Bach seine große *Johannespassion* ab:

Ach Herr, lass dein lieb' Engelein
an meinem End die Seele mein
in Abrahams Schoß tragen.
Der Leib in seim Schlafkämmerlein
gar sanft ohn alle Qual und Pein
ruh bis zum Jüngsten Tage.
Alsdann vom Tod erwecke mich,
dass meine Augen sehen dich
in aller Freud, o Gottes Sohn,
mein Heiland und mein Gnadenthron.
Herr Jesu Christ, erhöre mich, erhöre mich!
Ich will dich preisen ewiglich.

Nach dem Tod des Kurfürsten wurde Schalling wieder nach Amberg zurückgerufen und 1576 in das Amt eines Oberhofpredigers und Generalsuperintendenten eingesetzt. Die Spannungen und die theologischen Kämpfe gingen aber weiter. Von Martin Schalling wurde eine Unterschrift unter ein Bekenntnis verlangt, die er aus Gewissensgründen so nicht geben konnte. Seine Bedenken waren nicht berücksichtigt worden. Jetzt war sein Kurfürst von ihm enttäuscht und stellte ihn für zwei Jahre unter Hausarrest. 1583 wurde er ganz formell amtsenthoben.

Zwei Jahre später rief man ihn als Prediger an die Frauenkirche in der freien Reichsstadt Nürnberg, wo er noch zwanzig Jahre lang im Segen wirkte. Nach insgesamt 50 Dienstjahren mit vier Vertreibungen musste er, der inzwischen völlig erblindet war, sein Amt aufgeben.

Am 29. Dezember 1608 starb Martin Schalling im Alter von 76 Jahren. Auf dem Johannisfriedhof in Nürnberg wurde er beerdigt, ganz in der Nähe des Grabes von Albrecht Dürer.

Manch Tröpflein Tränen von Cornelius Becker und Heinrich Schütz

Wie die Psalmen wieder zum Klingen gebracht wurden

Es sah damals trostlos aus. Die evangelischen Kreise waren zutiefst zerstritten, wie das Evangelium recht theologisch formuliert werden solle. Fast fanatisch wurde mit letztem *Eifer an des Herrn Christi Ehr und Wehr* voll fleischlicher Leidenschaft gekämpft.

In Leipzig wurde Cornelius Becker, der dort 1561 in einer Kaufmannsfamilie geboren und aufgewachsen war, nach sechsjährigem Pfarrdienst zum Professor der Theologie in seiner Vaterstadt berufen. Weil aber Dr. Cornelius Becker bei anderen evangelischen Theologen eine Abweichung und Verfälschung der Lehre Luthers meinte brandmarken zu müssen, wurde er von seinem Lehramt für einige Zeit abgesetzt. Er nutzte die jetzt gewonnene freie Zeit nicht für neue Säbelfechtereien unter Brüdern, sondern schuf jene unvergänglichen biblischen Psalmlieder.

Schon Luther wollte zunächst in Reime gebrachte Psalmen zum Singen für die Gemeinde schaffen. Wer kennt nicht die herrliche Vertonung *Ein feste Burg* oder *Aus tiefer Not schrei ich zu dir*? Weil aber Luther aus den Psalmen nur sieben Lieder schuf, wollte jetzt Cornelius Becker diese Lücke ausfüllen. Er fasste mit der ihm eigenen Begabung die übrigen 143 Psalmen in Verse und Reime.

Bei dieser Beschäftigung hat er aus Schmerz über sein Berufsverbot *manch Tröpflein Tränen vergossen.* Sicher aber hat er durch diese Arbeit an dem biblischen Psalmenbuch auch eine neue Einschätzung dessen gewonnen, was vor Gott und den Menschen wirklich wichtig und was nur vorläufig von Bedeutung ist.

Cornelius Becker schrieb in der Widmung seiner Psalmensammlung an die Kurfürstin von Sachsen: *Weil Luther nicht die Zeit und Muße gehabt, den ganzen Psalm in deutsche Gesänge zu bringen, müssen wir hernach stoppeln, so gut wir können, und da wir auf dem gelegten prophetischen und apostolischen Grund nicht mit Wacken und Werkstücken wie der Herr Lutherus bauen können, so müssen wir mit kleinen Füllsteinen die Lücken ausfüllen, so gut als Gott das Vermögen durch die Gabe des Heiligen Geistes darreicht.*

Zuvor schon lagen 1562 alle 150 Psalmen in Text und Melodie gesammelt vor, allerdings in französischer Sprache. In nur drei Jahren hatte dieses Gesangbuch 62 Ausgaben erlebt. Dieser so weit verbreitete *Genfer Psalter* wurde 1573 von Ambrosius Lobwasser, einem Professor der Rechte in Königsberg, ins Deutsche übersetzt. Doch die Übersetzung hatte gegenüber der originalen Vorlage im *Genfer Psalter* manche Mängel. Lobwasser räumte selbst ein, diese Psalmen *zunächst zu seiner Kurzweil in Reime gezwängt* zu haben. Sie waren also anfangs nicht für den Gottesdienst entstanden, sondern nur zu seiner eigenen Freude. Zu allem hin waren seine Lieder nicht aus dem Bibelwort, sondern Silbe um Silbe nach der französischen Reimform der Psalmen gedichtet.

Kein Wunder, dass man Lobwassers Reimerei als holprig und schwerfällig empfand. Dennoch fanden seine Texte in den reformierten Gemeinden 200 Jahre lang weite Verbreitung, bis Matthias Jorissen auch dort in den calvinistischen Gemeinden flüssigere Verse schuf. Als Cornelius Becker 1602 seine in Reime gesetzten Psalmen herausbrachte, waren sie ganz bewusst zum gottesdienstlichen Gebrauch lutherischer Gemeinden gedichtet. Becker lehnte die Psalmentexte von Lobwasser auch wegen ihrer *fremden französischen und für die weltlüsternen Ohren lieblich klingenden Melodien* ab, die *zudem die Gefahr mit sich führen, dem hochschädlichen Calvinismus den Weg zu bahnen.*

Auch hat Becker – anders als die reformierten Gemeinden – das Psalmwort viel freier gebraucht, als es bislang beim *Genfer Psalter* möglich war. Bewusst hat Becker etwa die neutestamentliche Erfüllung durch Christus mit hinein in seine Psalmendichtung genommen.

So geschah es im Psalm 100, den man noch heute gerne in einer hannoveranischen Umdichtung von 1646 singt:

> Nun jauchzt dem Herren, alle Welt!
> Kommt her, zu seinem Dienst euch stellt,
> kommt mit Frohlocken, säumet nicht,
> kommt vor sein heilig Angesicht.
>
> Erkennt, dass Gott ist unser Herr,
> der uns erschaffen ihm zur Ehr,
> und nicht wir selbst: durch Gottes Gnad
> ein jeder Mensch sein Leben hat.
>
> Dankt unserm Gott, lobsinget ihm,
> rühmt seinen Namen mit lauter Stimm;
> lobsingt und danket allesamt!
> Gott loben, das ist unser Amt.

Es war dann der große und geniale Schöpfer kirchlicher Musik, Heinrich Schütz, der zu allen Psalmen von Cornelius Becker nach dessen Tod herrliche Melodien und vierstimmige Sätze in rhythmischer Vielfalt geschrieben hat.

Heinrich Schütz

All seine Kraft brachte Schütz in dieses Werk ein, nachdem ihn 1625 unendliches Leid getroffen hatte. Zuerst starb die jüngere Schwester seiner Ehefrau, Anna Maria, innerhalb von drei Tagen an Typhus. Sie war als junges Mädchen mit dem Hofrat und Konsistorialpräsidenten Dr. Martin Mende verlobt. Schütz komponierte in den Tagen bis zu ihrer Beerdigung verschiedene Variationen über den Choral:

Ich hab mein Sach Gott heimgestellt,
er mach's mit mir, wie's ihm gefällt.
Soll ich allhier noch länger leben,
ohn Widerstreben, sei'm Willen tu ich mich ergeben.

In diesen Tagen überfielen seine schöne, blühende, junge Ehefrau Magdalena, die 16 Jahre jünger war als er, unheimliche Todesahnungen. Sie habe sich mit ihrem Sterben abgefunden, erzählte sie plötzlich ihrem Mann. Und Heinrich Schütz, dem die Ehe mit Magdalena eine solche Kraftquelle war, musste mit ansehen, wie die 24-jährige Geliebte und Mutter seiner zwei noch ganz kleinen Kinder die Lieder für ihre Beerdigung aussuchte. Schon wenige Tage später trat bei Magdalena Schütz hohes Fieber auf, das eine Woche anhielt. Es waren die Blattern, die sie unheimlich schwächten.

Schütz wich Tag und Nacht nicht von ihrem Bett. Magdalena betete aus den Psalmen 6 und 130, die fast am Anfang des Psalters Davids standen, mit denen ihr gemeinsamer Lebensweg begonnen hatte:

Ach Herr, strafe mich nicht in deinem Zorn und züchtige mich nicht in deinem Grimm! Herr, sei mir gnädig, denn ich bin schwach; heile mich, Herr, denn meine Gebeine sind erschrocken und meine Seele ist sehr erschrocken. Ach du, Herr, wie lange.

Aus der Tiefe rufe ich, Herr, zu dir. Herr, höre meine Stimme. Wenn du, Herr, Sünden anrechnen willst – Herr, wer wird bestehen?

Ihr Beichtvater berichtet, wie sie sich mit dem gewissen Wort *Ich weiß, dass mein Erlöser lebt!* und den Worten des 73. Psalms tröstete: *Wenn ich nur dich habe, so frage ich nichts nach Himmel und Erde. Wenn mir gleich Leib und Seele verschmachtet, so bist du doch, Gott, allezeit, meines Herzens Trost und mein Teil.*

Und dann schlief Magdalena Schütz still ein, nur drei Wochen nach ihrer Schwester. Wenig mehr als sechs Jahre hatte die Ehe von Heinrich Schütz gedauert. Trauer und Verzweiflung brachen mit aller Wucht auf den einsamen Mann herein, der allein dastand mit seinen beiden Kindern, *die ihre treuherzige Mutter verloren, ehe sie sie recht haben kennen lernen können.* So sagte es der Oberhofprediger am Grab.

Bevor sie 1619 heirateten, hatte Schütz seinen tief eindrücklich komponierten Psalter Davids auf den Hochzeitstag vordatiert und damit seiner Magdalena gewidmet.

In seinem grenzenlosen Schmerz suchte der 40-jährige Schütz Trost und Zuversicht im Wort Gottes. Anders als damals meist üblich, hat Schütz nie mehr geheiratet, nicht einmal davon gesprochen. Zu tief und bitter war für ihn der Schmerz, der seine große Liebe zerstört hatte.

Nun fand Heinrich Schütz in den Psalmen, die Cornelius Becker gereimt hatte, Halt, Hilfe und Trost. Das trug ihn durch das Leid und die Anfechtungen dieser Wochen und Monate hindurch.

So entstanden zunächst jene 101 eindrücklichen Vertonungen in ihrer schlichten und direkt ansprechenden Art, dem Gedenken seiner Frau gewidmet. Später fügte Schütz 58 weitere Melodien hinzu und wechselte auch einige frühere aus.

Für die erste Veröffentlichung seines von ihm vertonten *Beckerschen Psalters* wählte er den zweiten Todestag seiner Frau.

Er wollte, dass man sich an diese tief bewegte *Arbeit als eine Trösterin meiner Traurigkeit* erinnern sollte, wenn man noch heute nach der Melodie von Heinrich Schütz singt:

Wohl denen, die da wandeln
vor Gott in Heiligkeit,
nach seinem Worte handeln
und leben allezeit,
die recht von Herzen suchen Gott
und seine Zeugniss' halten,
sind stets bei ihm in Gnad.

Mein Herz hängt treu und feste
an dem, was dein Wort lehrt.
Herr, tu bei mir das Beste,
sonst ich zuschanden werd.
Wenn du mich leitest, treuer Gott,
so kann ich richtig laufen
den Weg deiner Gebot.

Dein Wort, Herr, nicht vergehet,
es bleibet ewiglich,
so weit der Himmel gehet,
der stets beweget sich;
dein Wahrheit bleibt zu aller Zeit
gleichwie der Grund der Erden,
durch deine Hand bereit'.

Bedauerlich ist aber, dass in den Gesangbüchern später meist zur Vereinfachung nur noch die Melodie abgedruckt wurde und damit der vierstimmige Gemeindegesang verdrängt wurde. Weitere Psalmenmelodien von Heinrich Schütz sind heute in den Gesangbüchern noch in Gebrauch, und zwar bei den Liedern: *Kommt her, des Königs Aufgebot; Ich weiß, woran ich glaube* und in einer zweiten Melodie bei *Kommt, Kinder, lasst uns gehen.* Aus der großen Trauer seines Lebens wollte Heinrich Schütz die in der Kriegsnot angefochtenen Gemeinden mit dem Wort Gottes aufrichten. Es ging ihm dabei nicht nur um Musik, sondern um die Vermittlung des rechten Glaubenstrostes. Komponieren war für Schütz ein Dienst am Wort Gottes. Heinrich Schütz schrieb selbst dazu: *Der getreue Gott wolle zu diesen letzten betrübten Zeiten sein heiliges, reines, unverfälschtes Wort in Kirchen, Schulen und bei jedem Hausvater in seinem Haus, wie durch reine gottselige Lehrer als auch durch geist- und trostreiche Lieder und Psalmen wohnen lassen, bis zu seines lieben Sohnes, unseres Erlösers und Seligmachers gewünschter Zukunft, damit wir denselben in Liebe, Geduld und fröhlicher Hoffnung erwarten und zu derselben stets bereit erfunden werden mögen. Amen.* Im evangelischen Gesangbuch findet sich auch noch der Psalm 121 *Ich heb mein Augen sehnlich auf* in Reimen von Cornelius Becker, wo sich die Strophen finden:

Mein Hilfe kommt mir von dem Herrn,
er hilft uns ja von Herzen gern;
Himmel und Erd hat er gemacht,
hält über uns die Hut und Wacht.

Der treue Hüter Israel'
bewahret dir dein Leib und Seel;
er schläft nicht, weder Tag noch Nacht,
wird auch nicht müde von der Wacht.

Der Sonne Hitz, des Mondes Schein
sollen dir nicht beschwerlich sein.
Gott wendet alle Trübsal schwer
zu deinem Nutz und seiner Ehr.

Cornelius Becker war auch ein rechter Freund der Kinder, die er unmittelbar mit seinen Versen ansprechen konnte. Es klingt eine friedvolle Geborgenheit an, wenn Becker aus dem Schluss des 4. Psalms den Vers vertont: *Ich liege und schlafe ganz mit Frieden; denn allein du, Herr, hilfst mir, dass ich sicher wohne.*

Daraus wurde die Abendstrophe:

Mit meinem Gott geh ich zur Ruh
und tu in Fried mein Augen zu,
denn Gott von's Himmels Throne
über mich wacht
bei Tag und Nacht,
damit ich sicher wohne.

Cornelius Becker starb 1604 schon mit 42 Jahren, zwei Jahre nach der Veröffentlichung seines *Psalter Davids gesangweis.* Er hat es noch erlebt, dass alle gegen ihn erhobenen Vorwürfe als unrichtig festgestellt und er wieder in seine vollen Rechte als Professor eingesetzt wurde.

Bei seiner Beerdigung 1604 in Königsberg wurde über dies Wort aus 4. Mose 27,16 gepredigt: *Der Herr … wolle einen Mann setzen über die Gemeinde, der vor ihnen aus- und eingeht …, damit die Gemeinde des Herrn nicht sei wie die Schafe ohne Hirten.*

Allein auf Gott setzte Ludwig Helmbold sein Vertrauen

»... und wenn's auch wär der Tod!«

Pest hieß das schreckliche Wort, das augenblicklich Furcht und lähmendes Entsetzen verbreitete. Kaum waren die ersten Flecken auf der Haut eines Kranken entdeckt, ging die furchtbare Kunde von Mund zu Mund.

Kein Arzt konnte helfen. Man wusste nicht einmal, dass sich die ansteckende Krankheit nur durch die Luft ausbreitete. Die Epidemie kam schicksalhaft. Tag und Nacht wurden die Toten auf den Friedhof gekarrt. Oft reichte der Platz nicht mehr aus. Massengräber mussten geschaufelt werden. Ganze Dörfer, ja Landstriche wurden entvölkert. Der Schwarze Tod bestimmte als unbesiegbare Macht das Leben und Denken der Menschen.

So war es auch in Erfurt, als 1563 die Pest über die Stadt hereinbrach. In kürzester Zeit raffte sie 4000 Bürger hinweg. In panischer Angst verließen die Menschen die Stadt. Ludwig Helmbold, Professor an der Universität zu Erfurt, aber wollte mit seiner Familie in der verseuchten Stadt bleiben.

Viele wunderten sich über diese Entscheidung. Die Familie des befreundeten Medizinprofessors Pankratius Helbich rüstete sich zur Flucht.

Da verfasste Ludwig Helmbold für seine Freunde ein Abschiedslied. Die Gedanken entnahm er den Worten des 73. Psalms. Hier betet ein schwer Angefochtener, jedoch getrost und in der Gewissheit des Glaubens: *Dennoch bleibe ich stets an dir; denn du hältst mich bei meiner rechten Hand, du leitest mich nach deinem Rat und nimmst mich am Ende mit Ehren an. Wenn ich nur dich habe, so frage ich nichts nach Himmel und Erde. Wenn mir gleich Leib und Seele verschmachtet, so bist du doch, Gott, allezeit meines Herzens Trost und mein Teil.*

Ludwig Helmbold wusste nicht, ob er noch einmal in dieser Welt die lieben Freunde sehen würde. Doch in großer Ruhe singt er von seinem Glauben:

Von Gott will ich nicht lassen,
denn er lässt nicht von mir,
führt mich durch alle Straßen,
da ich sonst irrte sehr.
Er reicht mir seine Hand,
den Abend und den Morgen
tut er mich wohl versorgen,
wo ich auch sei im Land.

Auf ihn will ich vertrauen
in meiner schweren Zeit;
es kann mich nicht gereuen,
er wendet alles Leid.
Ihm sei es heimgestellt;
mein Leib, mein Seel, mein Leben
sei Gott dem Herrn ergeben;
er schaff's, wie's ihm gefällt!

Ludwig Helmbold stammte aus Mühlhausen in Thüringen, wo sein Vater Wollweber war. 1532 war er als einziges Kind seiner Eltern dort geboren. Als er 10 Jahre alt war, traten seine Eltern zur evangelischen Kirche über. Ludwig studierte mit 15 Jahren zunächst in Leipzig, dann in Erfurt. Schon im Alter von 18 Jahren wurde ihm die Schulleitung in seiner Heimatstadt anvertraut und mit 22 Jahren durfte er an der Universität von Erfurt Vorlesungen über Dichtkunst halten. Seine lateinischen Gedichte fanden damals rasch Anklang und Bewunderung.

Er war so anerkannt, dass Kaiser Maximilian II. ihn mit dem Dichterlorbeer ehren wollte. Ludwig Helmbold aber lehnte die ihm zugedachte Auszeichnung ab, weil er die anmaßende Eitelkeit und den Hochmut einer ehrsüchtigen Schickeria nicht ausstehen konnte. Er blieb an der Universität Erfurt, wo er bis zum Dekan der Philosophischen Fakultät aufstieg.

Es sollte sich zeigen, wie rasch Ehre und Anerkennung sich wenden können. Ein Gedicht Helmbolds, das er dem Gedächtnis seiner Eltern gewidmet hatte, erregte Ärgernis. Darin hatte er seinen

Eltern gedankt, dass sie ihn im evangelischen Glauben erzogen hatten und auch in Zeiten der Bedrängnis treu bei diesem Glauben geblieben waren. Solche Stimmen aber waren in der Zeit der feindseligen Gegenreformation nicht erwünscht. Starker Druck *wie mit Mauerbrechern* wurde von seinen Gegnern auf die Verantwortlichen der Stadt ausgeübt. So musste Helmbold 1570 als Professor der Philologie von der Universität abtreten und mit seiner Frau und den sechs Kindern Erfurt verlassen.

Helmbold war ein mutiger und tapferer Kämpfer, jedoch ohne engherzigen Fanatismus. Unter diesem frostigen Klima zog es ihn wieder heim in seine Vaterstadt Mühlhausen in Thüringen. Zunächst leitete er dort die Schule, dann wechselte er ins Pfarramt, wo er schließlich zum Superintendenten gewählt wurde.

Über all dem erlittenen Unrecht und der unversöhnlichen Feindschaft wurde Ludwig Helmbold nicht verbittert. Er wusste auch seinen wirren Lebensweg unter Gottes Führung und seinem Schutz. Er hat ja in seiner Vaterstadt einen Platz gefunden und musste nicht, wie viele andere, heimatlos und ziellos herumirren. So hat Helmbold auch das *Danklied nach dem Essen und sonst für allerlei Wohltaten Gottes verfasst:*

Nun lasst uns Gott dem Herren
Dank sagen und ihn ehren
für alle seine Gaben,
die wir empfangen haben.

Ein Arzt ist uns gegeben,
der selber ist das Leben:
Christus, für uns gestorben,
der hat das Heil erworben.

Durch ihn ist uns vergeben
die Sünd, geschenkt das Leben.
Im Himmel solln wir haben,
o Gott, wie große Gaben!

Erhalt uns in der Wahrheit,
gib ewigliche Freiheit,
zu preisen deinen Namen
durch Jesus Christus. Amen.

Ludwig Helmbold starb 1598 an der Pest. Es war 35 Jahre nach der großen Epidemie in Erfurt. Seine letzten Worte waren aus Psalm 118, 17: *Ich werde nicht sterben, sondern leben und des Herrn Werke verkündigen!*

Nikolaus Selnecker – bekämpft, gehetzt und zerrieben

Nur ganz beständig bei Jesus bleiben!

Schon bald nach Luthers Reformation versteiften sich viele evangelische Theologen in fruchtlose Diskussionen um Details einer Formulierung der rechten Glaubenslehre. Zwangsläufig musste bei diesem intellektuellen Gezänk die Kraft des Evangeliums und die Freude eines Lebens mit Jesus auf der Strecke bleiben.

Leidenschaftlich und mit bösartigen Schimpfworten bekämpften sich die verschiedenen theologischen Lager. Zwischen den sich befehdenden Fronten wurde ein Mann wie Nikolaus Selnecker, der kein Kämpfer war, schier aufgerieben.

Ihm ging es nie rechthaberisch um spitzfindige Wortklaubereien und tote Richtigkeiten. Ihm als Theologen ging es vielmehr um den persönlich gelebten Glauben in der konsequenten Nachfolge Jesu. Dazu hatte ihn schon beim Studium in Wittenberg sein theologischer Lehrer Philipp Melanchthon angeleitet. Der hatte Theologie nie als Denk-Akrobatik verstanden. Er stellte vielmehr fest: *Ich bin mir bewusst, niemals aus einem anderen Grund Theologie getrieben zu haben als nur, um mich selbst zu vervollkommnen, die Flecken in mir fortzuschaffen, die Mängel in meinem eigenen Wesen wegzuräumen.*

Deshalb wollte Dr. Nikolaus Selnecker als treuer Schüler Melanchthons mit aller Sorgfalt seine Zunge zähmen, geduldig auch Unrecht ertragen und seinen Glauben in einem reinen und unverletzten Gewissen bewahren.

Auch Melanchthon war als Reformator kein Freund schneller Verurteilungen gewesen, sondern suchte in seiner gütigen und milden Art einen Ausgleich zwischen den zerstrittenen Parteien, soweit das überhaupt möglich sein konnte.

So war dies das Lebensmotto von Nikolaus Selnecker, wie er es selbst gedichtet hat:

Lass mich dein sein und bleiben,
du treuer Gott und Herr,
von dir lass mich nichts treiben,
halt mich bei deiner Lehr.
Herr, lass mich nur nicht wanken,
gib mir Beständigkeit;
dafür will ich dir danken
in alle Ewigkeit.

Von Haus aus war Nikolaus Selnecker nicht nur intellektuell, sondern auch musikalisch sehr begabt. Er stammte aus Hersbruck bei Nürnberg, wo er 1530 geboren wurde. Sein Vater hatte als erster Ratsschreiber in Nürnberg häufig Kontakte mit Kaisern und Fürsten und war auch mit bekannten Reformatoren persönlich befreundet.

So besuchte Nikolaus Selnecker in Nürnberg die Schule. Schon im Alter von zwölf Jahren versah er das Organistenamt in der Burgkapelle.

König Ferdinand, der ihn dort mehrfach hörte, hätte ihn gerne in seine Hofkantorei aufgenommen. Sein Vater aber erkannte die Gefahr und fürchtete nicht ohne Grund, dass sein Sohn nach Böhmen oder Spanien geschafft werden sollte. So versteckte sich Nikolaus Selnecker und ging dann zum Theologiestudium nach Wittenberg.

Der dort lehrende Reformator Philipp Melanchthon erkannte rasch die großen Gaben des jungen Studenten und nahm ihn an seinem Tisch auf. Schon nach fünf Jahren durfte er als Magister Vorlesungen halten.

Später machte sich Selnecker um den berühmten Thomanerchor in Leipzig verdient. Noch stärker aber schlug sein Herz für die theologische Wissenschaft.

Nach zehnjährigem Aufenthalt in Wittenberg, zuletzt als Privatdozent, wurde Nikolaus Selnecker 1557 zum zweiten Hofprediger in Dresden ernannt. Wegen einer Predigt, in der er den Kurfürst wegen der Entheiligung des Sonntags durch die großen Sonntagsjagden öffentlich und scharf angriff, wurde er aus seinem Amt kurzfristig entlassen.

1565 erfolgte die Berufung als Professor für Theologie nach Jena, später wurde er aber auch hier vertrieben, weil man ihn nicht genehmer theologischer Positionen verdächtigte. Als er dann in Leipzig den Doktortitel erwerben wollte, traf ihn wieder die erbitterte Gegnerschaft jener zänkischen Theologen.

Selnecker litt schwer an diesen feigen, falschen Anschuldigungen und wäre gerne *auf allen Vieren davongekrochen,* nur um den Kampf und Streit los zu sein. Voller Spott verdrehten seine Gegner seinen Namen und nannten ihn: *Schelmlecker* oder *Seelhenker,* auch lateinisch *Seelnecator,* was *Seelentöter* bedeutet.

Selnecker schreibt: *Ich bin wohl vertraut worden mit der Wildheit, der Heimtücke, der Gehässigkeit, der Wut, der Lüge und Verachtung.* Dabei war er selbst von zarter Statur, häufig krank, *fast keinen Tag ganz gesund.*

Er klagte, *wie die Menschen über Jesu heilsamem, wahren Wort allerlei Gezänk anrichten und Christus selbst meistern wollen. Sie halten sich und ihre Vernunft höher und größer als Jesus und sein Wort. Darüber werden alle, die sich an Gottes Wort halten, gräulich gelästert, verlacht und verachtet.*

In dieser Not der zerstrittenen und unglaubwürdigen Kirche dichtete Nikolaus Selnecker nach einer ersten Strophe, die auf eine lateinische Vorlage von Philipp Melanchthon zurückgeht, jene bekannten eigenen Strophen:

Ach bleib bei uns, Herr Jesu Christ,
weil es nun Abend worden ist;
dein göttlich Wort, das helle Licht,
lass ja bei uns auslöschen nicht.

Erhalt uns nur bei deinem Wort
und wehr des Teufels Trug und Mord.
Gib deiner Kirche Gnad und Huld,
Fried, Einigkeit, Mut und Geduld.

Die Sach und Ehr, Herr Jesu Christ,
nicht unser, sondern dein ja ist;
darum so steh du denen bei,
die sich auf dich verlassen frei.

Dein Wort ist unsers Herzens Trutz
und deiner Kirche wahrer Schutz;
dabei erhalt uns, lieber Herr,
dass wir nichts andres suchen mehr.

Wie oft hat Nikolaus Selnecker wegen gehässiger Feindschaften seine Wirkungsstätte verlassen müssen! 1568 wurde er nach Kursachsen als Professor in Leipzig gerufen. Später kam er als Generalsuperintendent von Braunschweig nach Wolfenbüttel. Wegen neuer Angriffe ging es zurück nach Leipzig, zunächst als Professor und zwei Jahre später auch als Superintendent. Nach 15 Jahren musste er wegen kirchenpolitischer Spannungen als Superintendent nach Hildesheim ausweichen und am Ende seines Lebens – kurz vor seinem Tod im Alter von 61 Jahren – wieder als Professor nach Leipzig übersiedeln.

Er sagte einmal: *An meiner Ehre, meinem Namen und Titel ist nichts gelegen. Ich weiß von keiner anderen Ehre, denn dass ich Gottes Kind durch Christus bin.*

Insgesamt 170 Schriften hat Nikolaus Selnecker verfasst. Er war entscheidend am Entstehen des großen Einigungswerks evangelischer Kirchen, dem *Konkordienbuch*, beteiligt. Dort sind die zehn großen Bekenntnisse der alten Kirche wie der Reformation zusammengefasst. 86 Reichsstände sowie 9000 Theologen unterzeichneten das für die Zukunft und das gegenseitige Verständnis so wichtige Einigungspapier, die 1577 verabschiedete *Konkordienformel.*

Kurz vor seinem Tod 1592 in Leipzig wurde er gefragt, ob er auch auf das sterben könne, was er zeitlebens gelehrt habe. Selnecker bekräftigte es mit einem lauten *Ja!*

An seinem Grab konnte der Prediger sagen: *Er war kein Wetterhahn und Wendehals, sondern in einmal erkannter und bekannter Wahrheit ist er die Zeit seines Lebens fest und treu verblieben.*

Albrecht, der letzte Hochmeister des Deutschen Ordens

Fest und voll Vertrauen in Gottes Willen ergeben

Der aus der Familie der Hohenzollern stammende Markgraf Albrecht von Brandenburg-Ansbach trat ein fast aussichtsloses Amt an, als er 1510 im Königsberger Schloss in Abwesenheit zum *Hochmeister des Deutschen Ordens* gewählt wurde.

Dieser geistliche Ritterorden war bereits in seinem Niedergang begriffen. Es schien unmöglich, Polens Ansprüche auf Herrschaft über das Ordensland abzuwehren. Unsicher, bedrängt von allen Seiten, ohne Hilfe von Kaiser und Reich stand der junge, tatkräftige Herrscher auf verlorenem Posten. Dabei hatte der Deutsche Orden in Jahrhunderten in Ostpreußen Eindrucksvolles aufgebaut. Eine gewaltige Kultur und ein blühendes Land hatten sich entwickelt.

Man hatte gehofft, der neue Hochmeister des Ordens könnte durch seine verwandtschaftlichen Beziehungen als Neffe des polnischen Königs die Spannungen mit dem Nachbarland Polen entschärfen. Aber alle Versuche, die polnische Oberherrschaft abzuschütteln, blieben erfolglos. Auch der zwei Jahre lang mit Söldnern geführte so genannte Reiterkrieg gegen seinen Onkel, den polnischen König, endete 1521 mit einer bitteren Niederlage von Hochmeister Albrecht.

Was sollte er in dieser kritischen Lage der Abhängigkeit von Polen jetzt noch tun können?

In den nächsten zwei Jahren seiner Regierung finden wir den Hochmeister Albrecht, wie er ruhelos durchs deutsche Reich zieht und verzweifelt unter den Fürsten nach Bündnisgenossen sucht. Aber niemand wollte oder konnte ihm helfen.

Enttäuscht von so viel Abweisung hörte er beim Reichstag in Nürnberg in der Sankt-Lorenz-Kirche eine eindrückliche Predigt von Andreas Osiander. Dieser bedeutende Theologe hatte eben 1522 in Nürnberg die Reformation eingeführt. Das Bibelwort packte Albrecht von Preußen und ließ ihn von da an nicht mehr los. Osiander wurde sein *geistlicher Vater.* Von jetzt an war sein Motto: *Vertraue Gott allein!*

Albrecht benützte den Heimweg, um heimlich über Wittenberg zu reiten und bei Martin Luther einen Rat *durch Gott* einzuholen. Dieser Besuch sollte für Albrecht, den Hochmeister des Deutschen Ordens, von großer Tragweite für sein ganzes künftiges Leben sein. Wie Melanchthon, der dem Gespräch beiwohnte, berichtete, riet Luther, Albrecht *möge die törichte und verkehrte Ordensregel beiseite werfen, in den Ehestand treten und den Ordensstaat in einen weltlichen Staat, sei es Fürstentum oder Herzogtum, verwandeln.*

Nach seiner Rückkehr vom Reichstag zu Nürnberg und der vergeblichen Suche nach Unterstützung bei den Fürsten reifte bei Albrecht der Entschluss, das Ornat als Hochmeister des Ordens abzulegen und als weltlicher Fürst zu herrschen.

1625 machte er seine Entscheidung öffentlich, nachdem schon im Jahr davor einschneidende Reformen des Gottesdienstes durchgeführt worden waren. Als erster deutscher Fürst führte er die Reformation ein.

Er bekannte sich zur evangelischen Sache und ritt nach Krakau, um mit Polen Frieden zu schließen. Gegenüber dem polnischen König erklärte er sich bereit, als weltlicher Fürst das Land als polnisches Lehen zu führen. Aus dem Ordensstaat war somit ein weltliches Herrschaftsgebiet geworden, wenn auch als polnisches Lehen.

Damit war Albrecht von Preußen auch vom polnischen König Sigismund als erblicher Herzog anerkannt und eingesetzt. Dafür durfte er nach eigenen Vorstellungen das Land verwalten und reformieren. Dazu gab es in dem zerrütteten Land genügend Anlass.

Dass Albrecht als ehemaliger Ordensmann auch gleichzeitig heiratete, war ein mutiger Schritt, der ihm außerhalb Preußens viel Feindschaft einbrachte. Er verehelichte sich am 1. Juli 1526 auf ostpreußischem Boden im Schloss zu Königsberg mit Dorothea, einer Tochter König Friedrichs von Dänemark.

Schon gleich als die Reformation in Preußen zu wirken begonnen hatte, rief dies die anderen Oberen des Deutschen Ritterordens auf den Plan. Sie ruhten nicht, bis über Albrecht von Preußen die Reichsacht verhängt wurde. Selbst diese Androhung aber konnte den preußischen Herzog nicht mehr einschüchtern. Unbeirrt ging er den eingeschlagenen Weg weiter, getreu seiner Losung: *Vertraue Gott allein!*

Seinen Bruder, den Markgrafen Georg, beschwor er, standhaft zu bleiben und mutig zu bekennen: *Lieber Bruder, ich bitte dich und ermahne dich durch Gott, alle Furcht wegzulegen, Land, Leute, Frau und Kind, auch euren eigenen Leib nicht zu achten und allein Christus, unserem Heiland, auf jede Weise zu vertrauen. Man muss das Ewige vor dem Zeitlichen bedenken und annehmen, dem Evangelium seinen Gang und Schwang lassen und bedenken: Der euch Leib und Seele gegeben und von Jugend an ernährt, der kann euch vor Teufel, König, Fürsten erhalten. Den Rittern Gottes gebührt, mit dem Schwert des Geistes fest zu streiten und beständig ohne alle Fahnenflucht bei Christus, dem einzigen Haupt, zu stehen.*

Tatsächlich war dieser Markgraf Georg dann einer der tapfersten Bekenner der Reformation. Er erklärte vor Kaiser Karl V. auf dem Reichstag zu Augsburg, sich lieber den Kopf abschlagen zu lassen, als noch einen faulen Kompromiss im Glauben zu machen. Der Kaiser soll darauf nur gesagt haben: *Nicht Kopf ab, lieber Fürst, nicht Kopf ab!*

Für sein Land Preußen sah Albrecht zunächst die Aufgabe, die Kirche nach dem Evangelium neu zu ordnen. Er erließ eine neue Kirchenordnung, die überall evangelische Gottesdienste möglich machte. Das Lateinische im Gottesdienst wurde abgeschafft und es wurden auch deutsche Lieder gesungen. Die Bischöfe gaben ihre weltlichen Vollmachten auf und konzentrierten sich von nun an ganz auf ihr geistliches Amt.

Es war Albrecht von Preußen eine Herzenssache, dass Gottes Wort rein und lauter gepredigt wird. So ließ er den Pfarrern eine Predigtsammlung Luthers überreichen.

Ein weites Herz hatte er, der ein aufrichtiger evangelischer Fürst des Glaubens war, gegenüber den verschiedenen evangelischen Gruppen. Er nahm alle um ihres Glaubens willen Vertriebenen gerne in seinem Land auf, ob das nun Wiedertäufer, Reformierte oder Böhmische Brüder waren.

Auf der Basis der einst von dem Liederdichter Johann Gramann geschaffenen Schule in Königsberg hat Herzog Albrecht 1544 die neue Universität errichtet, die auch *armen Freien und preußischen Bauernkindern* offen stehen sollte. Aus diesem Anlass ließ er eine Gedenkmünze prägen mit der Inschrift: *Großen Frieden haben, o Herr, die dein Gesetz lieben.*

An Melanchthon schrieb Albrecht über das Ziel dieser Universität: ... *dass der heilige Name des Herrn gepriesen, sein allein selig machendes Wort gemehrt und die Jugend zu rechtschaffener christlicher Lehre und anderen guten Künsten unterwiesen werden soll.*

Mit seiner Frau Dorothea war Albrecht tief im gemeinsamen Lesen der Bibel verwurzelt. Er dichtete ein Lied, das die Schönheit einer christlichen Ehe beschrieb. Ihr Familienleben war sehr glücklich. Doch die Eheleute wurden besonders hart geprüft, indem der Tod von ihren Kindern nur eine Tochter verschonte.

1547 starb auch Dorothea, die *herzliebste Gemahlin, edle Gottesgab.* Herzog Albrecht war durch ihren Tod ein völlig gebrochener

Mann. Er sah darin ein Gericht Gottes über seine Sünde. Durch den Verlust wäre er fast am Leben verzweifelt. Er meinte, sein Herz müsse darüber zerbrechen.

Erst nach Wochen konnte er andern gegenüber wieder aussprechen, dass er nicht gegen Gottes Willen aufbegehren wolle. Trotz aller Traurigkeit wollte er an seinem Vertrauen in Gottes Güte festhalten. So entstand in dieser schweren Zeit das Lied:

Was mein Gott will, gescheh allzeit,
sein Will, der ist der beste.
Zu helfen dem er ist bereit,
der an ihn glaubet feste.
Er hilft aus Not,
der treue Gott,
er tröst' die Welt ohn Maßen.
Wer Gott vertraut,
fest auf ihn baut,
den will er nicht verlassen.

Gott ist mein Trost, mein Zuversicht,
mein Hoffnung und mein Leben;
was mein Gott will, das mir geschicht,
will ich nicht widerstreben.
Sein Wort ist wahr,
denn all mein Haar
er selber hat gezählet.
Er hüt' und wacht,
stets für uns tracht',
auf dass uns gar nichts fehlet.

Drum, muss ich Sünder von der Welt
hinfahrn nach Gottes Willen
zu meinem Gott, wenn's ihm gefällt,
will ich ihm halten stille.
Mein arme Seel
ich Gott befehl

in meiner letzten Stunden:
du treuer Gott,
Sünd, Höll und Tod
hast du mir überwunden.

Eine vierte Strophe wurde schon wenige Jahre später von anderer Seite hinzugefügt:

Noch eins, Herr, will ich bitten dich,
du wirst mir's nicht versagen:
Wenn mich der böse Geist anficht,
lass mich, Herr, nicht verzagen.
Hilf, steu'r und wehr,
ach Gott, mein Herr,
zu Ehren deinem Namen.
Wer das begehrt,
dem wird's gewährt.
Drauf sprech ich fröhlich: Amen.

Im gleichen Jahr, in dem seine Frau starb, beschloss der Reichstag von Augsburg, die schon vor 15 Jahren verhängte Reichsacht an Albrecht von Preußen zu vollstrecken.

Hinzu kamen manche politischen Fehlschläge sowohl in der Außenpolitik wie in der Innenpolitik. Leider waren falsche Ratgeber an seiner Seite. Das Land schien immer mehr an den Gegensätzen zu zerbrechen.

Auch die zweite Heirat mit der Herzogin Anna-Maria von Braunschweig-Lüneburg am 5. Februar 1550 brachte Albrecht von Preußen kein Glück. Diese Ehe war nicht harmonisch und der heiß ersehnte Thronerbe war schwachsinnig.

In den letzten Jahren seiner Herrschaft wurde der liebenswürdige Herzog vom polnischen König und adligen Untertanen entmachtet und peinlich gedemütigt. Ihm blieb schließlich nur noch sein Name, sonst eigentlich nichts mehr.

An Leib und Seele gebrochen, starb Herzog Albrecht von Preußen 1568 auf der Burg Tapiau nach längerer Leidenszeit durch einen schweren Schlaganfall. Seine Gemahlin folgte ihm am gleichen Tag auf dem Schloss zu Neuhausen.

Herzog Albrecht hielt bis zuletzt an seinem vertrauensvollen Glauben an Gott fest. Er war ein Mann des Gebets, der nicht vorformulierte Gebete gebrauchte, sondern gerne mit eigenen Worten betete. Das gab ihm Kraft und Mut.

In den letzten Tagen vor seinem Tod betete er: *Du hast mich, Herr, mein Gott, mein Leben lang viele und große Angst erfahren lassen und hast mich aus der Tiefe wieder heraufgeholt. Jetzt ist noch der letzte Feind vorhanden. Von dem wollest du mich, weil ihm dein geliebter Sohn durch seinen Tod und seine Auferstehung die Macht genommen hat, gnädig erlösen und mir ein seliges Stündlein verleihen.*

77 Jahre alt ist der hohenzollernsche Herzog geworden. Im Dom zu Königsberg wurde er begraben. *In deine Hände befehle ich meinen Geist; du hast mich erlöst, Herr, du treuer Gott!* Das waren seine letzten Worte.

Nikolaus Herman und die Silbertaler im böhmischen Joachimstal

Der Fels, wo man in Sturm und Wetter sicher wohnen kann

In einem Winkel Westböhmens, im Erzgebirge nördlich von Karlsbad, gab es vom Jahr 1516 an einen ungeahnten wirtschaftlichen Aufschwung. Graf Stephan von Schlick förderte Silber aus einem verfallenen Bergwerk und prägte in riesigen Stückzahlen den *Joachimstaler*. Diese Großmünze aus Silber wurde bald in ganz Europa als Zahlungsmittel geschätzt. Ihre Bedeutung war so groß, dass der spätere Münzname *Taler* auf dieses heute in Tschechien gelegene Joachimstal zurückgeht.

Dort, nahe zum sächsischen Grenzübergang nach Oberwiesental, lag im 16. Jahrhundert ein Zentrum des Silber-Bergbaus. Das an der Stelle des Dorfes Konradsgrün gegründete Joachimstal wurde 1520 zur Bergstadt erhoben. Viele Leute zogen dorthin, um am Wirtschaftsboom teilzuhaben. Heute heißt der Ort, in dessen Bergwerken man noch vor 50 Jahren Uranpecherz abbaute, Sankt Joachimstal oder Jáchymov.

Damals, als die Erzbergwerke und Silbergruben jener Gegend neu erschlossen worden waren, erlaubte der weitsichtige Graf Schlick auch den *Hussiten*, jenen evangelischen Nachfolgern des Reformators Johann Hus, hier in dieser neu gegründeten Stadt ihrem Glauben gemäß zu leben und entsprechend Kirche und Schule zu gestalten. Dort im abgelegenen Erzgebirge wurde um 1518 – ganz genau weiß man es nicht – Nikolaus Herman als Schulmeister an der Lateinschule der Bergwerksstadt Joachimstal angestellt.

Es ist auch nicht genau bekannt, wann Nikolaus Herman in Altdorf bei Nürnberg geboren wurde. Weil er sich später immer gerne als *wohlbetagter, alter Greis* bezeichnete, setzte man seine Geburt etwa ins Jahr 1480. Man kann aber mit Recht vermuten, dass er erst um 1500 geboren ist.

In den ersten Jahren war es für Nikolaus Herman nicht leicht, seinen Weg zwischen Böhmischen Brüdern, römischer Kirche und anderen Gruppen zu finden. Anfangs gab es schwere Spannungen mit seinem Rektor wegen des evangelischen Glaubens. Herman dachte daran, Joachimstal zu verlassen und bat Luther um Rat. Der antwortete ihm 1524 in einem Brief: *Ich bin jedoch der Meinung, nachdem du den vergangenen Fall geduldig überwunden hast, dass du ausharren musst, bis du aller Schwierigkeiten endgültig Herr wirst. Wer weiß, was Gott über dich denkt und was er durch dich zu tun vorhat? Überwinde also das Böse mit Gutem!*

Tatsächlich hat sich Luther in der Sache auch *energisch genug* beim Berghauptmann von Joachimstal eingesetzt, so dass Herman 40 Jahre dort blieb, heiratete und Kinder erzog. Sein Amt als Schulmeister und Kantor hat er in großer Treue und mit viel Kleinarbeit ausgeführt, bis er es wegen Gebrechlichkeit nicht mehr konnte. Auf vorbildliche Weise lehrte und prägte er Kinder und Jugendliche, weil er sie von Herzen liebte. So stellte man ihm das Zeugnis aus:

1. Er ist den Kindern ein Kind gewesen und geblieben um Jesu Christi willen, welcher das A und O, der Oberste und Unterste in seiner Schule war, so dass alle Kinder neben diesem Kinderfreund saßen.

2. Er hat ein großes Ziel in seiner Schule vor Augen gehabt, nämlich seinen Kindern den Fels zu zeigen, an welchem die Kleinen und Großen ihren Anker anlegen und sicher in Sturm und Wetter wohnen können.

3. Er hat gemeint, ein betendes Volk sei das beste auf Erden und der Schulmeister der beste, der dem Apostel Paulus an die Seite treten könne, da er schreibt: »Wir aber haben Christi Sinn!«

Kindgemäßes Singen und biblisches Musizieren war Nikolaus Herman eine Lust. Er konnte sich das Leben anders nicht vorstellen. Und weil es in dieser Welt *durch Fehler und Confusion oft unlustig macht,* freute er sich auf das Musizieren im Himmel, ob *als Kantorist oder Lautenist.*

Nikolaus Herman war früh von den Schriften Luthers tief angesprochen. Der hatte schon 1521 gefordert, dass *man das junge Volk nicht aufwachsen lasse wie das Holz im Wald, sondern zusehe, dass man's lehre und ziehe.* Es ist der Auftrag Gottes, Jugend in der Gottesfurcht zu erziehen. Das war dem Schulmeister Herman aus dem Herzen gesprochen.

Schon bald bekräftigte Nikolaus Herman den Auftrag Christi *an alle seine getreuen Christen, dass sie das verlorene Schloss* – des Glaubens an das Wort Gottes – *dem Teufel wieder abgewinnen sollten.*

Die vielfältigen Gaben von Nikolaus Herman kamen erst richtig zur Entfaltung durch eine tiefe und innige Freundschaft mit dem neuen Schulrektor, der 1532 in Joachimstal eintraf. Er hieß Johann Mathesius und war von Martin Luther auf diesen Posten an der Lateinschule empfohlen worden. Mit ihm drang die Reformation erst richtig in Joachimstal durch. Mathesius als Pädagogen ging es auch im Dienst an der Schule vorrangig um das christliche Zeugnis. Er konnte sagen: *Alles Wissen ohne Christus taugt nichts.* Er führte den *Kleinen Katechismus* Luthers als offizielles Lehrmittel in der Schule ein und *überzuckerte das Studieren mit dem Mehl des Evangeliums.*

Als 1542 eine Pfarrstelle frei wurde, haben die Joachimstaler aus großer Liebe ihren Schulrektor Johann Mathesius als lutherischen Pfarrer ihrer Bergwerkstadt berufen. Das wurde möglich, weil Martin Luther ihn schon drei Jahre vorher ordiniert hatte. Durch seine engen Kontakte zum Reformator schrieb er auch die erste Biographie über Luther und wurde dadurch weit bekannt.

Dieser Freund Johann Mathesius mit seinem biblischen und zeugnishaften Predigen bedeutete für den Kantor Nikolaus Herman eine starke Unterstützung und einen großen Rückhalt. In einem alten Bericht heißt es: *Wenn Herr Mathesius eine gute Predigt getan hat, so ist der fromme Kantor geschwind dagewesen und hat den Text in Reime und in Form gebracht.* Durch seine Lieder wurde Nikolaus Herman weit bekannt.

Zusammen mit dem Grafen Schlick ist es diesen Männern zu verdanken, dass Joachimstal eine evangelische Stadt des Glaubens wurde. Das ist nicht selbstverständlich in einer aufstrebenden Wirtschaftsmetropole, die in kurzer Zeit einen solchen wirtschaftlichen Aufschwung erlebte und dadurch auch bald von der lockenden Macht des Geldes beherrscht wurde.

Noch bevor Nikolaus Herman 60 Jahre alt wurde, musste er sich wegen vieler Gebrechen in den Ruhestand versetzen lassen. Besonders die Gicht verursachte ihm heftige Schmerzen. So wurde der verdiente Schulmeister im Betsaal der Schule verabschiedet. Da es damals noch keine Rente gab, bedeutete das eine ungewisse Zukunft. Die begrenzten Mittel seines Gehalts musste er mit seinem Nachfolger teilen.

Erst in diesen beschwerlichen Tagen des Alters, im Ruhestand, soll Nikolaus Herman seine unvergesslichen Lieder gedichtet haben. *Der Schwachheit halber* – wie er dem Rat der Stadt schrieb – konnte er nicht mehr länger die Kantorei versorgen. Er wollte aber gerne seine *noch übrigen wenigen Tage, die er noch zu leben habe,* dem Dienst an der Gemeinde zur Verfügung stellen. Und *die geringe Gabe, die ihm Gott gegeben habe, anderen mitteilen.* Gleichzeitig übersandte er eine Sammlung seiner Lieder.

Beim näheren Betrachten und wenn man andere Berichte berücksichtigt, ist aber anzunehmen, dass manche der 176 Lieder doch schon früher entstanden sind.

Erschienen ist der herrlich Tag,
dran niemand g'nug sich freuen mag:
Christ, unser Herr, heut triumphiert,
all sein Feind er gefangen führt. Halleluja.

Sein' Raub der Tod musst geben her,
das Leben siegt und ward ihm Herr,
zerstöret ist nun all sein Macht.
Christ hat das Leben wiederbracht. Halleluja.

Wie eindrücklich ist hier der Triumph über alle Macht Satans ausgedrückt! Diese leicht fassbaren Lieder mit gewichtigen Bekenntnissen des Glaubens, die Herman oft auch selbst mit ganz schlichten Melodien vertonte, waren vor allem für Kinder im Schulunterricht gedacht, aber auch zum Singen daheim in der Familie und an den Sonn- und Festtagen. Aber auch zum *Kurrendesingen* vor den Haustüren der Bürger sollten diese Lieder sich eignen. Darum waren die Texte einfach und leicht verständlich. Sie fanden rasch Eingang im Liederschatz des Volkes. Demütig und bescheiden, wie Nikolaus Herman war, hat er seine *Gesänge nur für Kinder- und Hauslieder ausgegeben und gehalten.*

Achtet sie jemand wert, dass er sie in der Kirchen brauchen will, der mag es tun auf sein Abenteuer. Ich hab sie vornehmlich dahin nicht gerichtet. Ich will solches Gelehrten und Geistreichen befehlen, die in der Heiligen Schrift geübter sind, denn ich bin.

So hat er für die Hausandacht der Familie jenen eindrücklichen Morgensegen nach der Vorlage aus dem *Kleinen Katechismus* Luthers verfasst:

Die helle Sonn leucht' jetzt herfür,
fröhlich vom Schlaf aufstehen wir;
Gott Lob, der uns heut diese Nacht
behüt' hat vor des Teufels Macht.

Herr Christ, den Tag uns auch behüt
vor Sünd und Schand durch deine Güt.
Lass deine lieben Engelein
unsre Hüter und Wächter sein,

dass unser Herz in G'horsam leb,
deim Wort und Willn nicht widerstreb,
dass wir dich stets vor Augen han
in allem, das wir heben an.

Lass unser Werk geraten wohl,
was ein jeder ausrichten soll,
dass unsre Arbeit, Müh und Fleiß
gereich zu deim Lob, Ehr und Preis.

Auch sein Abendlied nimmt die Bedrohung durch Angst machende Gefahren auf, wie sie von Luther im Abendgebet angesprochen waren:

Hinunter ist der Sonne Schein,
die finstre Nacht bricht stark herein;
leucht uns, Herr Christ, du wahres Licht,
lass uns im Finstern tappen nicht.

Dir sei Dank, dass du uns den Tag
vor Schaden, G'fahr und mancher Plag
durch deine Engel hast behüt'
aus Gnad und väterlicher Güt.

Der zarten Jugend habe ich in Sonderheit damit dienen wollen, schreibt der Dichter Herman, der vom Größten und Wunderbarsten der Offenbarung Gottes so schlicht und kindlich reden konnte. Er wusste, *was im Gesang verfasst ist, lässt sich leichter lernen und besser behalten, als was man sonst liest und hört.* Wie hat er selbst im Wort Gottes gelebt! Weit bekannt ist bis heute sein jubelndes Weihnachtslied:

Lobt Gott, ihr Christen alle gleich,
in seinem höchsten Thron,
der heut schließt auf sein Himmelreich
und schenkt uns seinen Sohn.

Er wird ein Knecht und ich ein Herr;
das mag ein Wechsel sein!
Wie könnt es doch sein freundlicher,
das herze Jesulein!

Heut schließt er wieder auf die Tür
zum schönen Paradeis;
der Cherub steht nicht mehr dafür.
Gott sei Lob, Ehr und Preis!

Die einfache und praktische Art des Glaubens und Redens zeichnet die eindrücklichen Lieder von Nikolaus Herman aus. Er wollte Kindern das Evangelium nahe bringen, *dass sie neben dem Katechismus die Evangelientexte auswendig lernen und also von Kind auf in die Heilige Schrift geleitet werden.* Man spürt durch seinen pädagogischen Bezug zu Kindern so stark das Echte aus seinen Worten, die er singt.

Über seinen Tod 1561 hinaus klingt sein bekanntes Sterbelied, das er kurz vor seinem Sterben als ein persönliches Bekenntnis verfasste und in seinen *Sonntagsevangelia über das ganze Jahr, in Gesänge verfasst für die Kinder und christlichen Hausväter,* veröffentlichte:

Wenn mein Stündlein vorhanden ist
und soll hinfahrn mein Straße,
so g'leit du mich, Herr Jesu Christ,
mit Hilf mich nicht verlasse.
Mein Seel an meinem letzten End
befehl ich dir in deine Händ,
du wollst sie mir bewahren!

Ich bin ein Glied an deinem Leib,
des tröst ich mich von Herzen;
von dir ich ungeschieden bleib
in Todesnot und Schmerzen;
wenn ich gleich sterb, so sterb ich dir;
ein ewig Leben hast du mir
mit deinem Tod erworben.

Weil du vom Tod erstanden bist,
werd ich im Grab nicht bleiben;
mein höchster Trost dein Auffahrt ist,
Todsfurcht kann sie vertreiben;
denn wo du bist, da komm ich hin,
dass ich stets bei dir leb und bin;
drum fahr ich hin mit Freuden.

Der Pfarrer von Joachimstal, Johann Mathesius, der Herman nur um vier Jahre überlebte, schrieb in das amtliche Sterberegister: *Nikolaus Herman, ein guter Musikus, der viele gute Choräle und deutsche Lieder gemacht, im Herrn entschlafen.* Die Veröffentlichung des zweiten Bands seiner Lieder im gleichen Jahr hat Nikolaus Herman nicht mehr erleben dürfen. Seine Lieder aber werden weiter gesungen – und nicht nur von Kindern – bis heute.

Verhaftet und vertrieben – Paul Speratus und Johann Gramann

Allein die Gnade Gottes steht absolut fest!

Ursprünglich waren die Altpreußen oder Prußen im Mittelalter ein heidnisches und wildes Volk und gehörten zu den baltischen Stämmen. Politisch nur wenig organisiert, lebten sie hauptsächlich als freie Bauern in kleinen Stammesverbänden. In ihrer Naturreligion war der Ahnenkult tief verankert. Mit den polnischen Fürsten lieferten sie sich erbitterte Kämpfe.

Es war dann der Deutsche Ritterorden, der in Absprache mit dem staufischen Kaiser Friedrich II. beauftragt wurde, das Preußenland militärisch zu befrieden und kulturell zu erschließen. In einer jahrhundertelangen Herrschaft wurden große Handelsstädte gegründet und das eroberte Land christianisiert. Unzählige Bauernfamilien wurden neu angesiedelt, um das weite Land zu kultivieren.

Von der guten Verwaltung in den ersten hundert Jahren der Herrschaft des Deutschen Ritterordens legt die Gründung von 94 Städten und 1400 Dörfern Zeugnis ab. Bis heute kann man die herausragenden architektonischen Leistungen sehen. Der Handel blühte, wenn auch in Konkurrenz mit den Städten der Hanse. Bei allen großen Erfolgen blieb aber die preußische Herrschaft des Deutschen Ritterordens immer von der polnisch-litauischen Umklammerung und deren hohen Finanzforderungen abhängig.

Alle Versuche, die polnische Oberherrschaft abzuschütteln, blieben erfolglos. Was sollte am Vorabend der Reformation Albrecht, der Hochmeister des Ordens, auch tun können?

Dass eine Reformation vom Wort Gottes her, durch eine neue Glaubensbeziehung mit Gott, möglich sei, das muss den Hochmeister besonders angesprochen haben. Schließlich war das große Erbe des Deutschen Ritterordens, der preußische Ordensstaat, zerrüttet und in einer tiefen äußeren und inneren Krise.

1625 fällte der Hochmeister Albrecht eine bahnbrechende Entscheidung. Er löste den Ordensstaat auf und erkannte für das Herzogtum Preußen die polnische Oberhoheit an. Als Herzog Albrecht führte er vor den andern deutschen Fürsten in Preußen die Reformation öffentlich ein. Die zum größten Teil evangelisch gewordenen Landstände wünschten sich nichts anderes als einen evangelischen Landesherrn.

Durch seine Beziehung zu Luther wurden von Wittenberg aus evangelische Prediger nach Preußen gesandt, um der Reformation den Weg zu bereiten.

Dazu gehörte *Paul Speratus*, ein unerschrockener Mann der Reformation. Aus adligem Geschlecht der *Offer von Spretten* in der Gegend von Ellwangen stammend, hatte er seinen Namen nach dem Brauch der damaligen humanistischen Zeit verändert. Als Student zog er nach Wien, Paris, Italien und Freiburg. Neben der theologischen Doktorwürde hatte er auch die juristische und philosophische erworben und wurde sogar zum *päpstlichen und kaiserlichen Pfalzgrafen* erhoben.

Als er sich aber der reformatorischen Erkenntnis öffnete und sich auch verheiratete, wurde er *wegen Ketzerei* vertrieben. So als Domstiftprediger in Würzburg oder in Salzburg, wo er eine evangelische Gemeinde aufgebaut hatte. Eine Predigt im Stephansdom in Wien war der Anlass zu seiner Exkommunikation als Ketzer.

In Iglau in Mähren wurde Speratus schließlich eingekerkert und zum Tod auf dem Scheiterhaufen verurteilt. In einer Predigt hatte er gefordert, allein auf das Kreuz zu bauen und fest am Evangelium zu halten. Zwölf Wochen saß er in Haft, immer den Tod vor Augen. Vermutlich in dieser Zeit hat er dies reformatorische Lied gedichtet:

Es ist das Heil uns kommen her
von Gnad und lauter Güte;
die Werk, die helfen nimmermehr,
sie mögen nicht behüten.
Der Glaub sieht Jesum Christum an,
der hat für uns genug getan,
er ist der Mittler worden.

Dieses Bekenntnislied sollte die angefochtene Gemeinde stärken, die hin- und hergerissen war, ob sie den Kaiser gnädig stimmen oder dem Evangelium treu bleiben sollte. Rat und Bürgerschaft von Iglau entschieden sich für das Evangelium vom Kreuz. Öffentlich gelobten sie, eher Leib und Leben herzugeben, als vom Evangelium abzuweichen. In kürzester Zeit ging dieses Lied durch Deutschland und fand sich bald in allen Gesangbüchern.

Einige aber ließen sich doch ängstigen und meinten: *Evangelium hin, Evangelium her, wir wollen einen gnädigen Kaiser haben!* Als Paul Speratus durch die Fürsprache königlicher und markgräflicher Persönlichkeiten begnadigt und aus der Haft entlassen wurde, wollten diese eingeschüchterten Gemeinden seinen Dienst nicht mehr. So wandte sich Speratus 1524 Wittenberg zu.

Dort folgte er auf Luthers Rat dem Ruf Albrechts von Preußen als Schlossprediger nach Königsberg. Fünf Jahre wirkte er hier, bis er zum ersten lutherischen Bischof des westlich gelegenen preußischen Landesteils Pomesanien mit Sitz in Marienwerder bestellt wurde. Das Bistum umfasste die ganze südliche Hälfte des früheren Ordenslands, von der Weichselniederung bei Marienwerder bis zur östlichen Grenze von Masuren. In großer Treue übte Speratus dieses Hirtenamt aus unter Deutschen, Polen, Litauern und Emigranten aus Holland, Böhmen und Mähren bis zu seinem Tod 1551.

Ein anderer Prediger, den Albrecht in dieser Zeit nach Königsberg rief, war *Johann Gramann*, der zunächst Rektor an der Leipziger Thomasschule war. Er stammte aus dem fränkischen Neustadt an der Aisch, wo er 1487 geboren wurde. Als Humanist nannte er sich – der damaligen Zeit entsprechend auf Griechisch – *Poliander.*

Schon 1519 – damals noch als Protokollführer von Dr. Eck, dem erbitterten Gegner Luthers – begegnete er zum ersten Mal dem reformatorischen Bekenntnis. Bei seinen genauen Nachschrieben beeindruckte ihn besonders, wie Luther immer auf die Bibel und das Evangelium verwies. Da *kehrte er dem päpstlichen Fechtmeister Eck den Rücken und ging zu dem Gewissensstreiter Luther über.*

Ohne sein Schulamt als Rektor der berühmten Thomasschule in Leipzig aufzugeben, hörte Gramann an der Universität in Wittenberg Vorlesungen von Luther und Melanchthon und studierte ihre Predigten. So wuchs er immer tiefer im reformatorischen Bibelglauben.

Als Gramann im bischöflichen Würzburg wegen seiner biblischen Predigt vertrieben wurde, sandte Luther den *evangelista Prussorum* – wie er ihn nannte – 1525 nach Königsberg. Um Gramanns Predigten in der am Fuß des Königsberger Schlossbergs gelegenen Altstädter Kirche leichter besuchen zu können, ließ Herzog Albrecht einen gedeckten Gang zwischen Schloss und Kirche bauen. Bald verband Herzog Albrecht und Gramann eine enge Freundschaft. Beide stammten aus Franken.

Bei einer Generalvisitation, die der Herzog 1531 persönlich leitete, bat er Johann Gramann, seinen Lieblingspsalm 103 in Gedichtform zu bringen. Johann Gramann schuf zur Ermutigung des demütigen und oft angefochtenen Herzogs die herrlichen Strophen:

Nun lob, mein Seel, den Herren,
was in mir ist, den Namen sein.
Sein Wohltat tut er mehren,
vergiss es nicht, o Herze mein.
Hat dir dein Sünd vergeben
und heilt dein Schwachheit groß,
errett' dein armes Leben,
nimmt dich in seinen Schoß,
mit reichem Trost beschüttet,
verjüngt, dem Adler gleich;
der Herr schafft Recht, behütet,
die leidn in seinem Reich.

Die Gottesgnad alleine
steht fest und bleibt in Ewigkeit
bei seiner lieben G'meine,
die steht in seiner Furcht bereit,
die seinen Bund behalten.
Er herrscht im Himmelreich.
Ihr starken Engel, waltet
seins Lobs und dient zugleich
dem großen Herrn zu Ehren
und treibt sein heiligs Wort!
Mein Seel soll auch vermehren
sein Lob an allem Ort.

Diese von Wittenberg ausgesandten Reformatoren haben das Land mit dem Evangelium erneuert. Johann Gramann war nicht nur ein guter Prediger, sondern auch ein gelehrter und bewährter Pädagoge. Seine gesamte Erziehungsarbeit stand unter dem Motto: *In Christus liegen verborgen alle Schätze der Weisheit und der Erkenntnis.* Der Ausbau der Schlossbibliothek, wichtige Entscheidungen in Schulfragen und nicht zuletzt die spätere Gründung der Königsberger Universität sind von der Freundschaft zwischen Herzog Albrecht und Gramann beeinflusst.

Leider ist nichts von den verschiedenen Schriften, die Johann Gramann verfasst hat, bis heute erhalten geblieben. Nur ein Bund mit Predigtentwürfen wurde aufbewahrt. Johann Gramann starb 1541, nachdem ein Schlaganfall ihn lange leiden ließ, im Alter von 54 Jahren.

Wie Johannes Zwick sein Leben für Pestkranke opferte

Wo Scheiterhaufen brannten, tönt jetzt das Gotteslob

Das furchtbare Geschehen beim Konzil bleibt für immer mit Konstanz am Bodensee verbunden. Eigentlich sollte es ein glanzvolles Ereignis werden, zu dem sich 26 Fürsten, 140 Grafen, 20 Kardinäle, 111 Bischöfe und 4000 Priester neben Kaiser und Papst festlich gekleidet in der Stadt versammelten. Als das große Konzil am 6. Juli 1415 zu seiner 15. Vollsitzung zusammentrat, wurde an diesem Tag seine folgenschwerste Entscheidung gefällt. Sie war noch bedeutsamer als die Absetzung von drei tätigen Päpsten und die

Wahl eines neuen Papstes. Der tschechische Reformator *Jan Hus* und sein Freund *Hieronymus* wollten in freier Disputation eine Reform der Kirche nach dem Evangelium verteidigen. Man hatte Hus aber gefangen genommen und wartete nur auf seinen Widerruf.

Hus protestierte ruhig gegen offenkundige Unrichtigkeiten in der Anklage, die gegen ihn vorgebracht wurde. Er konnte um seines Gewissens und der Wahrheit willen nicht widerrufen. Daraufhin verbrannte man seine Bücher. Er selbst wurde der Ketzerei bezichtigt und dem Vogt von Konstanz mit den Worten übergeben: *Nimm ihn und verbrenn ihn als einen Ketzer!*

Die Schergen banden Hus an einen Pfahl. Bis zum Hals hinauf wurde um ihn Holz und Stroh aufgeschichtet. Als der Henker den Holzstoß anzündete, sang Hus mit lauter Stimme: *Christus, du Sohn des lebendigen Gottes, erbarme dich mein!* Seine Asche wurde in den Rhein gestreut.

Über 100 Jahre später konnte man die Stimme des Evangeliums in Konstanz nicht mehr zum Schweigen bringen. 1519 waren Luthers Schriften überall bekannt. Die Stadt zählte damals etwa 6000 Einwohner.

Das Evangelium muss her!, forderten die Leute von Konstanz, als wieder eine schwere Pest die Stadt heimsuchte. Die evangelische Predigt in dieser traditionsreichen Stadt am Bodensee wurde neben den beiden Brüdern Ambrosius und Thomas Blarer ganz entscheidend durch den Pfarrer Johannes Zwick vorwärts getrieben. Dabei war Zwick von Haus aus eigentlich Jurist.

Später hat er oft bedauert, dass er die besten Jahre seines Lebens für juristische Studien vergeudet hatte. Er wollte viel lieber ein bekennender Zeuge Jesu sein. *Christus hat mich zurückgerufen*, konnte er im Rückblick auf seinen Wechsel in den Pfarrdienst sagen. *Gott kehrt alles zum Guten.*

So ist schließlich der Konstanzer Dr. jur. Johannes Zwick zum Bahnbrecher des Gotteslobs im oberschwäbischen und schweizerischen Gebiet um den Bodensee geworden.

Johannes Zwick stammte aus einer vornehmen Patrizierfamilie der Oberschicht in Konstanz am Bodensee, wo er 1496 geboren wurde. Schon als Kind wurden ihm vom Abt des Klosters Reichenau die Pfründe der oberschwäbischen Pfarrei Riedlingen an der Donau übertragen.

Zwick begann schon im Alter von 13 Jahren mit dem Jurastudium in Freiburg. Später zog er mit seinem Bruder durch Frankreich und Italien, um die besten europäischen Rechtsgelehrten zu hören. In Siena erwarb er den juristischen Doktortitel. Anschließend lehrte er als Dozent in Basel.

Zu dieser Zeit hatte er Luthers Schriften gelesen und war davon beeindruckt. Jetzt interessierte ihn die Theologie. Es kam auch zu einer Begegnung mit dem schweizerischen Reformator Ulrich Zwingli. Unter seinem Einfluss übernahm Johannes Zwick dann 1522 die Pfarrei im oberschwäbischen Riedlingen an der Donau. Verständlich und eindringlich legte Zwick dort das Evangelium aus.

Dies ist meine höchste Arbeit gewesen, euch Christus zu verkünden, sein Wort und Werk euch einzuprägen, um euch zu christlicher Liebe in Wort und Tat zu reizen.

Schon früh kam es zum heftigen Konflikt mit den traditionellen Priestern. Als einer der ersten Pfarrer überhaupt hatte Johannes Zwick geheiratet. Dies war für ihn nur konsequent für seine evangelische Haltung. Da aber brach der ganze Widerstand der noch im alten Denken verhafteten Hierarchie gegen ihn los.

Mitten unter raubenden und brüllenden Löwen fühlte sich 1525 Johannes Zwick, weil damals auch der revolutionäre Bauernkrieg tobte. Man machte kurzen Prozess mit Zwick und setzte ihn im Namen des Erzherzogs nach 3 1/2-jährigem Dienst als Pfarrer ab. Jetzt kehrte er 30-jährig wieder in seine Vaterstadt Konstanz zurück. Dieses Konstanz, wo vor über einhundert Jahren der tschechische Reformator Johannes Hus auf dem Scheiterhaufen verbrannt worden war.

Inzwischen aber hatte die evangelische Reformation die Stadt verändert. Stück um Stück wurden bürgerliches und kirchliches Leben vom Evangelium her erneuert.

Johannes Zwick kümmerte sich besonders um das Schulwesen und die Armenfürsorge und um Jugend und Familie. Zusammen mit den Brüdern Ambrosius und Thomas Blarer prägte er das Bild des öffentlichen Lebens einer jetzt durch und durch evangelischen Stadt.

Vom Zorn des Kaisers und immer von der Reichsacht bedroht, ließ sich der Rat der Stadt nicht einschüchtern. Der Bischof grollte und zog von Konstanz nach Meersburg. Von dort aus wollte man das Feuer des Evangeliums mit Hilfe österreichischer Soldaten eindämmen. So wurde 1527 in Meersburg der evangelische Prediger Johannes Heuglin als Ketzer verurteilt und verbrannt.

Viel Mut erforderte der Weg der Reformation für die Stadt Konstanz. Eine lebendige, in Glauben und Liebe tätige Gemeinde musste gebaut werden. Armenpflege und Dienste für Kranke wurden eingerichtet, Schulen eröffnet.

Vor allem als Prediger, aber auch als Erzieher der Jugend wirkte Zwick in Konstanz. Im Rückblick auf sein Leben sagte später einer seiner Freunde: *Seine Lehre und Predigt war ganz rund und gesund, hell und klar, weit weg von aller unnützen spitzigen und zänkischen Art. Sie war nur auf des Menschen Besserung gerichtet. Mehr als gut und treu hat er es mit den armen, unerzogenen jungen Menschen gemeint, denen er viele Jahre mit Predigten und Ermahnung nicht ohne trefflichen Nutzen ist vorgestanden.*

Johannes Zwick war ein großer Kinderfreund. Er konnte sehr anschaulich und einfach mit Kindern über den Glauben reden. So verfasste er neben einem Katechismus auch ein kleines Büchlein mit Gebeten und Liedern für Kinder. Sein Herz schlug für Kinder. Das merkt man auch an seinen Liedern. Umso schwerer war es für ihn, dass seine Ehe kinderlos blieb.

1533/34 erschien das erste Konstanzer Gesangbuch, zunächst in kleiner Auflage. Doch war es von großer Bedeutung, weil anfangs bei dem Reformator Zwingli trotz seiner musikalischen Begabung Gesänge ganz aus dem Gottesdienst verbannt waren. 1540 wurde in Zürich das *Neu Gsangbüchl von vil schönen Psalmen und geistlichen Lidern* in 3. Auflage mit insgesamt 151 Liedern gedruckt. Zwick schrieb darin ein Vorwort, das ihn zum Bahnbrecher des Kirchengesangs im gesamten evangelischen Gebiet Oberschwabens und der benachbarten schweizerischen Gebiete machte.

Am meisten bekannt von den Liedern Johannes Zwicks wurde jenes vom Wandel als Kinder des Lichts, das für die Morgenandacht in Familie und Schule gedacht war:

All Morgen ist ganz frisch und neu
des Herren Gnad und große Treu;
sie hat kein End den langen Tag,
drauf jeder sich verlassen mag.

O Gott, du schöner Morgenstern,
gib uns, was wir von dir begehrn:
Zünd deine Lichter in uns an,
lass uns an Gnad kein Mangel han.

Treib aus, o Licht, all Finsternis,
behüt uns, Herr, vor Ärgernis,
vor Blindheit und vor aller Schand
und reich uns Tag und Nacht dein Hand,

zu wandeln als am lichten Tag,
damit, was immer sich zutrag,
wir stehn im Glauben bis ans End
und bleiben von dir ungetrennt.

Konstanz hatte bei seinem Trotzen gegen den Kaiser ein schützendes Bündnis mit Zürich, Straßburg und den oberdeutschen evangelischen Städten. Als aber 1531 Zwingli auf dem Schlachtfeld von Kappel starb, wurde die Lage für Konstanz bedrohlich. Die Bürgerschaft aber stand unerschrocken zusammen und beugte sich nicht dem Kaiser und seiner Religionspolitik.

Was die Konstanzer so fest machte, war das Licht Jesu, das ihnen den Weg wies durch Finsternis und Ausweglosigkeit ihrer Zeit. *Der Herr wird dein ewiges Licht sein und die Tage deines Leidens sollen ein Ende haben* (Jesaja 60,20). Johannes Zwick schuf auch jenes Morgenlied, das sich bis heute in den Gesangbüchern findet:

Du höchstes Licht, du ewger Schein,
du Gott und treuer Herre mein,
von dir der Gnaden Glanz ausgeht
und leuchtet schön so früh wie spät.

Das ist der Herre Jesus Christ,
der ja die göttlich Wahrheit ist,
mit seiner Lehr hell scheint und leucht',
bis er die Herzen zu sich zeucht.

Zuletzt hilf uns zur heilgen Stadt,
die weder Nacht noch Tage hat,
da du, Gott, strahlst voll Herrlichkeit,
du schönstes Licht in Ewigkeit.

Da brach 1541 in Konstanz die Pest aus. Mit ganzer Hingabe pflegte Margaretha Blarer, Diakonisse und Schwester der beiden Reformatoren Ambrosius und Thomas Blarer, die Sterbenden. Das Inselkloster musste jetzt als Spital dienen. Allein in der Stadt Konstanz starben 1600 Menschen, etwa ein Viertel der ganzen Bevölkerung.

Konrad Zwick, der in der Stadtverwaltung von Konstanz tätige Bruder von Johannes Zwick, schrieb damals:

Auf eine besondere Weise sterben die Leute in Konstanz mit Seelenfrieden, unverzagtem Gewissen, sicherem Trost und herrlichem Bekennen ihres unangezweifelten Glaubens. Will man sie lehren und trösten, so trösten und lehren sie andere. Und das ist schier allen Sterbenden gemeinsam.

Es konnte nicht ausbleiben, dass Zwick sich auch selbst infizierte. In seinen letzten Lebensjahren erkrankte er zweimal schwer an der Pest. Halbwegs war er wieder genesen.

Da wurde er in das benachbarte Bischofszell im schweizerischen Thurgau gerufen. Dort waren beide Pfarrer an der Pest gestorben und ließen die Not leidende Gemeinde ohne Hirten zurück. Ohne Rücksicht auf seine eigene Gesundheit besuchte und betreute Zwick die Pestkranken nach Kräften.

Dabei wurde er selbst wieder pestkrank. Als er vor Schwäche schon nicht mehr sprechen konnte, deutete er noch mit dem Finger zum Himmel. Der Konstanzer Arzt Jörg Vögeli, der den sterbenden Zwick betreute und wenig später auch an der Pest starb, berichtete damals, der *Herr habe ihn ein Stück Herrlichkeit sehen lassen.* So starb

Johannes Zwick 1542 in Bischofszell im Alter von 46 Jahren an der Pest.

Sein treuer Freund, der Reformator Ambrosius Blarer, meinte im Blick auf Zwicks frühen Tod: *Ihm hat es der liebe Gott aus besonderer Gnade gegönnt, dass er mitten in einem Werk voll höchster Treue und Liebe sein zeitliches Leben in das ewige Leben eintauschte.*

Johannes Zwick hat mit seinen geistlichen Liedern den Weg der von Zwingli geprägten evangelischen Gemeinden bestimmt. Hatte der schweizerische Reformator nur Gesänge aus der Bibel im Gottesdienst dulden wollen, so wurden jetzt auch in den von Zwingli reformierten Gemeinden die Lieder von Johannes Zwick gesungen.

Das *Neue Gesangbüchlein* wurde immer wieder gedruckt und durch zusätzliche Lieder erweitert. Allein in Zürich, der Stadt Zwinglis, erschienen 8 Auflagen und machten auch dort den Gemeindegesang heimisch.

Zwick musste nicht mehr miterleben, wie König Ferdinand in kaiserlichem Auftrag die Reichsacht an Konstanz vollzog und die Stadt an Österreich übergab. Viele Bürger wanderten aus. Der Glaube an Jesus war ihnen mehr wert als Haus, Hof und Heimat. Die Stadt war weithin fast menschenleer.

Wie Johannes Zwick sich auf die Ewigkeit freute und darauf hin lebte, zeigt das Lied, das er in der Freude über die Himmelfahrt Jesu verfasst hat:

Auf diesen Tag bedenken wir,
dass Christus aufgefahren,
und danken Gott von Herzen hier
und flehn, er woll bewahren
uns arme Sünder hier auf Erd,
die wir, von mancher Not beschwert,
Trost nur in Hoffnung haben.
Halleluja, Halleluja.

Gott Lob, der Weg ist nun gemacht,
uns steht der Himmel offen;
Christus schließt auf mit großer Pracht,
was vorhin war verschlossen.
Wer's glaubt, des Herz ist freudenvoll;
dabei er sich doch rüsten soll,
dem Herren nachzufolgen.
Halleluja, Halleluja.

Dann wird der Tag erst freudenreich,
wann Gott uns zu sich nehmen
und seinem Sohn wird machen gleich,
wie wir es jetzt bekennen.
Da wird sich finden Freud und Mut
zu ewger Zeit beim höchsten Gut.
Gott woll, dass wir's erleben!
Halleluja, Halleluja.

Als Michael Weiße die bedrängte Böhmische Brüderkirche zum Singen brachte

Das festliche Abendessen wurde zum tödlichen Verhängnis

Schlimmer als damals um 1400 konnte es mit dem Niedergang der Kirche kaum mehr kommen. Die römische Kirche plünderte als größter Bankier der Welt bedenkenlos die Christen aus.

Die Leute wehrten sich. In Böhmen wurde der Ruf immer lauter: Reformiert die Kirche! Allein die Bibel! Trennt euch von der Welt!

Wortführer des Protests wurde der aufrüttelnde Prediger Jan Hus in der Bethlehemskapelle in Prag. Mit seinen einfachen Evangeliumspredigten von Jesus war er zum Sprecher der tschechischen Reformbewegung geworden.

Da geschah jener verhängnisvolle Wortbruch des Kaisers. Entgegen der Zusage des freien Geleits wurde Jan Hus beim Konzil in Konstanz auf dem Scheiterhaufen verbrannt. In wildem Aufruhr erhob sich jetzt das tschechische Volk gegen die Verbrechen der geldgierigen Kirchenmacht. Man nannte die Krieg führenden Heere nach dem Reformator *Hussiten.* Sie fochten in erbitterten Kämpfen für eine Erneuerung der Kirche und wollten mit blutiger Gewalt die riesigen sozialen Gegensätze überwinden.

Ganz anders als die Hussiten verstanden sich die *Böhmischen Brüder.* Zwar lehnten auch sie unerbittlich alle kirchlichen Missstände ab, aber sie versuchten auch, Friedensstifter zu sein in dem blutigen Bürgerkrieg, der zwischen den traditionellen römischen Katholiken und den radikalen tschechischen Hussiten entbrannt war. Auf den Einsatz von Waffen oder Gewalt wollten sie vollständig verzichten. Geistlich sollte ihr Kampf um Erneuerung der Kirche geführt werden, also nur mit dem Wort Gottes in der Kraft des Heiligen Geistes.

Die *Böhmischen Brüder* waren anfangs neben den Hussiten nur eine kleine Gruppe biblisch gesinnter Christen in Tschechien, die auch aus der Reformbewegung des Jan Hus in Prag entstanden war.

Zunächst siedelten sie als eine treu nach der Bibel lebende Gemeinschaft um 1450 im stillen Kunwald in Ostböhmen.

Dort wuchsen sie rasch zu einer großen Volksbewegung von über 100 000 überzeugten Anhängern an. 1467 schlossen sie sich mit einer strengen Gemeindeordnung als Freikirche zusammen, nannten sich *Unitas fratrum* oder *Brüder-Unität* und tauchten als *Stille im Lande* unter. Sie wollten ganz in der Spur Jesu bleiben und konsequent nach dem Evangelium leben. Kritisch standen sie der Kirche gegenüber. Sie suchten keinen neuen Mönchsorden, sondern bejahten Ehe, Arbeit und persönliches Eigentum.

Ursprünglich nannten sie sich *Brüder des Gesetzes Christi.* Die Bergpredigt war ihre Richtschnur. Eid und Kriegsdienst sowie öffentliche Ämter lehnten sie ab. Umso stärker betonten sie Sanftmut, Armut, Feindesliebe und Geduld. Wie die ersten Christen wollten sie herzliche Liebe und tätige Gemeinschaft praktizieren.

Die damaligen Machthaber verweigerten 1508 diesen Böhmischen Brüdern jedes Recht auf Anerkennung. Man bekämpfte und unterdrückte sie mit ganzer Härte.

Trotz dieser Not nahmen sie sich der verfolgten *Waldenser* in der Mark Brandenburg an und gaben ihnen in Böhmen an den südlichen Ausläufern des Altvatergebirges in Landskron und Fulnek eine neue Heimat. Deutsch sprechende Evangelische von Leitomischl schlossen sich ihnen an. So entstanden in Böhmen deutsch sprechende Gemeinden der Brüderkirche.

Die Verbindung mit den Waldensern verschaffte den Böhmischen Brüdern die für sie wichtige Verbindung mit einer alten und ursprünglichen Kirche, einer *unverfälschten Urkirche und ihrem Priestertum.*

Trotz der einsetzenden harten Verfolgung konnten die Böhmischen Brüder sich entfalten und ihre Gemeinden aufblühen, weil der böhmische Adel sie weithin schützte, ja ihnen zum größten Teil anhing.

Für die Brüder war Nachfolge Jesu ganz selbstverständlich ein geistlicher Kampf. Von Angst und Not, Schrecken und Gefahr für die Gemeinde, aber auch von starkem Trost und gewisser Freude spricht das Bekenntnislied der Böhmischen Brüder:

Lob Gott getrost mit Singen,
frohlock, du christlich Schar!
Dir soll es nicht misslingen,
Gott hilft dir immerdar.
Ob du gleich hier musst tragen
viel Widerwärtigkeit,
sollst du doch nicht verzagen;
er hilft aus allem Leid.

Dich hat er sich erkoren,
durch sein Wort auferbaut,
bei seinem Eid geschworen,
dieweil du ihm vertraut,
dass er deiner will pflegen
in aller Angst und Not,
dein Feinde niederlegen,
die schmähen dich mit Spott.

Der Text dieses mutmachenden Liedes der Böhmischen Brüder geht vermutlich auf den Dichter *Michael Weiße* zurück. Der war 1488 in Neiße in Oberschlesien geboren und hatte in Krakau an der Universität studiert. Damals musste er durch einen akademischen Eid den Lehren des Jan Hus absagen.

Etwa um 1518 floh er zusammen mit zwei Freunden aus dem Breslauer Mönchskloster. Wir kennen den genauen Grund dafür nicht. Aber es wird wohl die Sehnsucht nach Reformation und kirchlicher Erneuerung gewesen sein.

Auf der Flucht vom Klosterleben und auf der Suche nach echtem geistlichen Leben nach biblischer Ordnung fand Michael Weiße zu den Böhmischen Brüdern nach Leitomischl und wurde Mitglied in der Gemeinde der Böhmischen Brüder. Das Leben dort und die Gottesdienste sprachen ihn unmittelbar an.

1522, im Alter von 34 Jahren, übernahm Michael Weiße die geistliche Leitung als Pfarrer der Gemeinden Landskron in Böhmen und Fulnek in Mähren. Zwischen den beiden Gemeinden lag eine Entfernung von fast 100 Kilometern. Wohl fünfmal hat Michael

Weiße zusammen mit Johann Horn, dem Bischof der Böhmischen Brüder, Martin Luther in Wittenberg aufgesucht.

Von Michael Weiße stammt das Morgenlied, das in den Kämpfen und Auseinandersetzungen mit den Feinden des Evangeliums entstanden ist:

Es geht daher des Tages Schein.
So lasst uns alle dankbar sein
dem gütigen und milden Gott,
der uns die Nacht bewahret hat.

O starker Gott von Ewigkeit,
der du uns aus Barmherzigkeit
mit deiner großen Kraft und Macht
bewahret hast in dieser Nacht,

du wollest uns durch deinen Sohn
an diesem Tag auch Hilfe tun,
dass nimmermehr ein Feind uns fällt,
wenn unsern Seelen er nachstellt.

Leider fehlt im neuen Evangelischen Gesangbuch jetzt die eindrückliche Strophe vom Schutz Gottes für seine Leute:

O Herre Gott, nimm unser wahr,
sei unser Wächter immerdar;
sei Schutzherr, König uns und Held,
der uns voranzieht in das Feld.

Nachdem schon um 1500 ein tschechisches Gesangbuch mit 88 Liedern erschienen war, kam das erste deutsche Gesangbuch der Brüderkirche etwa 30 Jahre später im Frühjahr 1531 heraus. Michael Weiße hatte dazu den Auftrag von den Ältesten und Seelsorgern der deutschen Gemeinden erhalten. 16 Gesänge mussten aus dem Tschechischen, vier aus dem Lateinischen übersetzt und in gutes Deutsch gebracht werden. 130 Lieder hat Weiße selbst gedichtet oder überarbeitet. In der Tat war dieses Gesangbuch eine große Leistung von Michael Weiße, ein bleibendes Vermächtnis für alle deutschen Gemeinden.

Dieses Gesangbuch war mit 157 Liedern für die damalige Zeit außerordentlich umfangreich. Hier finden sich manche Melodien, die noch heute in unseren Gesangbüchern gebräuchlich sind.

Im Lied *O gläubig Herz, gebenedei* singt Michael Weiße von der Güte Gottes, bittet aber auch um die richtige Ausrüstung mit der Kraft Gottes zur *recht geistlichen Ritterschaft:*

Er ist barmherzig und sehr gut
den Armen und Elenden,
die sich von allem Übermut
zu seiner Wahrheit wenden;
er nimmt sie als ein Vater auf
und gibt, dass sie den rechten Lauf
zur Seligkeit vollenden.

Wie sich ein treuer Vater neigt
und Guts tut seinen Kindern,
also hat sich auch Gott erzeigt
allzeit uns armen Sündern;
er hat uns lieb und ist uns hold,
vergibt uns gnädig alle Schuld,
macht uns zu Überwindern.

O Vater, steh uns gnädig bei,
weil wir sind im Elende,
dass unser Tun aufrichtig sei
und nehm ein löblich Ende;
o leucht uns mit deim hellen Wort,
dass uns an diesem dunklen Ort
kein falscher Schein verblende.

Diese Lieder sollten bei der Arbeit gesungen werden. Ob Handwerker oder Magd, Bauer oder Weingärtner – unter der Bevölkerung und mitten im Leben hatten diese Lieder in den deutschen Gemeinden Böhmens und Mährens ihren Platz gefunden.

Schon bald nach Herausgabe dieses Gesangbuches ist Michael Weiße 1534 mitten im blühenden Leben plötzlich verstorben. Was war geschehen? Sein guter Freund Adalbert von Pernstein, der adlige Herr vom böhmischen Landskron, hatte den 46-jährigen Michael Weiße zu einem festlichen Gastmahl geladen, bei dem als besonderer Höhepunkt richtiges Wolfsfleisch aufgetragen wurde. Keiner bemerkte, dass dieses Fleisch nicht mehr genießbar war. So sind alle nach dem Verzehr des verdorbenen Fleisches gestorben, sowohl der adlige Gönner des Mahls wie auch der mit eingeladene katholische Priester von Landskron und Michael Weiße selbst.

Die Lieder von Michael Weiße aber klingen als Gruß des mutigen und bekennenden Glaubens der bedrängten Böhmischen Brüder weiter, so das Osterlied *Gelobt sei Gott im höchsten Thron*, das Adventslied *Gottes Sohn ist kommen* oder das Morgenlied *Der Tag bricht an und zeiget sich.*

Viele Dichter noch unbekannt, doch Gott bekannt

Ach, ich bin viel zu wenig, zu rühmen seinen Ruhm!

Wie soll ich den Ruhm Gottes besingen können, wo ich doch selbst nur eine welke Blume bin? So empfanden es häufig die Liederdichter.

Darum wurden Lieder oft bewusst ohne jeden Hinweis auf den Namen des Dichters veröffentlicht. Dahinter stand die Sorge, man könnte statt Gottes Ehre die eigene Ehre suchen. Sie wollten aber in ihren Liedern nur den einen Namen groß machen, der über alle anderen Namen ist. So sind viele Lieder ohne weitere Angaben ihren Weg gegangen. Gerne wüssten wir, wann und wo sie entstanden sind, ob sie aus dem Mund von Bedrängten oder Verfolgten kamen oder was der Anlass für solch ein Lied war.

So finden wir das Lied *Christus, der ist mein Leben* in der Form, wie es 1609 erstmals gedruckt im Gesangbuch des thüringischen Kantors Melchior Vulpius von Weimar erschienen ist.

Ein Jahr zuvor wurde das Lied schon in einer Predigt des schlesischen Predigers Valerius Herberger in Fraustadt erwähnt. Es muss also noch früher entstanden sein.

Es ist ein großes Lied des Sieges über alle Macht des Todes. Das Leben wird als verlöschende, flackernde Flamme begriffen. Das Lied greift das Wort des Paulus am Anfang des Briefs an die Gemeinde in Philippi auf: *Ich … hoffe, dass … Christus verherrlicht werde an meinem Leibe, es sei durch Leben oder durch Tod. Denn Christus ist mein Leben und Sterben ist mein Gewinn.*

Christus, der ist mein Leben,
Sterben ist mein Gewinn;
ihm will ich mich ergeben,
mit Fried fahr ich dahin.

Mit Freud fahr ich von dannen
zu Christ, dem Bruder mein,

auf dass ich zu ihm komme
und ewig bei ihm sei.

Ich hab nun überwunden
Kreuz, Leiden, Angst und Not;
durch seine heilgen Wunden
bin ich versöhnt mit Gott.

In dir lass gleich den Reben
mich bleiben allezeit,
und ewig bei dir leben
in Himmels Wonn und Freud.

Lange Zeit hat man das Lied *Jesus, meine Zuversicht* der Kurfürstin Louise Henriette von Brandenburg (1627-1667) zugeschrieben. Ein Missverständnis war daran Schuld. In einem 1653 erschienenen Gesangbuch waren verschiedene Lieder der Kurfürstin gewidmet und deshalb als *ihre eigenen Lieder* bezeichnet worden.

Dass sie dieses Lied damals nicht gedichtet haben konnte, ist als sicher anzunehmen. Die Kurfürstin war eine holländische Prinzessin. Und 1653 konnte sie noch nicht so gut deutsch, um solch ein Lied dichten zu können.

Jesus, meine Zuversicht
und mein Heiland, ist im Leben.
Dieses weiß ich; sollt ich nicht
darum mich zufrieden geben,
was die lange Todesnacht
mir auch für Gedanken macht?

Jesus, er mein Heiland, lebt;
ich werd auch das Leben schauen,
sein, wo mein Erlöser schwebt;
warum sollte mir denn grauen?
Lässet auch ein Haupt sein Glied,
welches es nicht nach sich zieht?

Ich bin durch der Hoffnung Band
zu genau mit ihm verbunden,
meine starke Glaubenshand
wird in ihn gelegt befunden,
dass mich auch kein Todesbann
ewig von ihm trennen kann.

Man meint deshalb heute, das Lied sei von Otto Freiherr von Schwerin (1616-1679) gedichtet. Immer höher stieg er am Hof des großen Kurfürsten auf, bis er als Hofmeister und Oberpräsident des Geheimrats und aller Kollegien das volle Vertrauen der Herrscherfamilie bekam. Deshalb wurde ihm auch die Erziehung der Prinzen übertragen, die er täglich mit Gebet begann und abschloss. Es war sein Anliegen, dass die Prinzen *Männer nach dem Herzen Gottes werden sollten.*

Otto von Schwerin verfasste als die rechte Hand des Fürsten auch das Gesangbuch für Louise Henriette, die Gattin von Friedrich Wilhelm von Preußen. Dieser Otto von Schwerin war es auch, der die ersten Hugenotten nach Berlin holte. Man glaubt, dass er auch der Verfasser des Lieds *Die Sonn hat sich mit ihrem Glanz gewendet* ist.

Lange Zeit hat man das Lied *Schönster Herr Jesu* den Kreuzfahrern zugeschrieben. Der große Publizist und Missionsmann Dr. Christian Gottlob Barth sprach von einem Kreuzfahrerlied und meinte, es sei im 12. Jahrhundert von den Rittern auf dem Weg nach Jerusalem gesungen worden.

Andere träumten voll Phantasie davon, wie ein Pilger des Kreuzzugs von 1189 auf dem Weg nach Kleinasien *unter der sengenden Sonne im schweren Waffenrock sich nach den kühlen Mondscheinnächten gesehnt hat.* Die nächste Strophe mit ihrer harten Aussage *Alles muss sterben* hätte dann ergänzt, *wie das ganze Kreuzheer durch Schwert, Hunger und Krankheit weggerafft wurde.* Doch kein einziger Hinweis deutet auf solch eine Entstehung. Vom Stil her ist solch eine Entstehungszeit undenkbar.

Heute wissen wir, dass der Text des Lieds erstmals in Münster in Westfalen in den Jahren 1662-1673 aufgetaucht ist. Dann finden wir das Lied in zwei weiteren katholischen Gesangbüchern der Jahre

1677 und 1695. Der Stil des Liedes weist auch in die Mitte des 17. Jahrhunderts.

Manche nahmen deshalb an, dieses Lied könnte aus dem Kreis Friedrich Spees von Langenfeld oder gar von ihm selbst stammen, den man auch als den Minnesänger Jesu bezeichnete. Er veröffentlichte alle seine Lieder ohne Namen. Andere vermuten Erzbischof Johann Philipp von Schönborn als Dichter.

Man wird bis auf Weiteres nur das sicher sagen können, dass wir den Dichter nicht kennen. Das Lied war auch lange Zeit vergessen, bis es erst 1842 durch Heinrich August Hoffmann von Fallersleben wieder entdeckt und als *schlesisches Volkslied* neu belebt und durch die zweite Strophe ergänzt wurde:

Schönster Herr Jesu,
Herrscher aller Herren,
Gottes und Marien Sohn,
dich will ich lieben,
dich will ich ehren,
du meiner Seele Freud und Kron.

Schön sind die Blumen,
schöner sind die Menschen
in der frischen Jugendzeit;
sie müssen sterben,
müssen verderben:
doch Jesus bleibt in Ewigkeit.

Alle die Schönheit
Himmels und der Erden
ist gefasst in dir allein.
Nichts soll mir werden
lieber auf Erden
als du, der liebste Jesus mein.

Auch vom Lied *Mein schönste Zier* kennen wir den Dichter nicht. Bei uns wird es meist als Abendlied gesungen. Es eignet sich aber auch als

Ewigkeitslied. Verschiedene Stätten, wo das Lied erstmals gedruckt wurde, sind genannt worden: Leipzig 1597 oder bei Johann Eccard in Königsberg 1598. Leider lässt es sich nicht mehr sicher nachweisen, weil wichtige Dokumente im Krieg zerstört wurden.

Mein schönste Zier und Kleinod bist
auf Erden du, Herr Jesu Christ;
dich will ich lassen walten
und allezeit in Lieb und Leid
in meinem Herzen halten.

Dein Lieb und Treu vor allem geht,
kein Ding auf Erd so fest besteht;
das muss ich frei bekennen.
Drum soll nicht Tod, nicht Angst, nicht Not
von deiner Lieb mich trennen.

Dein Wort ist wahr und trüget nicht
und hält gewiss, was es verspricht,
im Tod und auch im Leben.
Du bist nun mein, und ich bin dein,
dir hab ich mich ergeben.

Der Tag nimmt ab. Ach schönste Zier,
Herr Jesu Christ, bleib du bei mir,
es will nun Abend werden.
Lass doch dein Licht auslöschen nicht
bei uns allhier auf Erden.

Verzeichnis der Liederdichter und Komponisten

Verzeichnis der Lieder und Strophen
(Liedanfänge kursiv und fett)

Literatur

Allgemeine Deutsche Biographie, 55 Bände, Leipzig 1875 ff.

Friedrich Blume, Geschichte der evangelischen Kirchenmusik, Kassel 1965

Emily R. Brink und Bert Polman, Psalter Hymnal Handbook, Grand Rapids, Michigan, 1998

Arno Büchner, Das Kirchenlied in Schlesien und der Oberlausitz, Düsseldorf 1971

Hermann Dechent, Johann Jakob Schütz, in der Zeitschrift Christliche Welt, Leipzig 1889 Nr. 43–48

Paul Dorsch, Das deutsche evangelische Kirchenlied in Geschichtsbildern, Stuttgart 1940

Hellmut Eberlein, Lobgesänge in der Nacht, München 1954

Lieselotte von Eltz-Hoffmann, Lobt Gott getrost mit Singen, Stuttgart, 1980

Jörg Erb, Dichter und Sänger des Kirchenliedes, Band 1–3, Lahr-Dinglingen, 1970 ff.

Jörg Erb, Die Wolke der Zeugen Band I–IV, Kassel 1951–1963

Christian Feldmann, Friedrich Spee, Freiburg, Basel.Wien 1993

Paul Gabriel, Das Frauenlied der Kirche, Leipzig und Hamburg

Paul Gennrich, Die ostpreußischen Kirchenlieddichter, Leipzig und Hamburg o.J.

Gott ist mein Lied, Zürich 1942

Martin Gregor-Dellin, Heinrich Schütz, München-Zürich 1984

Friedemann Hägele (Hrsg.), Friedrich Traub, Neuhausen 1995

Werner Hehl, Johann Albrecht Bengel, Stuttgart 1987

Wolfgang Heiner, Bekannte Lieder – wie sie entstanden, Neuhausen 1979

Donald P. Hustad, Dictionary-Handbook for Hymns for the living church, Carol Streams, Illinois, 1978

Grace Irwin, Rebell aus Liebe, Wuppertal 1978

Albert Knapp, Evangelischer Liederschatz, Stuttgart 1865

Eduard Emil Koch, Geschichte des Kirchenlieds und Kirchengesangs, 8 Bände, Stuttgart, 3. Auflage, 1866–1876

Gottlob Lang, Michael Hahn, Stuttgart 1921
Karl Friedrich Ledderhose, Leben Johann Gottfried Schöners, Bielefeld 1854
Hans Graf von Lehndorff, Ostpreußisches Tagebuch, München 1961
Hans Graf von Lehndorff, Die Insterburger Jahre, München 1969
Christhard Mahrenholz und Oskar Söhngen, Handbuch zum Evangelischen Kirchengesangbuch, Band III Liederkunde, 1. und 2. Teil, Göttingen, 1970 und 1990
Markus Matthias, Johann Wilhelm und Johanna Eleonora Petersen, Göttingen 1993
Heinrich Merz, Das Leben des christlichen Dichters und Ministers Christoph Karl Ludwig von Pfeil, Stuttgart 1863
Otto Michaelis, Erlebtes Kirchenlied, Leipzig und Hamburg, o.J.
Die Musik in Geschichte und Gegenwart, 17 Bände, Kassel und Basel, 1949 ff.
Wilhelm Nelle, Geschichte des deutschen evangelischen Kirchenlieds, Hamburg 1909
Walter Nigg, Friedrich von Spee, Paderborn 1991
Erhard Peschke, Die Böhmischen Brüder im Urteil ihrer Zeit, Stuttgart 1964
Hermann Petrich, Das Lied der Väter, Gütersloh 1921
Hermann Petrich, Unser geistliches Volkslied, Gütersloh 1920
Werner Raupp, Gelebter Glaube, Metzingen 1993
Realenzyklopädie für protestantische Theologie und Kirche, 24 Bände, Leipzig, 1896 ff.
Religion in Geschichte und Gegenwart, 5 Bände, Tübingen, 3. Auflage, 1957 ff.
Alfred Ringwald (Hrsg.), Menschen vor Gott, Band 1–4, Stuttgart 1957–1968
Martin Rößler, Liedermacher im Gesangbuch, Band 1–3, Stuttgart 1990 ff.
Bernard Ruffin, The Hymn Writer Fanny Crosby, Uhrichsville, OH, USA 1995
Horst Dietrich Schlemm (Hrsg.), Beiträge zur Geschichte evangelischer Posaunenarbeit, Gütersloh 1991

Elisabeth Schneider-Böklen, Der Herr hat Großes mir getan, Stuttgart 1995
Walter Schulz, Reichssänger, 1930
Matthias Simon, Evangelische Kirchengeschichte Bayerns, München 1942
Johannes Westphal, Das evangelische Kirchenlied, Berlin 1925
Adam Weyer, Sei Stimm und Saite ihm geweiht, Neukirchen 1989

Quellen

[1+2] aus: »Lebenslieder«, Rechte: mundorgel verlag gmbh Köln/Waldbröl

[3–7] Arno Pötzsch – Rechtsnachfolger des Urhebers (verwaltet durch den Verlag Junge Gemeinde, Echterdingen)